La Route de l'Encens

Conception graphique, Hélène Lévi
Carte, André Leroux

ISBN 2-7433-0057-4

La Route de l'Encens

PHOTOGRAPHIES
MARIA ET PASCAL MARÉCHAUX
TEXTE
DOMINIQUE CHAMPAULT

IMPRIMERIE NATIONALE
Éditions

Sommaire

Pendant environ dix siècles, une route de l'encens, charriant fumées et parfums, a saturé les rêves du monde oriental et classique.

Une route n'est pas un infini : elle a forcément un point de départ et un lieu d'arrivée. Le débouché est connu, sur la Méditerranée, la mer sillonnée en tous sens depuis plus de deux millénaires, à proximité des luxuriants marchés portuaires où fréquentait tout ce qui comptait dans le négoce de l'Antiquité : Égyptiens, Orientaux, Grecs et Latins.

Mais où prenait naissance la route ? Elle emprunta d'abord aux mythes l'essentiel de son origine et de sa fonction. Hélas pour nous, les mythes charment, et questionnent, plus qu'ils ne répondent.

Parmi les baumes, les résines et les gommes exsudées par tant de végétaux différents puisant leur vie dans le secret de la terre, en des pays divers, pourquoi la gomme-résine sudarabique connut-elle pareille fortune ?

Des temps obscurs nous sont parvenus des indices, fragiles comme les pollens adhérant aux os ensevelis de nos ancêtres préhistoriques, qui montrent que, dès son éveil, l'homme a été sensible à des végétaux, pour leur forme, leur couleur ou leur odeur et, sans doute, leur goût. Les écoulements spontanés de la sève des arbres participaient peut-être déjà pour eux, d'une énergie vitale que l'on pouvait incorporer en la consommant ou, une fois brûlée, en la respirant à l'état de fumée.

Nous ne savons rien des usages les plus lointains des gommes ou des résines, mais la réputation du produit sudarabique semble avoir été établie plus d'un millénaire avant notre ère. Plus tard, les contemporains d'Hérodote l'appréciaient en fonction de sa rareté : il provenait des confins du monde connu, pour eux aussi mystérieux que pour nous les lointaines planètes. Les dangers encourus pour le posséder étaient garants de ses vertus. La renommée de combats où l'homme devait triompher d'un bestiaire terrifiant pour acquérir une précieuse denrée, au péril constant de sa vie, fit beaucoup pour établir l'encens d'Arabie comme une exclusivité absolue dans le monde classique.

Sous la dénomination encens (du latin incensum *: chose brûlée) l'usage a consacré des substances variées qui ont en commun de devoir passer par le feu pour développer leur senteur. Il s'agit le plus souvent de résines ou de gommes-résines qui, pendant la combustion, répandent un parfum attrayant pour le plus grand nombre. À l'intention des esprits cartésiens à la recherche d'une élémentaire classification, rappelons que les résines sont insolubles dans l'eau mais solubles dans l'alcool et les graisses ; les gommes, insolubles dans l'alcool et les graisses, le sont partiellement dans l'eau ; les gommes-résines, insolubles dans l'eau ou l'alcool pur, se dissolvent à chaud dans un mélange d'eau et d'alcool. Le principe odorant de certaines gommes-résines étant porté par une petite quantité d'huile essentielle, un souci d'exactitude incite à parler d'oléo-gomme-résine. Autres résines émanant de plantes aussi diverses que menthes, crotons, ou calophylles… : les baumes. Les baumes découlent de certains arbres, naturellement ou par incision. D'une consistance plus ou moins liquide, ils se dissolvent comme les résines dans l'alcool, les huiles essentielles, l'éther et ils sont totalement insolubles dans l'eau. Pour développer leurs propriétés curatives ou esthétiques et dégager un effluve agréable, ils n'ont pas à être systématiquement brûlés. Leur usage en pharmacopée et en cosmétique connut de grandes heures jusqu'à l'aube du vingtième siècle. Ils continuent à « embaumer » notre mémoire au souvenir du Bon Samaritain pansant les plaies d'un malheureux, ou de don Quichotte qui, au moindre horion, recourait au baume de « Fier-à-bras ».*

L'oliban, oléo-gomme-résine qui sourd de l'écorce de certains arbres de la famille des Burséracées, de l'espèce Boswellia sacra, *blessés de main d'homme, fut, des siècles durant, le moteur du commerce sudarabique. L'aire de répartition des « encensiers », ainsi couramment dénommés aujourd'hui, s'étend de l'ouest de l'Oman aux vallées du Hadhramawt alors que dans la Somalie proche abondent des espèces voisines. Nous ne saurons jamais comment et pourquoi, en fonction de quelle sensibilité olfactive particulière que nous avons plus ou moins perdue, l'oliban est devenu le parangon des encens, celui dont l'acquisition méritait, plus que tout autre, une longue peine et légitimait des coûts exorbitants.*

Sa réputation et son usage justifièrent l'existence d'une route propre, définie comme une exclusivité, telle qu'en suscitèrent d'autres matières nobles, d'acquisition difficile : la soie, l'ambre, l'or… Empruntait la même voie, tout au moins en grande partie, le commerce de la myrrhe qui semble avoir été de tout temps associé à celui de l'oliban. (La myrrhe se récolte sur de petits arbres du genre Commiphora *appartenant aussi à la famille des Burséracées). Au cours des temps, la quête de spiritualité a déterminé, elle aussi, l'établissement de certains itinéraires, vers La Mecque, Jérusalem, Compostelle…, comme si l'homme, pour toujours en cheminement, avait besoin de lancer d'étape en étape le fil qui le conduit de la vie à la mort. Mais pour qu'une route connaisse une véritable durée, il faut que l'enjeu soit particulièrement puissant et entretienne à la fois l'imaginaire collectif et les intérêts des marchands, souvent contradictoires mais indissociables tant ils sont fortement imbriqués. Bien que « la route » demeure souvent à l'arrière-plan de la conscience comme une véritable épreuve initiatique, un révélateur de la personnalité, un indicateur du destin, nous avons depuis longtemps oublié la force des mots et leur charge sémantique. Selon son étymologie latine* (via rupta), *une route suppose un rapt, un détournement de la nature, peut-être même un viol, en tout cas une domination. Quand il s'agit de route maritime ou aérienne, la même finalité s'impose : la victoire sur les éléments naturels. Pour frayer une route terrestre, il faut le plus souvent l'aménager, bousculer les terrains et les arbres, sinon les détruire, quand des hommes eux-mêmes ne sont pas contraints à laisser la place.*

L'animal marque de ses piétinements les pistes qui le conduisent à son ordinaire point d'eau, aux pâturages rendus coutumiers par le cycle des saisons. Mais c'est à l'homme qu'il appartient d'« ouvrir » une route. Des éclaireurs, venus d'ailleurs, doivent la reconnaître, la percer, l'aménager enfin ; par elle vont s'insinuer, puis circuler, des gens nouveaux imprégnés d'une culture différente et porteurs d'idées neuves. Les haltes pour la nourriture, le repos, le relais éventuel pour les bêtes fatiguées, hors de course, deviennent progressivement des étapes obligatoires, des marchés, avec l'éclosion nécessaire de lieux pour abriter gens et marchandises, et d'oratoires où l'on puisse prier et atteindre les dieux, garants du succès des entreprises humaines.

La route arabique de l'encens n'est pas encombrée de jalons archéologiques. Elle est devenue pour nous une ligne imaginaire qui reliait les villes anciennes demeurées en sentinelles sur des étendues rendues le plus souvent au désert. Pas d'ouvrages d'art aux points névralgiques, pas de bornes dérisoires chiffrant les distances, pas de chaussée savamment empierrée, même dans les passages difficiles. En attendant d'hypothétiques découvertes, il faut se représenter dans un cadre assez flou, la progression têtue des caravanes ayant fait leur plein dans les entrepôts de Qana après les récoltes saisonnières d'oliban et de myrrhe issues de l'« Aromatifère » sudarabique (Dhofar, Mahra, Hadhramawt), auxquelles venaient probablement s'adjoindre, à des époques imprécises, la production du pays de Punt (Somalie) celle de l'île de Suqutra (Sakrad), et d'autres « encens » : bois, gommes, résines débarquant de l'Inde ou de l'Orient extrême.

Shabwa, où les charges devaient être obligatoirement inspectées et taxées, était atteinte par le wadi Hajr. De là, il fallait, de puits en puits, égrener la succession des dunes du Ramlat as-Sab'atayn avant de parvenir à Marib (Maryab). La traversée du Jawf par Baraqish (Yathill), Maïn (Qarnaw), conduisait à Najrân (Nagrân), marché entrouvert au commerce de la Méditerranée orientale et tout particulièrement aux

Nabatéens. Là, cessait la véritable singularité de la route de l'encens qui pouvait dès lors drainer toute autre marchandise vers Tathlith, Tabala, Médine, (Yathrib), Mada'in Sâleh (Hijra, al-Hijr), Pétra, et enfin Gaza, principal port de distribution de l'encens pour l'ensemble méditerranéen. Les Gerrhéens, fondateurs sur la rive occidentale du Golfe d'une cité prospère commerçant jusqu'en Mésopotamie, par mer et par terre, empruntaient, semble-t-il, une voie transversale jusqu'à Tathlith pour rejoindre l'itinéraire normal vers Shabwa, dans la mesure où Shabwa était pour eux, et pour tous, l'unique et inévitable centre d'approvisionnement de l'encens. Mais les caravaniers de l'Arabie du Sud, dont l'intelligence et le goût du négoce n'étaient certainement pas inférieurs à ce qu'ils sont chez nos contemporains, devaient pouvoir faire épargner aux Gerrhéens plus de soixante jours de voyage, aller et retour, en leur fournissant à Tathlith même, en échange d'un profit appréciable, des marchandises convenablement « dédouanées ».

En suivant au flair, à la vue, au contact du sol plus ou moins foulé, les traces des méharées précédentes, les dromadaires n'hésitaient pas dans leur traversée ; l'homme-guide les suivait tout autant qu'il les menait. Sous une apparente monotonie, leur progression s'accélérait sur les plateaux sonores, quand le soleil ne s'y fait pas trop agressif, traînait dans le passage des hautes dunes où le pied le plus sûr peine et s'enlise, hésitait dans les éboulis d'altitude, se teintait d'allégresse sur les douces terres du Jawf. Les repères du chemin étaient, une fois pour toutes, enregistrés par les hommes et les bêtes ; ceux du ciel, étoiles et planètes, inutiles pour ceux qui ne voyagent que le jour, alimentaient la nuit les contes et les songes.

Après un temps impressionnant, un millier d'ans environ, la route terrestre de l'encens, comme toute entreprise humaine, sombra dans le déclin. Un siècle avant notre ère, la découverte du régime des moussons et des vents soufflant du nord-est, d'Inde en Arabie en janvier, en sens contraire, du sud-ouest en juillet, favorisa la route maritime. La navigation en mer Rouge et dans l'océan Indien n'était pas sans danger : récifs, vents irréguliers ; elle présentait du moins l'avantage de couper court aux dépenses incompressibles liées aux étapes (taxes diverses, hébergement...) et aux aléas suscités au long du chemin par les turbulentes tribus nomades qui, progressivement, avaient sapé l'autorité des cités-états, florissantes à l'apogée du commerce caravanier.

Aussi longtemps que dura le monopole de « l'encens » sudarabique, après l'abandon de la longue route, Shabwa demeura une étape forcée hors de laquelle il n'y avait pas de caution valable, d'origine et de pureté, pour une substance qui, durant quatre ou cinq siècles encore, alimenta à profusion les autels de Rome et de ses satellites. Il est difficile d'imaginer qu'une société, pour célébrer ses triomphes, ses dieux et ses morts, puisse consacrer à d'évanescentes fumées, vingt-cinq millions de deniers annuels (d'après Pline, Hist. *XII, 84. Salaire journalier d'un ouvrier : 1 denier).*

Nous avons perdu foi dans les vertus de l'encens qui ne nous apparaît plus que comme un accessoire d'ambiance olfactive, au mieux comme un inducteur de songerie. Ce n'est plus le véhicule sûr qui achemine vers les puissances invisibles vœux, prières et louanges. Ce n'est même plus un hommage, une marque de vénération comme dans la liturgie catholique il en fut longtemps adressé au suzerain, à l'égal des représentants de Dieu ; l'ultime survivance du « droit à l'encens » apparaît au moment des obsèques religieuses et ce droit est celui du cadavre dont il est ainsi rappelé qu'il fut créature divine. Si l'encens accompagne encore parfois les pompes ecclésiastiques il n'en est qu'un adjuvant ; il ne reste personne pour le considérer comme l'émetteur privilégié de l'assemblée des croyants.

Parler d'encens, encenser c'est aujourd'hui comme hier faire un usage efficace de la flatterie, « un peu d'encens brûlé rajuste bien des choses » ...(S. de Cyrano de Bergerac). La chute est cruelle alors que pendant vingt siècles, il fut admis dans le monde chrétien que rien de plus précieux que l'or, l'encens et la myrrhe ne pouvait glorifier la divinité d'un nouveau-né. Certes les mages, hommes de science et d'expérience ne voulaient pas s'encombrer de bagages pesants. Mais on aurait pu leur attribuer des présents plus fastueux venus de l'Orient lointain, perles ou pierreries. Ce qui nous amène à nous interroger sur la signification de ces deux gommes-résines, somme toute bien banales. Deux, et peut-être même trois, si l'on suit certains linguistes qui voient une similitude entre le nom sabéen de l'or et celui d'un parfum, de nos jours perdu. Pour célébrer la venue de l'enfant-dieu, on est en droit de se demander pourquoi rien n'est apparu, à la fois plus somptueux et plus pur, que l'or, l'encens et la myrrhe. Tout a été dit sur l'or, inaltérable, incorruptible, parcelle du soleil invaincu.

L'usage de la myrrhe a été connu en même temps que son existence : indispensable à l'embaumement des cadavres, elle s'oppose à la putréfaction, et confère aux corps l'immortalité. Un mythe donne la clé de son amertume et de son pouvoir : Myrrha, amoureuse de son père, l'abuse et partage sa couche. L'inceste est fécond. Myrrha se réfugie en Arabie, y est transformée en arbre par la vindicte d'Aphrodite, son corps-tronc se déchire pour donner naissance à Adonis, incarnation de la beauté. Ses larmes, mêlées de douleur et de désespoir, deviennent la myrrhe.

L'origine de l'oliban ne participe pas de fable aussi tristement romantique. Les anciens, le reconnaissant comme une substance d'exception, l'ont simplement assorti d'un arsenal de forces magiques et répulsives. Mais à y regarder de près, l'or, l'encens et la myrrhe répondent aux mêmes soucis primordiaux : la hantise de la corruption, la quête d'éternité. Où qu'il se trouve, l'or ne peut être altéré. Par nature, la myrrhe s'oppose à la décomposition. L'encens doit subir l'épreuve du feu pour libérer ses pouvoirs : sa fumée volatile, immatérielle, échappe à toute souillure ; parce qu'elle est « pure », elle peut accéder aux forces qui régissent le monde et influer sur le cours du destin.

Les fumées messagères

Une odeur qu'on ne peut nommer,
au haut des cieux s'élève !
et des brises d'encens
dispersent des spirales épaisses de fumée...

ARISTOPHANE, *Les Oiseaux*

Brûle-parfum portatif,
en stéatite, d'un modèle qui au Yémen,
n'a pas varié depuis des siècles.
Collection particulière.

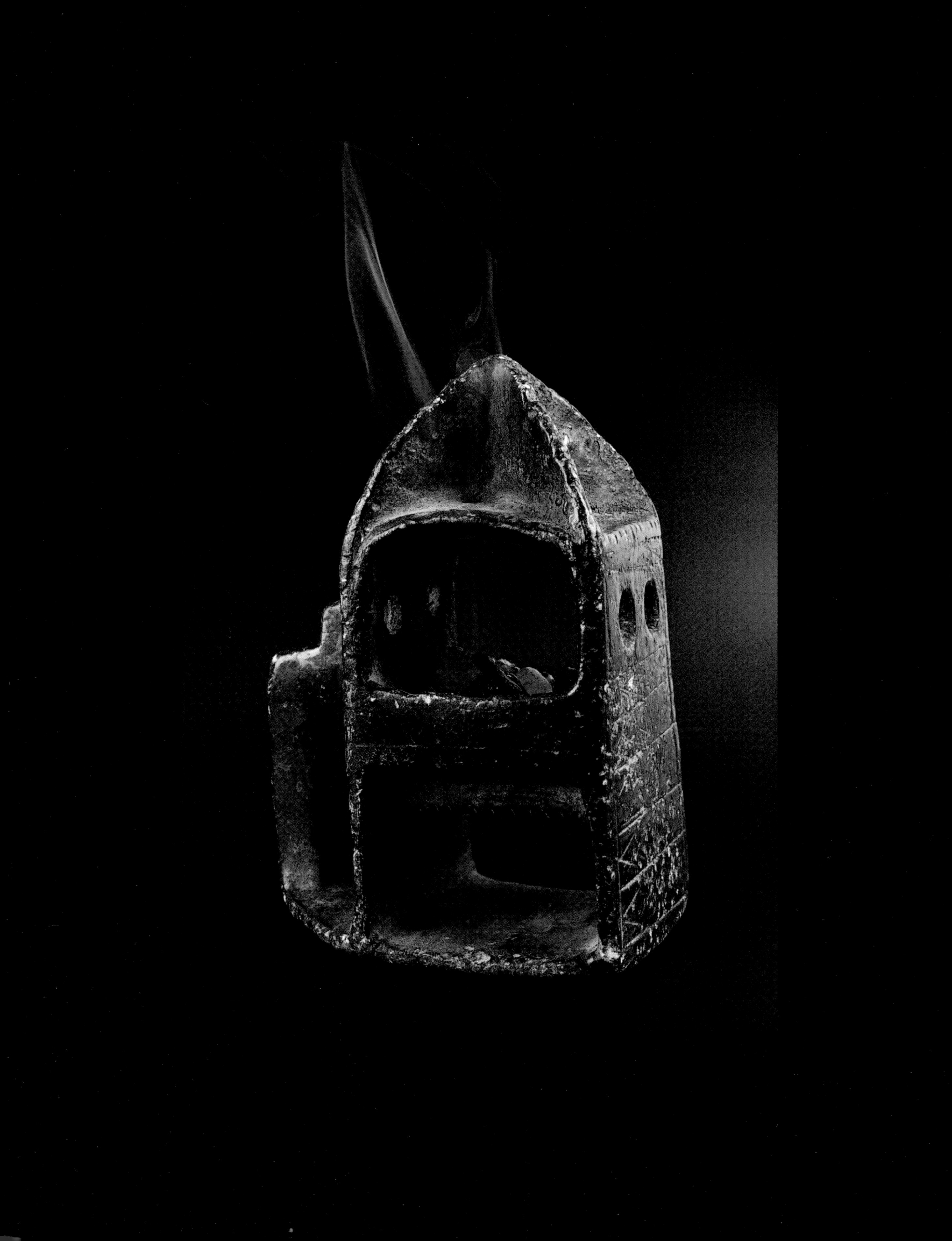

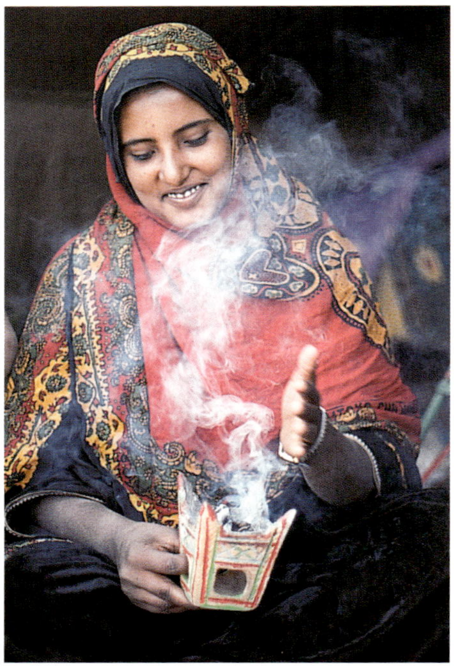

Les voiles errants des fumées ont accompagné dès le matin du monde les hommes qui ont appris à en reconnaître la couleur, l'opacité, l'odeur, les mouvements divers au vent qui les carde.

Les fumées ont fait partie du dialogue entre les hommes, comme de l'entretien obstiné qu'ils tentent avec les esprits ou les dieux.

Émanant du foyer, pôle attractif de toute vie humaine, elles ont balisé l'espace et le temps. Suspendues au-dessus des clairières de la forêt primitive, échappées des bouches des cavernes, elles renseignaient les chasseurs rompus par leurs quêtes hasardeuses. Signe clairement perçu, comme naguère le feu d'un phare à l'entrée d'une passe, elles étaient pour lui à la fois promesse de repos pour le corps et de paix pour l'esprit.

L'histoire et les traditions s'accordent pour reconnaître aux fumées une valeur particulière : en effet elles sont supposées entraîner dans leur voie capricieuse les mauvais esprits et les sorts dilués dans l'atmosphère et l'on n'en finit pas d'identifier toutes leurs vertus : guides, messagères, purificatrices, fécondantes, etc. Elles transmettent des pouvoirs, contagieux comme toutes les forces que la science ignore et que la ferveur populaire révère comme « magiques ». Elles nichent dans les fondations de tout être, même si l'odorat ne joue plus dans nos sociétés qu'un rôle de sens secondaire.

Dès le premier repas du matin, l'encens fume sous la tente pour honorer les hôtes.
Dhofar.

Qui de nous, habité de réminiscences olfactives, n'associe un instant de sa vie à l'arôme d'un feu de bois, à l'odeur persistante de fumée qui adhère aux murs d'une vieille maison, aux nuées parallèles qui montent des champs en brûlis à la fin des moissons... Qui oserait soutenir que la fumée d'une cigarette dans ses ordinaires volutes ne soit support de rêve ?

Expert en questionnement du moi, Proust se laisse entraîner maintes fois par des parfums de fumée qui, tous, lui restituent des fragments de son passé :

> « Françoise venait allumer le feu et pour le faire prendre y jetait quelques brindilles dont l'odeur, oubliée pendant tout l'été, décrivait autour de la cheminée un cercle magique dans lequel, m'apercevant moi-même en train de lire...
>
> L'odeur dans l'air glacé des brindilles de bois, c'était comme un morceau du passé, une banquise invisible détachée d'un hiver ancien qui s'avançait dans ma chambre...
>
> (*À la recherche du temps perdu*, III, « La prisonnière », Pléiade, Gallimard, 1966, p. 26-27.)

Brindilles ou lourdes bûches ne prennent tout leur pouvoir qu'après l'intervention du feu, encore ce feu doit-il être mis en œuvre par la main de l'homme. Les fumées qui s'élèvent dans une atmosphère d'apocalypse des grands incendies de forêts européennes ou de savanes calcinées marquent la mémoire de stupeur, alors que les fumées domestiques semblent porteuses d'une charge affective bien particulière.

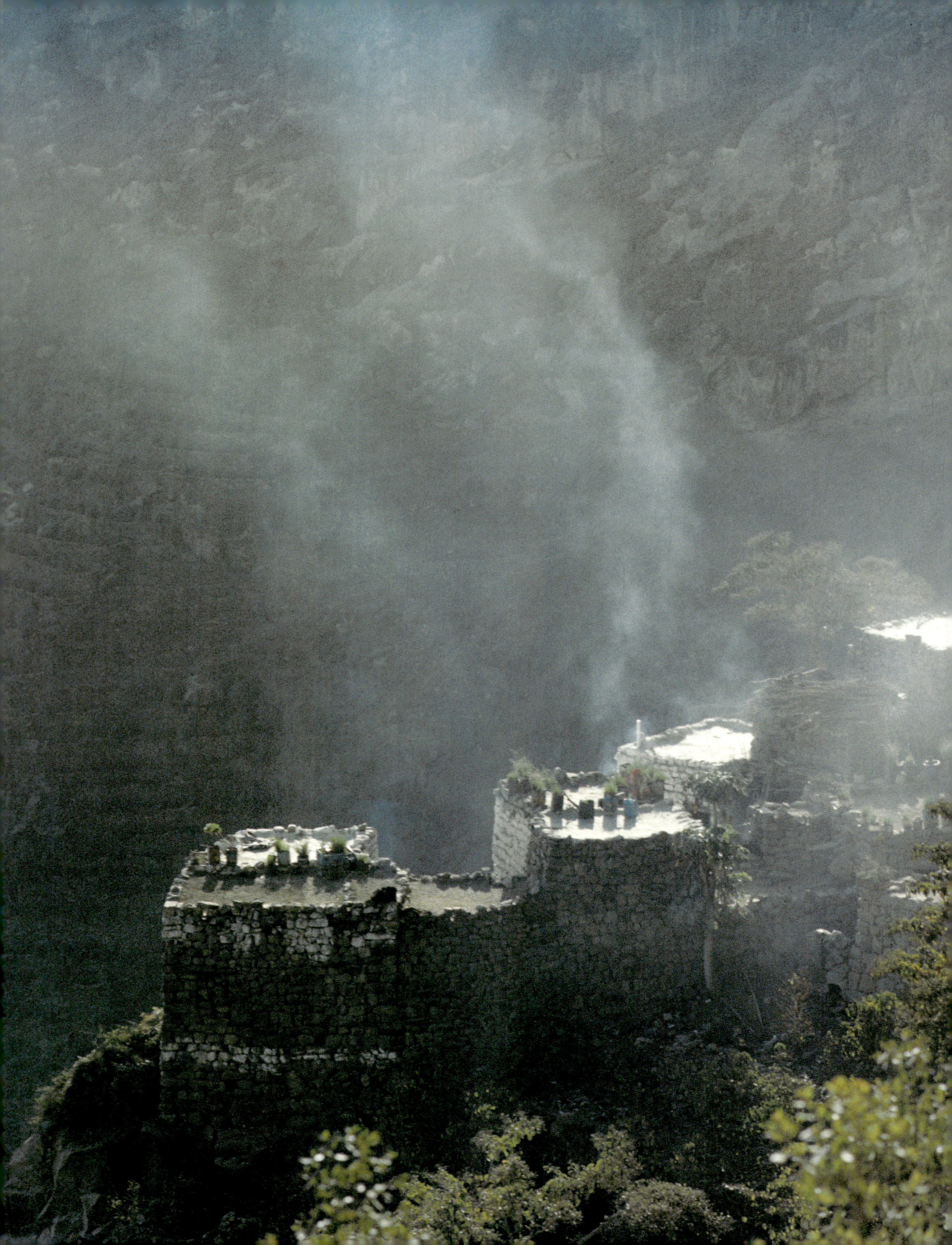

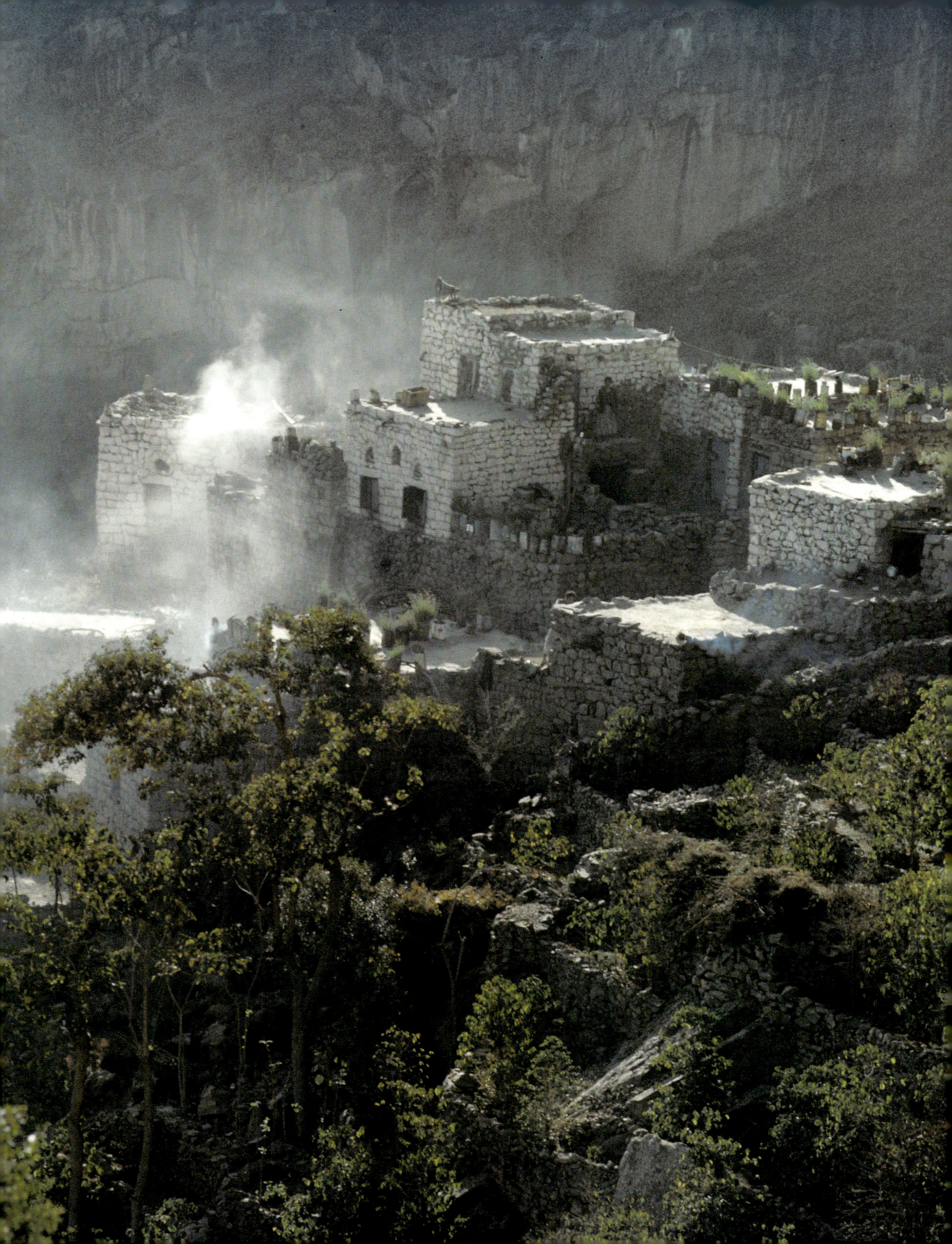

Pages 18-19 : *Faisant assaut de promptitude, les femmes d'un hameau ont à cœur d'allumer au plus tôt leurs fours à pain dont les fumées s'élèvent dans l'aube calme.* Hauts Plateaux.

D'herbes, de feuilles ou de bois, elles appellent, émeuvent, et le plus souvent apaisent. Nous les rencontrons en bien des points du monde dès qu'il s'agit, de sommet en sommet, de transmettre de véritables expressions langagières, parfaitement codées, qui jalonnant l'espace bien avant le télégraphe, peuvent répondre à l'urgence ou plus simplement à l'élémentaire besoin que l'homme ressent de manifester sa présence et d'entrer en relation, de nouer des liens, avec l'autre.

Messagères inopportunes quant aux temps difficiles de guerre et de disette, elles manifestaient trop ouvertement que dans certaines maisons privilégiées il y avait encore du bois pour allumer le four et des céréales en suffisance pour pétrir quelques galettes ou cuire un peu de bouillie. À un impératif de discrétion, à la nécessité de ne point divulguer ses richesses, répondent les jours rudimentaires ménagés dans les murs des cuisines yéménites par où s'échappent malgré tout les fumées contraintes.

De l'observation des fumées, domestiques ou sacrificielles, sont nés un certain nombre de mancies – et aussi plus communément des prévisions météorologiques –, la fumée idéale, de bon augure, se devant comme celle que dégageaient les sacrifices de prémices offerts par Abel, de s'élever droit dans le ciel en spirales régulières qu'aucun vent ne vient troubler.

Exposer le corps nu d'un enfant malade à la fumée de certains rameaux feuillus difficilement embrasés, c'est s'assurer que toutes les vertus de la plante, parfaitement diffusées, s'insinueront, pore à pore, jusqu'au tréfonds de l'être pour attaquer victorieusement la racine du mal.

C'est pour répondre à la même idée que des paysans du Maghreb, avant le labour, présentaient à la fumée le soc de leur araire, soit pour le purifier avant qu'il n'entame la terre nourricière, soit pour le fortifier avant qu'il n'entre en contact avec les esprits du dessous.

Pour dépersonnaliser des vêtements d'occasion, éviter qu'un peu d'une nature étrangère ne s'infiltre dans son moi, une panacée : la fumée. Quelques grains d'encens ne nuiraient pas à l'entreprise mais il suffit de la fumée ordinaire qui s'échappe d'un four béant où se consument galettes de bouse pétrie et bois mort au Yémen.

Au moment du solstice d'été les grands bûchers, préparés aussi bien dans de nombreuses régions d'Europe que dans les pays circumvoisins de la Méditerranée, avaient pour principal objet de faire monter jusqu'au ciel des fumées chargées de messages : il fallait revigorer le soleil déclinant, lui intimer de poursuivre sa tâche journalière ; au passage, les fumées médiatrices filtrant au travers des arbres favorisaient leur croissance, assuraient leur fructification. Hommes, femmes et enfants, pour s'assurer d'une année faste, se devaient de sauter au-dessus du brasier, au milieu des fumées qui pénètrent les corps et leur communiquent l'ardeur vitale du feu.

Dans la pénombre de la cuisine, la conduite du feu requiert économie et savoir-faire. La chaleur du four dérivée peut alimenter une crêpière maçonnée, les braises essaiment vers des réchauds portatifs aux multiples fonctions. Hauts Plateaux.

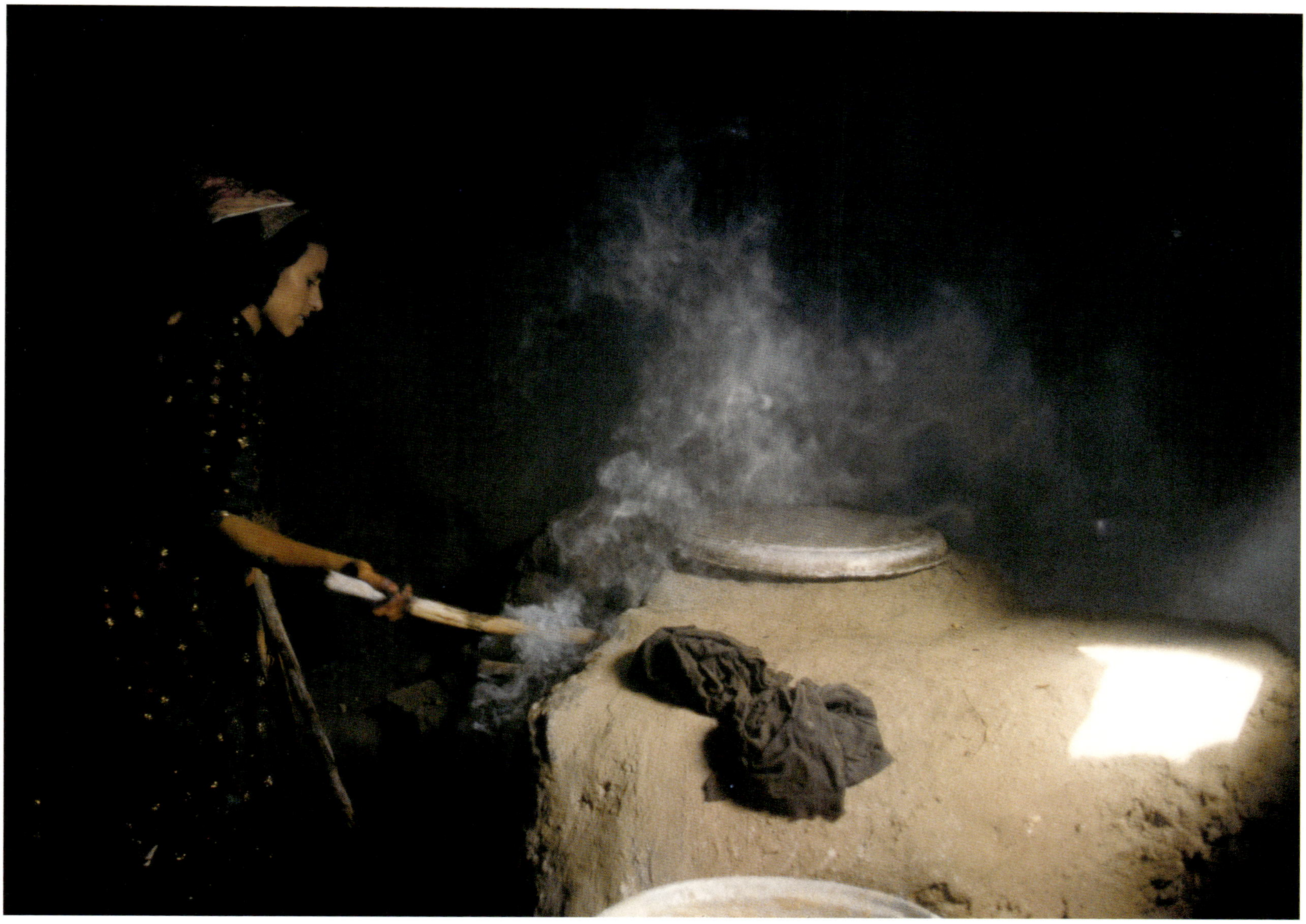

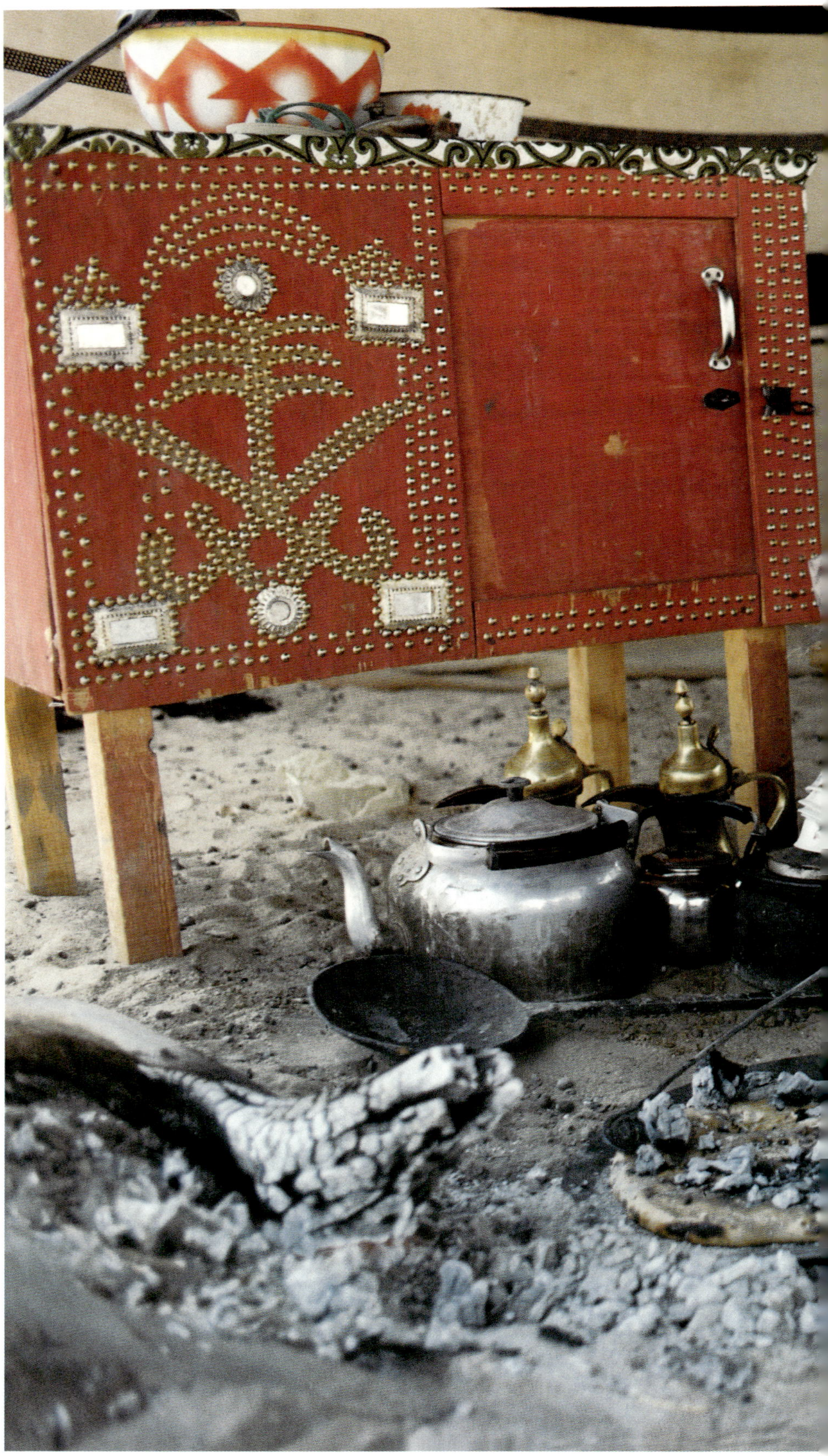

La galette achève sa cuisson au contact de braises éparses. Au second plan, toujours en batterie, le matériel indispensable à l'hospitalité : cafetières multiples pour la décantation de la boisson noble, encensoir…
Nord de Najrân.

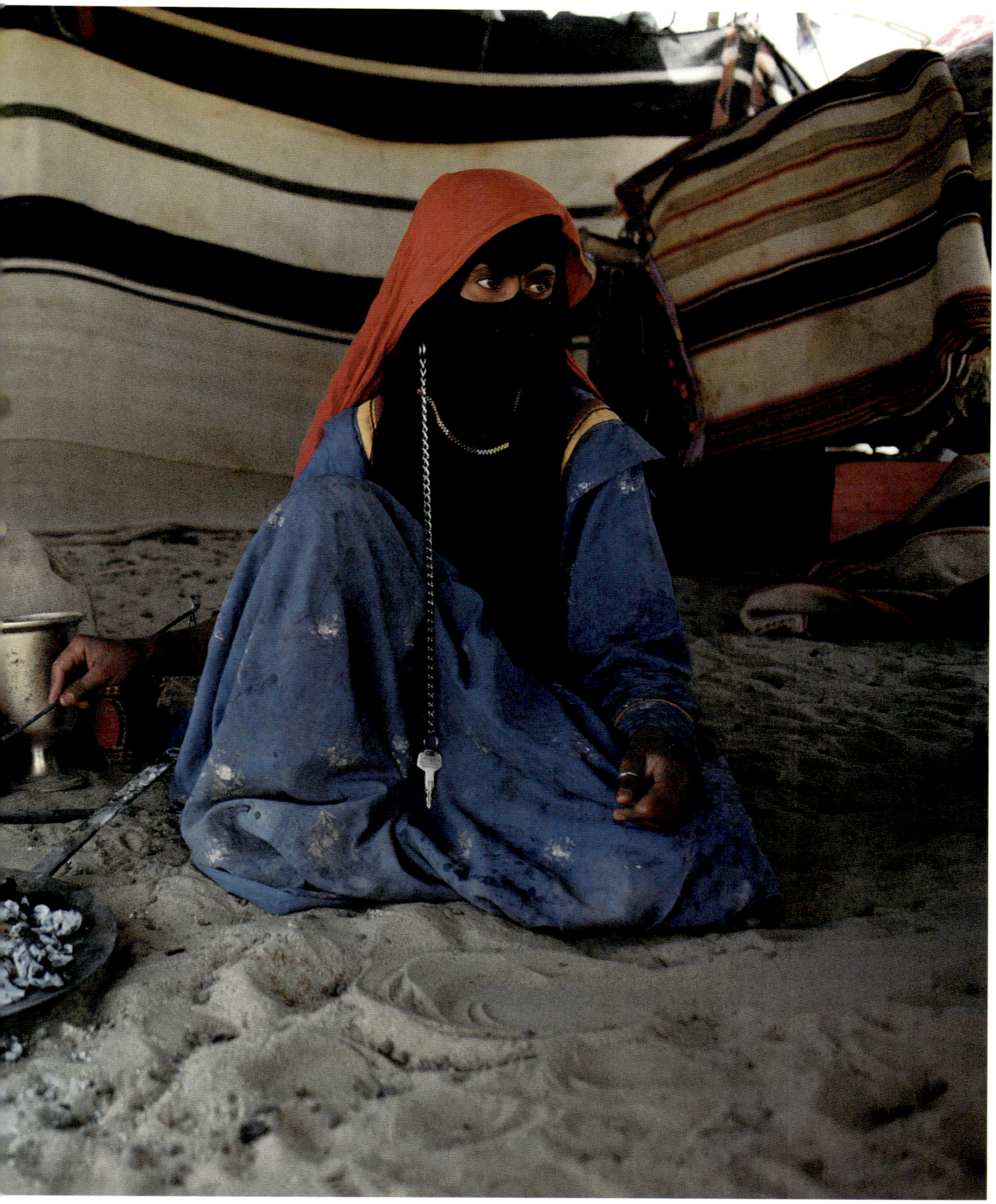

En quête de sécurité, les villages et les hameaux yéménites se sont établis au sommet des pitons ; leurs habitants ont gardé la conscience d'un bien-être particulier qui ne se trouve qu'au « plus haut ».
Hauts Plateaux.

Il n'y a pas très longtemps, deux décennies à peine, au sud du Maroc, à la *'ansra,* (24 juin), de grands pans d'oasis noyaient les plumets de leurs palmiers dans les brouillards évanescents montant des feux d'herbes allumés à leur pied. Le paysan avait alors conscience d'inscrire son acte dans un faisceau de gestes destinés autant à retenir le soleil dans son écliptique qu'à assainir et à développer les régimes de dattes à peine formées.

Les fumées n'auraient sans doute qu'une importance insignifiante si elles n'étaient par définition ascendantes et ne se perdaient dans le ciel, là où toutes les croyances de l'homme font résider les puissances qui régissent le monde et se manifestent dans l'ordre sidéral.

Le ventre de la terre nourrit des génies mais c'est vers le ciel que les bras se tendent et que les mains implorent. C'est au sommet des montagnes que les hommes vont chercher la confrontation avec des forces supérieures, là qu'ils iront, comme Moïse, prendre leur loi, là qu'ils viendront solliciter la pluie comme si les plus hautes pierres pouvaient crever les outres des nuages pour en déverser l'eau en abondance ou comme si la voix des hommes, se rapprochant des hauteurs extrêmes, s'y faisait mieux entendre. Même si l'étymologie en est le plus souvent oubliée, les autels sont marqués par la notion ancienne d'altitude, la seule qui les rapproche de la déité suprême. En effet, dans la plupart des religions, là-haut, par opposition au monde des ténèbres, est le domaine du bien-être éternel réservé aux élus, Le Très-Haut y règne en maître suprême quel que soit le cortège de divinités qui l'escorte...

Le sentiment d'un destin suspendu à une immensité oppressante conduit à vouloir parvenir au plus haut, au plus sensible de l'univers, comme si l'impénétrable pouvait y être saisi.

Le rêve d'Icare a touché l'humanité entière. Mais ne s'agissait-t-il pas, plutôt que de se mouvoir dans les airs à l'imitation des oiseaux, d'approcher au plus près le Zénith inconnu et ses prodiges manifestes ? Aussi les fumées porteuses se sont-elles longtemps révélées plus fiables que les ailes défaillantes. Il semble que cette pensée qui fait de la fumée le véhicule des sentiments des hommes vers l'invisible, née sans doute autour des premiers cercles de feu, a été partagée très tôt par la majorité des peuples du monde. Elle se rencontre partout : du Mexique ancien au cœur de la forêt africaine ou des déserts de glace, chez les chasseurs-cueilleurs, Pygmées ou Inuit, de nos jours ; chez les Grecs, les Romains, les Puniques jadis. Elle se retrouve aujourd'hui dans les nuages qui se condensent en volutes bleuâtres sous les voûtes des églises de rite oriental. Mais là, il s'agit de fumées d'encens alors qu'aux temps anciens les feuillages accessibles, le cèdre, le thuya... suffisaient à porter les prières et les vœux les plus véhéments.

Ara dabat fumos, herbis contento sabinis et laurus adusta sono : L'autel, pour fumer, se contentait du genévrier et du laurier pétillant (Ovide, *Fastes*).

Avant que le tabac n'occupe nos bouches et nos doigts, sa fumée avait dans les sociétés indiennes une mission sacrée : elle devait établir la communication avec le Grand Esprit,

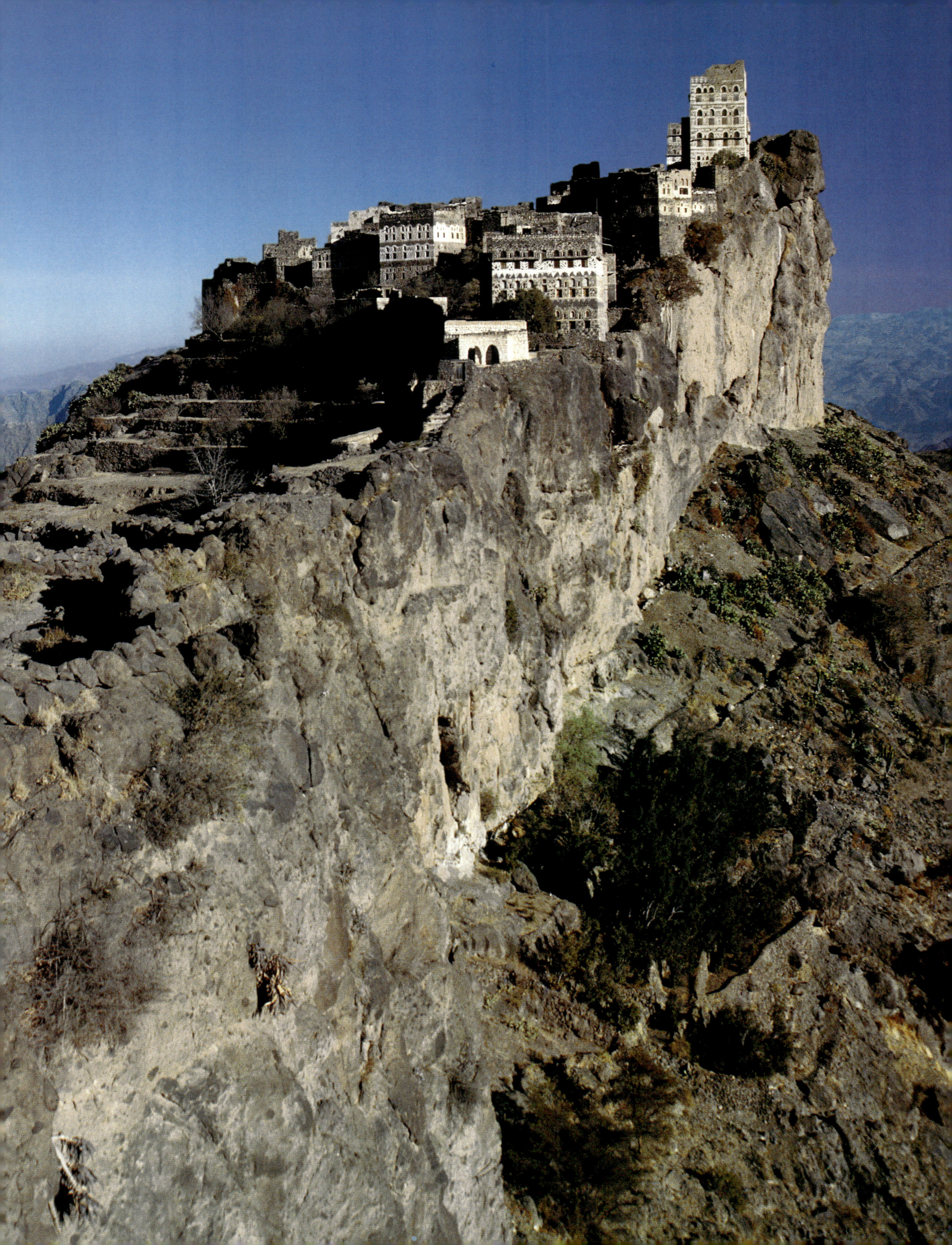

où qu'il se trouve. Dans ce but, elle devait être dirigée dans toutes les directions, aux quatre points cardinaux, vers le ciel, vers le monde souterrain. Fumée et prière étaient indissociables ; le tabac lui-même, empreint d'un caractère sacré, était réservé au commerce avec les dieux et à la sanctification des pactes humains. Là encore, la fumée, considérée comme efficace par elle-même avant que la drogue-tabac n'ait pénétré l'organisme, représente l'élément essentiel du rituel.

Une sélection des espèces végétales a dû intervenir tôt, en fonction des fumées obtenues, de leur consistance, de leur odeur, de la ténacité de leurs effluves, et à la plupart d'entre elles un rôle bien spécifique a été progressivement dévolu.

Un exemple : en Afrique du Nord l'usage de la corrigiole, et du chardon à glu, parmi bien d'autres plantes, se maintient sans faiblesse, du moins en zone rurale. La corrigiole, connue de tout temps, citée par Léon l'Africain, est censée banaliser les odeurs corporelles particulièrement lors du rapprochement des époux. Mise à brûler sur quelques braises placées sur l'encensoir, son odeur légère neutralise les émanations désagréables et se surimpose au bouquet des corps sans l'affadir ; elle est considérée comme une bonne auxiliaire du désir ; en outre la fugacité de son parfum ne permet à quiconque d'épiloguer sur la vie privée du voisin.

Le chardon à glu, le bois d'agalloche ont vocation d'éloigner le mauvais œil des lieux publics plus souvent que des demeures familiales où les fumées « élémentaires » sont toujours prêtes à débusquer les mauvais génies et les périls qui guettent chaque instant. « Élémentaires » parce que leur obtention se révèle facile et peu, ou pas onéreuse ; elles tissent néanmoins des liens subtils entre les vies. En Tunisie, une femme seule pour meubler son attente met à se consumer sur quelques tisons les feuilles ou les graines qui lui tombent sous la main. Elle a conscience d'envoyer un message à l'absent, de projeter dans l'espace un lien ténu mais solide.

Mais il y a des fumées plus fortes, sans doute plus efficaces, presque toujours réservées aux échanges avec l'invisible, liées aux holocaustes qui donnent aux dieux à flairer la « bonne odeur ». Le Lévitique insiste sur la nécessité de brûler sur l'autel tout ou partie de la graisse des victimes :

> On en offrira (il s'agit de l'holocauste) toute la graisse, la queue, la graisse qui couvre les entrailles, les deux rognons et la graisse qui les entoure... Le sacrificateur brûlera cela sur l'autel en sacrifice consumé devant l'Éternel... (Lév., 7.)

L'Ancien Testament, les textes védiques, parmi d'autres, vantent les charmes des fumées de graisse comme particulièrement agréables aux narines des dieux. Il semble qu'une des parties de la bête sacrifiée le plus fréquemment offerte au feu ait été l'épiploon, enveloppe des entrailles aux réticulations adipeuses, premier organe sur lequel bute le couteau du dépeceur, et dont l'état fait préjuger de la qualité de la chair.

> Nous dirons donc que les Perses n'élèvent à leurs dieux ni statues ni autels.... ils prétendent que les dieux ne réclament de la victime que son âme et pas autre chose. Toutefois on assure qu'il est d'usage de mettre sur le feu un peu de l'épiploon. (Strabon XV.)

Selon le plus naturel des penchants, les hommes projettent leurs goûts sur ceux qu'ils prêtent à leurs dieux : consommer de la viande, même en petite quantité alors que l'on est plié à l'abstinence dès la naissance, c'est déjà faire ripaille. À fortiori s'il s'agit d'une bête dans la plénitude de sa forme, ou spécialement engraissée. Que peut-on offrir de plus précieux en sacrifice, sinon un régal trop souvent pour soi hors d'atteinte, une chair juteuse et grasse qui grésille sur les braises de l'autel en dégageant une fumée dense dont l'œil peut suivre longtemps le cheminement ascendant ?

Se détruire est une des fonctions du sacrifice comme de la richesse. C'est la fumée qui importe donc dans l'holocauste : elle devient la quintessence des chairs et de la graisse anéanties par le feu, va se perdre dans la profondeur des cieux pour témoigner de la dévotion ou de la supplique des hommes : elle seule prouve leur attachement désintéressé.

Aux feuillages indigènes, aux gommes exsudées par les bois naturellement blessés, aux graisses fondantes dont Kipling vante l'odeur opulente, sémitique, kaléidoscopique..., le commerce avec l'Orient au cours du premier millénaire (ap. J.-C.) vint adjoindre les résines précieuses de l'Arabie méridionale et les bois subtils du continent indien. Les autels des temples de l'Antiquité classique ne cessèrent dès lors de fumer : pour honorer les dieux, pour célébrer les triomphes guerriers, rendre hommage aux dépouilles prestigieuses... Dans l'intimité, en fonction de l'aisance plus que de la piété familiale, les lares eux-mêmes étaient gratifiés d'un culte domestique comparable.

Alors que l'encens avait depuis longtemps acquis son droit de cité dans l'ensemble méditerranéen, d'autres fumées étaient ailleurs sollicitées. Marco Polo relate comment les Tartares faisaient brûler avec leurs morts des répliques de biens qui leur avaient été précieux durant leur vie. Pour eux pas de meilleur viatique pour traverser les chemins du ciel que cette fumée qui leur restituait symboliquement ce qu'ils avaient aimé.

Les civilisations méso-américaines ont usé, et usent, du copal. Il n'est pas insignifiant de noter qu'il s'agit d'une résine récoltée sur des arbustes de la famille des Burseracées – celle-là même dont relèvent l'encens et la myrrhe – et que son nom dans les différentes langues de la famille maya peut être traduit par « destiné à être brûlé ». Les fumées du copal, nourriture des dieux, présidaient à tous les rituels. En attirant par mimétisme les nuages de pluie,

L'abondante fumée des pipes à eau traverse une eau parfumée avant d'envahir lieux et gens pour de longues heures. Son inhalation prolongée est un des facteurs du kief, *état mental et physique qui sublime la matérialité de l'enveloppe humaine.* Sanaa.

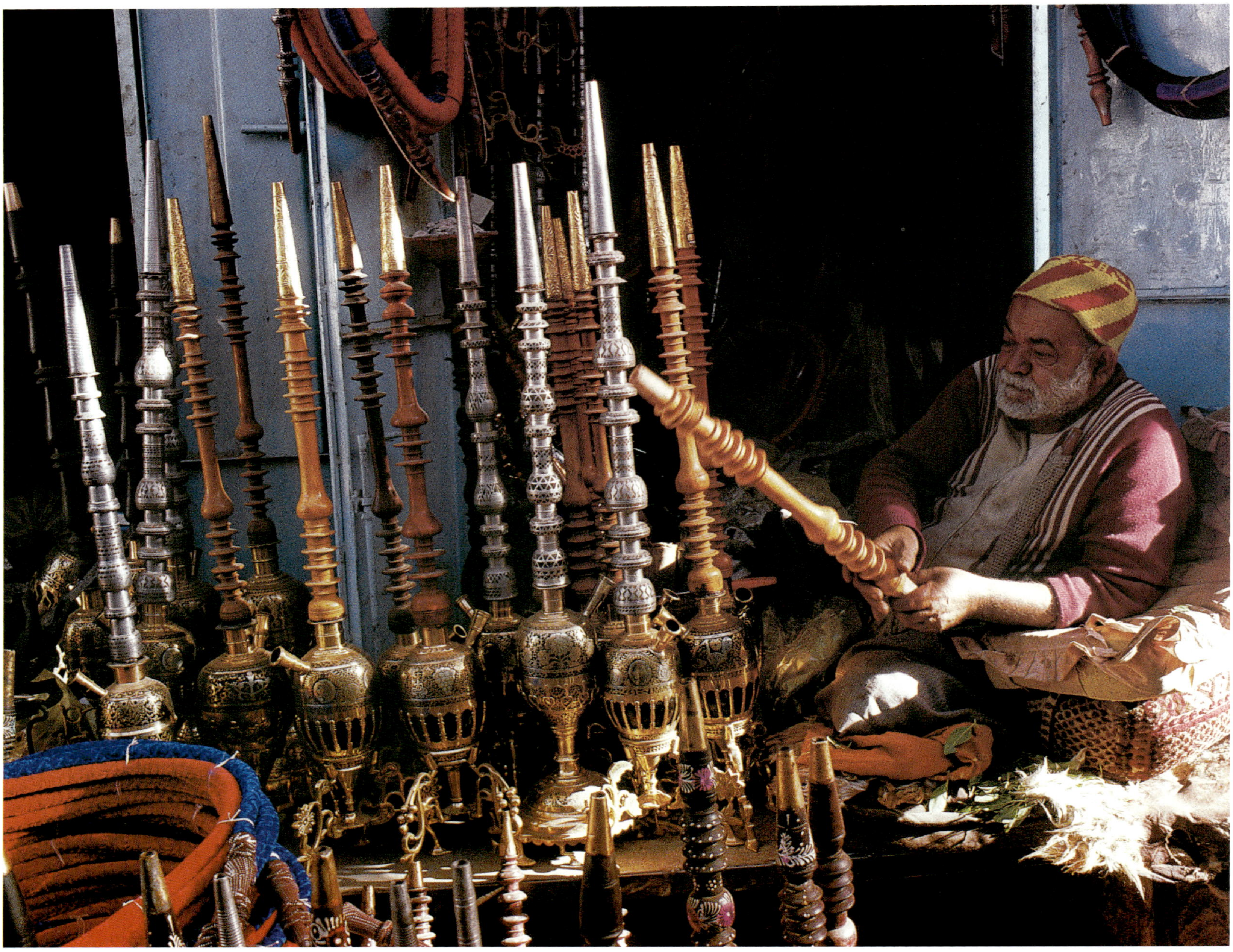

elles décidaient de la fécondité de la terre et des hommes. Il n'est que d'assister aujourd'hui à une fête patronale dans un village mexicain pour constater à quel point, en matière de fumées, le relais a été passé sans défaillance.

Jusqu'à nous, le bouddhisme s'enveloppe des nuages que libèrent les mille baguettes d'encens allumées par la piété des fidèles. Il n'y a guère, en Chine, les bâtonnets composites, encens d'Arabie, santal des Indes, brûlaient en bien des circonstances : accouchements, maladies, funérailles. Leur fumée dans l'autel familial s'adressait directement aux ancêtres et les tenait informés des événements, heureux ou malheureux, survenus dans leur lignée.

Au Japon, les braseros obèses en faction sur le parvis des temples, sont assaillis par les pèlerins qui baignent dans la fumée leurs bras, leur chevelure et avec de grands mouvements de mains la conduisent au plus près de leur corps par l'échancrure de leurs vêtements.

Messagère en Chine, purificatrice comme au Japon, vouée à Dieu, la fumée l'atteint à travers les espaces célestes et se charge, en retour, de bénédictions qui annihilent le mal et du pardon qui restitue l'innocence perdue.

L'inventaire encyclopédique de la présence et du rôle des fumées nous conduirait bien au-delà de ce propos. Les témoignages ethnologiques surabondent. Il demeure que fumées de feuilles, de bois, de graines ou de graisses, fumées d'encens, toutes à travers les pays et le temps portent la magie des promesses et les charmes de l'apaisement. L'irrésistible attrait du feu, la sollicitation du mystère des infinies profondeurs couvent en elles ; mais elles participent aussi de la nuée dont Dieu s'enveloppe pour atténuer les effets de sa transcendance : la fumée-messagère devient alors une fumée-écran.

Mais toujours, les fumées, travestissant les odeurs *sui generis*, se substituant aux émanations déplaisantes, communiquent aux gens et aux choses le parfum qui leur assure un possible dénominateur, une circulation aisée dans le vaste monde et l'accès à l'invisible.

Mais qu'est-ce qu'un parfum ?

L'étymologie répond : ce qui passe au travers de la fumée !

Le sang des arbres

Il faut l'intervention de l'homme pour libérer les larmes de l'encensier.
Après incision du tronc, exsudations du Boswellia sacra.
Dhofar.

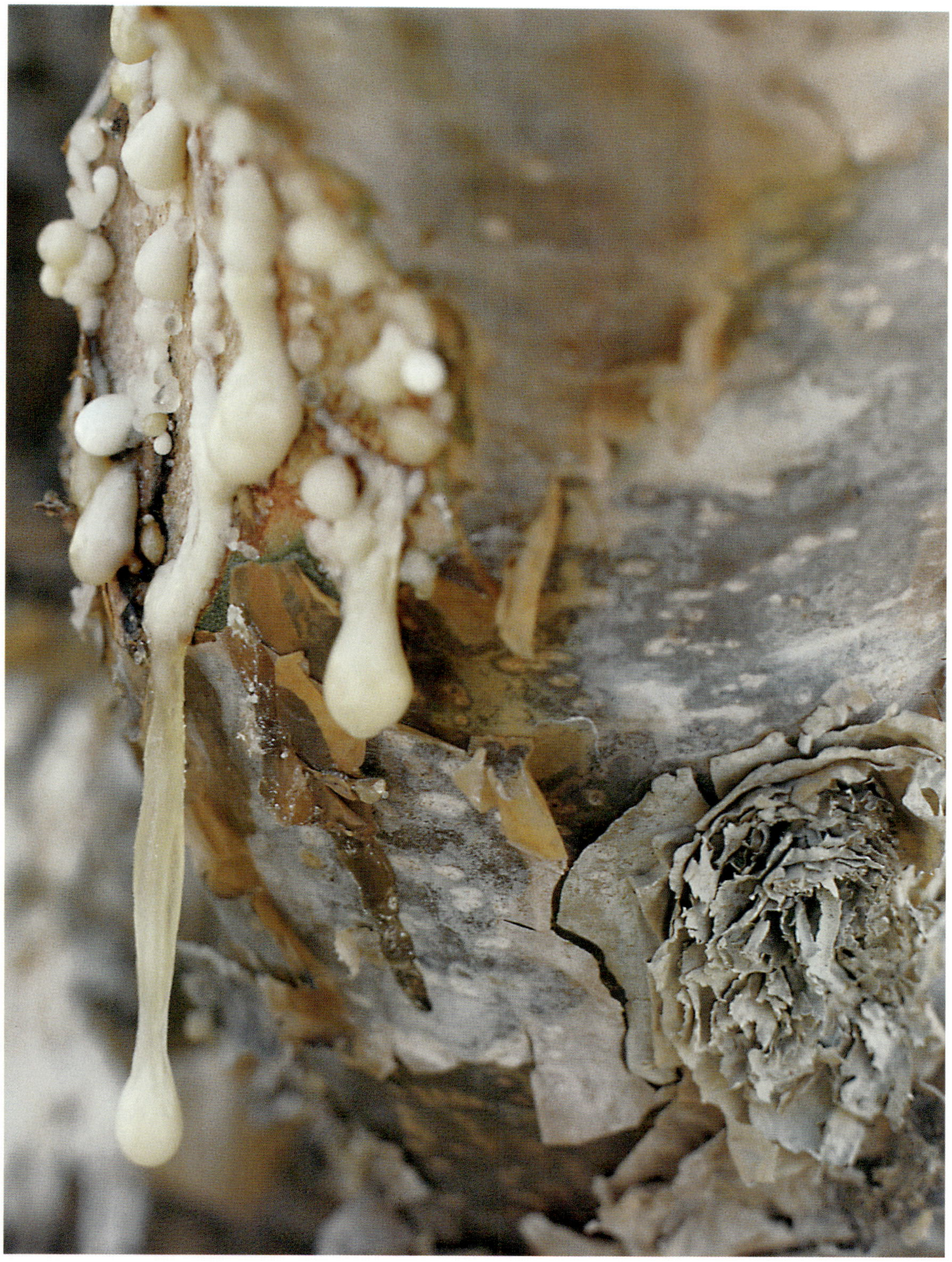

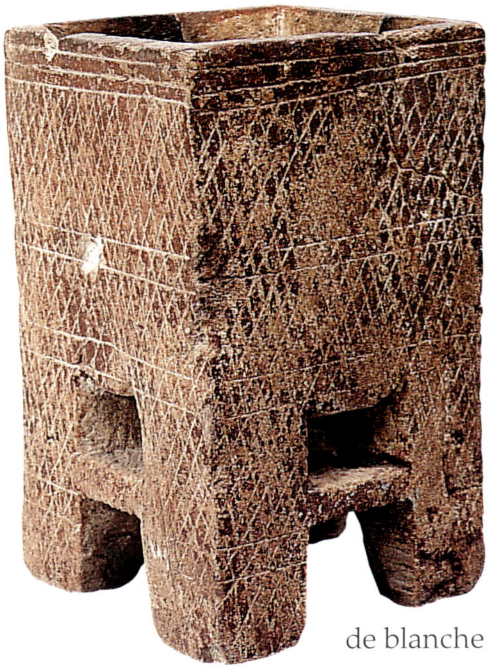

L*uban, libanos, olibanum, oliban,* ces vocables semblent dérivés d'une même racine sémitique ***lbn***, au sens de « couleur blanc de lait ». Ils désignent en arabe, en grec, en latin et en français (entre autres) l'exsudation blanchâtre qui sourd des blessures volontaires faites à certains arbres et arbustes. Déterminée en un temps, aussi lointain qu'imprécis, comme la plus apte une fois brûlée à dégager une odeur et une fumée susceptibles de toucher les puissances du monde invisible, la sève solidifiée, de blanche changée en ambre doré, allait devenir l'**encens,** un des moteurs du commerce transarabique et de la Méditerranée orientale, indispensable aux cultes officiels et domestiques.

Par un raisonnement analogique, les hommes ont-ils vu à l'origine, dans l'apparence laiteuse de la sève de certains arbustes, un substitut nourricier, comme aujourd'hui encore il leur advient, dans certaines contrées, de confier à une plante à latex, en l'identifiant au sein maternel, le soin de mener à bien le sevrage d'un enfant ? Les écoulements de l'humeur du végétal, associés à sa substance vitale, une fois reconnus, consumés, appréciés, ont été peut-être tout d'abord spontanés ou accidentellement provoqués avant d'être systématiquement organisés avec une périodicité plus ou moins régulière, en saison opportune.

Brûle-parfum portatif. Calcaire, décor incisé, traces de pigment ocre.
Musée de Seyoun

Les connaissances sur les régions « aromatifères » et sur la nature même des espèces productrices relevèrent longtemps de ce qui nous paraît être du domaine de l'aimable fantaisie alors que, tout imprégnées de la certitude que tout bien n'appartient pas de plein droit à l'homme et qu'il doit, ou le mériter par des prouesses, ou le racheter par divers sacrifices, elles ne sont que prudentes approches de mondes inconnus.

Hérodote, cinq siècles avant notre ère, avance :

> Du côté du Midi, l'Arabie est le dernier des pays habités. C'est aussi le seul où l'on trouve l'encens, la myrrhe, la cannelle, le cinnamome, le lédanon. Les Arabes récoltent toutes ces choses avec beaucoup de peine, excepté la myrrhe.
>
> Pour récolter l'encens, ils font brûler sous les arbres qui le donnent une gomme appelée styrax, que les Phéniciens apportent aux Grecs. Ils brûlent cette gomme pour écarter une multitude de petits serpents volants, d'espèces différentes, qui gardent ces arbres. Ce sont ces sortes de serpents qui volent par troupes vers l'Égypte. Il n'y a que la fumée du styrax qui puisse les éloigner de ces arbres (Livre III, CVIII).

On eût été en droit d'attendre de Strabon (– 58 av. J.-C., + 25 apr. J.-C.) une information circonstanciée. Son amitié, ou tout au moins ses relations, avec le préfet d'Égypte, Aelius Gallus, parti sur l'ordre d'Auguste à la conquête du « pays des aromates », lui donnaient semble-t-il accès à des témoignages directs sur l'Arabie, traversée avec quelque succès jusqu'à l'échec devant Marib. Le corps expéditionnaire dut à l'occasion mettre ses pas dans les pas des caravaniers de l'encens, et parfois croiser leurs traces. Il n'eut aucune chance, il est vrai, de goûter l'ombre des forêts d'encensiers étendues à quelques jours de marche au sud-est. Mais l'on peut regretter que le géographe-historien bâcle en si peu de lignes l'évocation d'un pays où pour la première fois l'armée romaine prenait pied quand il s'attarde sur les détails d'une malheureuse épopée – les aléas du ravitaillement (du beurre au lieu d'huile !), les maladies dont l'horrible *stomatokaké* qui n'était autre que le scorbut – et insiste sur la confiance déçue, la défaite, inconcevable, ne pouvant être imputée qu'à la trahison... Sur l'Arabie en général, sur l'encens en particulier quelques lignes assez insignifiantes.

De ce qu'on eût souhaité véritable reportage sur une terre inconnue surnagent trois informations claires : l'encens est produit par un arbre ; il est établi que l'Arabie draine une grande part des aromates de l'Inde ou de la Perse et les « naturalise » ; comme dans les siècles précédents, la production et le commerce de l'encens sont toujours strictement réglementés.

Caius Plinius Secundus, Pline, dit « l'Ancien » ou « le Naturaliste », (23 apr. J.-C.-79) traite au Ier siècle de notre ère, dans le Livre XII de son *Histoire naturelle,* « du pays de l'encens », « des arbres qui portent l'encens », « de la nature de l'encens, de ses espèces ». Il n'a aucune expérience personnelle de ces sujets mais il a fait son miel des notations éparpillées dans les travaux de ses prédécesseurs de la littérature classique et tout particulièrement dans les synthèses de son contemporain Dioscoride, qu'à sa suite ne cessèrent de piller jusqu'après le Moyen Âge, Grecs, Latins et Arabes.

XXX. Du pays de l'encens

L'affinité de nom nous engagerait à parler dès à présent du cinnamome, (le chapitre XXIX est consacré à la cardamome) si nous ne trouvions plus convenable de traiter auparavant des richesses de l'Arabie, et des causes qui l'ont fait surnommer fertile et heureuse. Ses principales productions sont l'encens et la myrrhe : cette dernière se trouve aussi dans le pays des Troglodytes.

L'encens appartient exclusivement à l'Arabie, encore ne le trouve-t-on pas dans toute cette contrée. Vers le milieu du pays sont les Atramites, qui habitent un canton des Sabéens dont la capitale est Sabota. Cette ville est bâtie sur une haute montagne, à huit journées de la province où croît l'encens, lieu qu'on nomme Saba ; ce qui, chez les Grecs, signifie mystère. Ce canton, situé au levant d'été, est environné de rochers inaccessibles, et à droite, la mer, par ses écueils, le rend inabordable. On dit que ce terroir est d'un rouge laiteux. Les forêts qui produisent l'encens ont vingt schènes de longueur et moitié de largeur. Le schène, au rapport d'Ératosthène, contient quarante stades, c'est-à-dire cinq mille pas ; d'autres ne lui ont donné que trente-deux stades. De hautes collines s'y élèvent. Les arbres nés spontanément se prolongent dans la plaine. On

Éventaire du marchand d'épices et d'aromates ; dans des sacs de toile forte sont colportés de village en village tous les produits (végétaux, minéraux...) nécessaires à la santé de l'esprit et du corps. Hadhramawt.

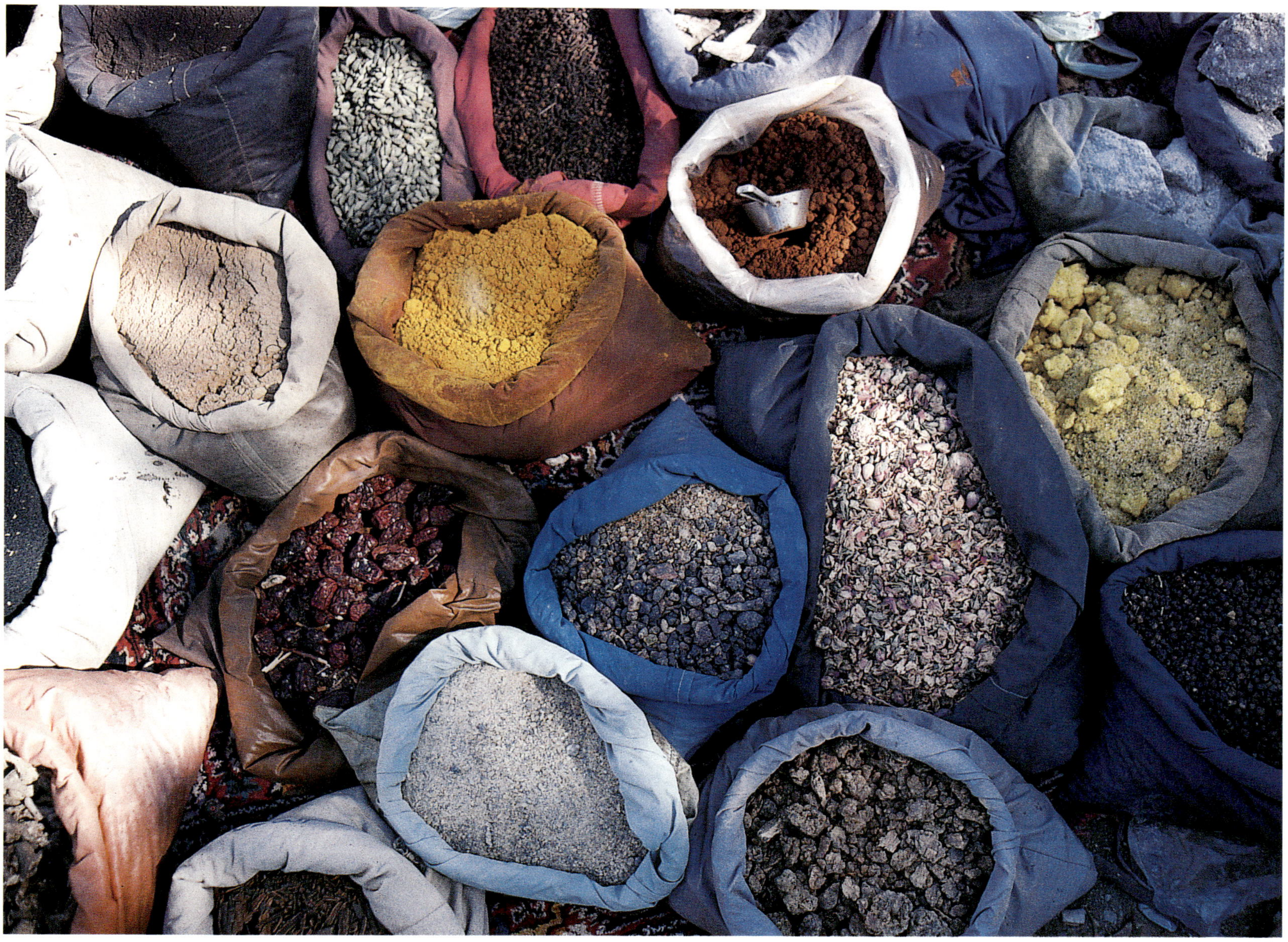

convient généralement que cette terre est argileuse, et que les fontaines, qui s'y trouvent en petit nombre, sont nitreuses. À peu de distance est le pays des Minéens, autre canton au travers lequel on apporte l'encens par un seul chemin fort étroit. Ce peuple fut le premier qui en fit commerce, et maintenant encore il s'en occupe presque exclusivement, ce qui fait que l'encens a été appelé minéen. Il n'est pas permis aux autres Arabes de voir l'arbre de l'encens, et les Sabéens eux-mêmes n'ont pas tous cette faveur. On prétend qu'il n'y a que trois mille familles qui, par droit de succession, s'arrogent ce privilège. On dit, pour cette raison, qu'ils sont sacrés ; et quand ils sont sur le point de tailler leurs arbres ou d'en faire la récolte, ils se gardent bien de se souiller par le commerce des femmes ou en assistant aux funérailles, attendant de cette observation religieuse l'augmentation de leurs richesses (1). Quelques-uns disent que tous ceux de cette nation ont toujours un droit égal sur ces forêts ; d'autres assurent qu'ils en jouissent annuellement, chacun à leur tour.

XXXI. Arbres qui portent l'encens

On ne s'accorde point sur la forme de l'arbre. Nous avons combattu en Arabie, et les armes romaines ont pénétré dans une grande partie de ce pays : Caius César, fils d'Auguste, s'y est même acquis de la gloire, et cependant nul auteur latin, du moins à ma connaissance, ne nous a donné la description de cet arbre. Quant aux récits des Grecs, ils varient : les uns disent que ses feuilles ressemblent au poirier, quoique un peu plus petites, et de couleur herbacée ; les autres qu'il est semblable au lentisque, et d'un roux tant soit peu ardent ; d'autres enfin, que c'est une sorte de térébinthe, et que le roi Antigone fut de cet avis quand on lui en apporta un arbrisseau. Dans les ouvrages que le roi Juba composa pour satisfaire l'ardeur que la célébrité de l'Arabie avait inspirée à Caius César, fils d'Auguste, ce monarque rapporte que l'arbre de l'encens a le tronc tortueux, que ses branches ressemblent à celles de l'érable du Pont, qu'il jette une gomme semblable à celle de l'amandier ; qu'on voit enfin de tels arbres dans la Carmanie, ainsi qu'en Égypte, où ils ont été plantés par les soins des rois Ptolémées. Il est certain qu'il ressemble au laurier par son écorce, quelques-uns disent aussi par sa feuille ; du moins, tels étaient les arbres qu'on voyait à Sardes, car les rois d'Asie ne négligèrent pas non plus d'en faire planter. Les ambassadeurs qui, de mon temps, sont venus d'Arabie n'ont fait que rendre, sur ce sujet, nos connaissances plus obscures encore. Cette incertitude est surprenante, car on nous apporte même des branches d'encens, par lesquelles on peut juger que le tronc de l'arbre est uni et sans nœud.

XXXII. Nature de l'encens ; ses espèces

La vente en étant autrefois moins suivie, on ne faisait qu'une récolte par an ; aujourd'hui l'appât du gain en fait faire deux. La première et la plus naturelle de ces récoltes se fait au lever du Grand Chien *(Canicule)*, dans les plus fortes chaleurs, par une incision à la partie de l'écorce qui paraît la mieux nourrie, la plus mince et la plus tendue. On dilate la plaie en l'ouvrant, mais sans rien enlever. Il s'en échappe une écume onctueuse qui s'épaissit et se coagule, reçue sur une natte de palmier, si la nature du lieu le permet, ou sur une aire battue autour de l'arbre. L'encens qui tombe sur les nattes est plus pur, l'autre est plus pesant. Ce qui reste adhérent à l'arbre se racle avec le fer : aussi est-il rempli d'écorce. La forêt, divisée en un certain nombre de parties, est en sûreté sous la bonne foi réciproque. Personne ne garde les arbres incisés, le vol étant sans exemple. Mais dans la ville d'Alexandrie, où on falsifie l'encens, la plus active surveillance ne suffit à garder les officines. On appose un sceau sur le caleçon des ouvriers, on leur masque le visage d'un filet épais, on les fait sortir nus tant il est vrai que la rigueur des lois nous donne moins de sécurité que la bonne foi dans les forêts. On ramasse en automne le produit de l'été. Celui-ci, très pur, est blanc. La seconde récolte a lieu au printemps, à la suite des incisions faites en hiver. Cet encens est roux et n'est pas comparable à l'autre... On prétend que l'encens d'un jeune arbre est plus blanc mais que celui d'un vieil arbre est plus odorant. Certains disent que l'encens des îles est le meilleur ; Juba (2) nie qu'il en existe dans les îles.

Malgré le souci scientifique de Pline, se référant aux feuilles et aux rameaux qu'il a pu examiner aux mains d'« ambassadeurs », l'identification et la description de l'arbre à encens restent des plus vagues et ne progresseront aucunement pendant dix-neuf siècles ! Au XVIIIe siècle, Forskal, élève de Linné, botaniste plus que distingué, aborde bien au Yémen mais la mort l'abat sur les hauts plateaux sans qu'il ait pu entrevoir les « forêts » d'encensiers des vallées riveraines du Hadhramawt, ou plus au sud-est, celles du Dhofar et de l'Oman. Au XIXe siècle les premiers herbiers fiables établissent clairement la distinction existant dans la famille des Burséracées entre arbres à encens (*Boswellia*) et arbres à myrrhe (*Commiphora*). L'ambiguïté, pas entièrement levée sans doute pour les non-botanistes, réside en partie dans la dénomination « encens » qui, dans l'acception générale, englobe toutes les substances destinées à être brûlées pour produire fumée et odeur. La rigueur sémantique voudrait que le terme oliban, quelle que soit sa consonance moyenâgeuse, s'applique à l'oléo-gomme-résine exsudée par les *Boswelliae*, désignée couramment comme « encens véritable » (une oléo-gomme-résine est une exsudation naturelle d'arbres ou de plantes, contenant en outre une faible quantité d'huile essentielle qui en constitue le principe odorant).

Il fallut du temps depuis la détermination en 1867 de *Boswellia sacra* par Flückiger et de multiples hypothèses sur les variétés d'encensiers pour avancer enfin de manière définitive (?) que tous les arbres producteurs d'oliban en Arabie du Sud s'inscrivaient dans cette espèce. Th. Monod après une des minutieuses études de terrain dont il est coutumier, hélas limitée dans le temps et l'espace, pouvait écrire en 1979 : « Il me paraît impossible de ne pas conclure que dans l'état actuel de nos connaissances, il n'existe dans l'Arabie du Sud qu'une seule espèce d'encensier, le *Boswellia sacra,* répandu dans l'est du Yémen du Sud (Hadhramawt et Mahra) et dans l'ouest de l'Oman (Dhofar).

En dehors de ces sondages sur des stations dispersées, aucune enquête systématique de quelque ampleur n'a, à ce jour, établi l'aire de répartition exacte des encensiers et la densité de leur peuplement, pas plus d'ailleurs, qu'il n'en a été tenté pour la Somalie voisine où

Peuplement actuel
de Boswellia sacra *spontanés.*
Dhofar.

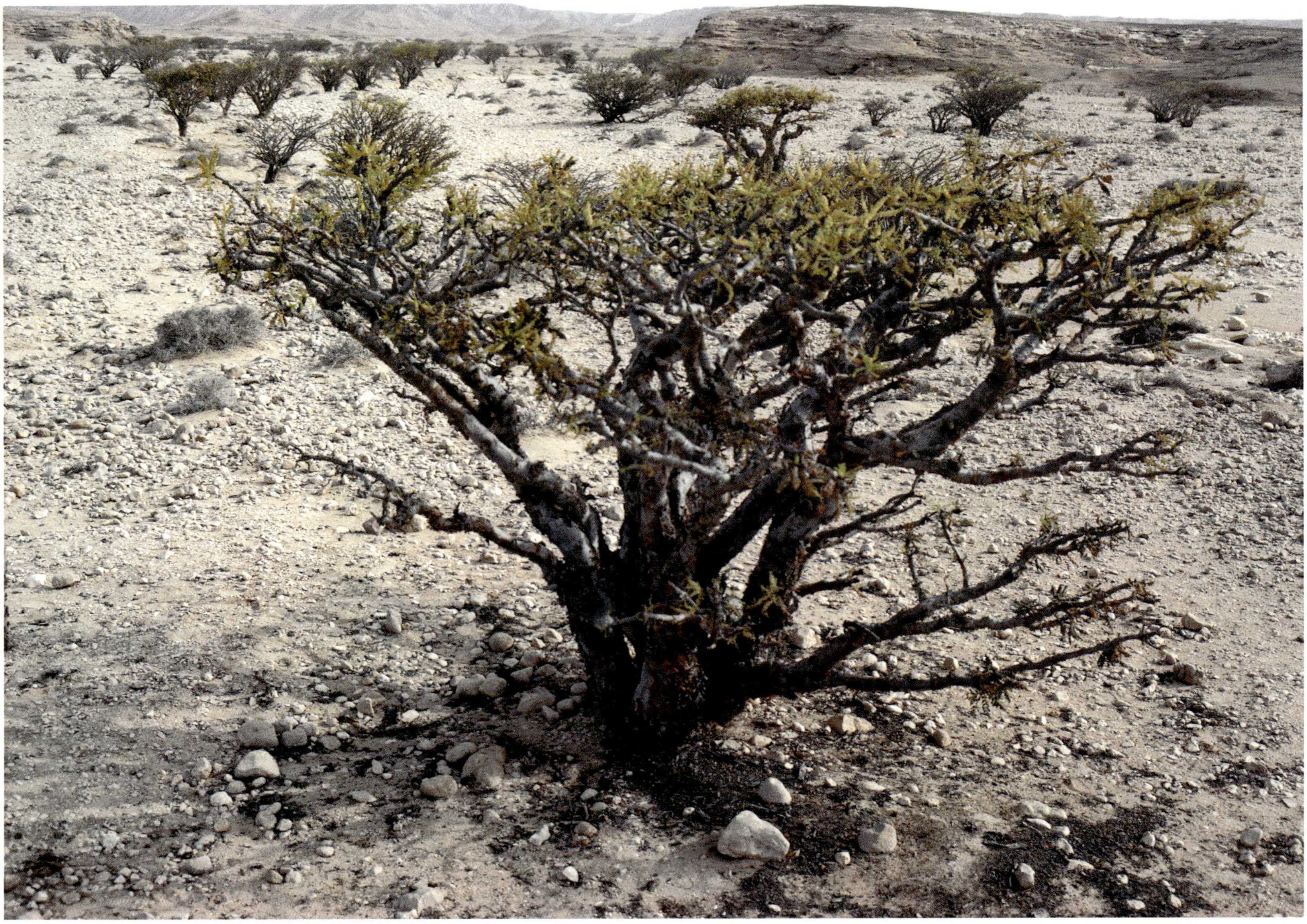

des *Boswelliae (Boswellia carterii)* très proches du *Boswellia sacra* du Sud arabique sont toujours exploités. Si la connaissance scientifique est de nos jours aussi difficile à maîtriser, comment juger de l'exactitude des témoignages « antiques », sur l'étendue des forêts cultivées pour la production des précieuses gommes-résines, l'importance des récoltes, les parfums exhalés jusqu'à la côte...

Aujourd'hui comme hier, les encensiers poussent sur des terrains calcaires avec, semble-t-il, une prédilection pour les sols caillouteux, les éboulis de pente, les pierrailles des ravins. Le climat du Dhofar favorisé par la mousson du sud-ouest qui vient buter contre les monts Qara, Qamr et Samhan, remparts naturels contre les vents asséchants du désert, permet aux arbres de se multiplier et de se développer plus rapidement qu'à l'Ouest, dans les vallées du Hadhramawt et du Mahra. Une bruine incessante, de juin à septembre, autorise en effet une exceptionnelle végétation et fait du Dhofar l'aire optimale de croissance des arbres à encens. Mais on ne sait rien des procédés d'arboriculture des temps passés. Il est permis de supposer que la multiplication des sujets se faisait par bouturage, puisque des expériences récentes prouvent le succès de cette technique.

La plupart des arbres actuels se développent spontanément, sans que l'homme, semble-t-il, intervienne dans sa localisation : certains prennent racine dans l'anfractuosité d'une paroi rocheuse, d'autres se disséminent dans un champ de graviers.

Boswellia sacra, appelé *muqur* ou *mughur,* au Sud du Yémen, se caractérise généralement par l'absence d'un tronc unique ; dès la base il se ramifie en tiges verticales et parallèles qui, progressivement, vont s'étalant. Les sujets les plus vigoureux atteindraient une hauteur de dix mètres quand le tout-venant n'excède guère trois à cinq mètres.

La gomme-résine, distillée par un système de canaux, propre à la famille des *Burceraceae,* ne peut être accessible que par saignée dans la partie profonde de l'écorce. Les techniques d'extraction présentent de grandes similitudes en des points aussi éloignés et divers que la forêt humide gabonaise, les savanes yéménite et somalienne, ou l'Amérique centrale. L'objectif, il est vrai, reste toujours identique : atteindre les conduits secréteurs, en saison favorable, alors que la sève y monte à pleine vigueur, les ponctionner sans violence excessive pour en faire couler, goutte à goutte, le sang des arbres.

Il ne semble pas outrecuidant d'imaginer il y a deux millénaires, une équipe de gemmeurs se rendant dans une « forêt » d'encensiers régulièrement plantés dans un sol périodiquement ameubli à la houe. Ils sont armés d'un outil au tranchant bien affilé pour scarifier les écorces à la bonne profondeur jusqu'à ce qu'y perlent des bulles blanches et lourdes, bourgeonnant lentement sur la cicatrice. Ils reviennent avec ponctualité surveiller l'écoulement, approfondir le trait du ciseau ; des semaines plus tard la veine tarit. Intervient alors la récolte

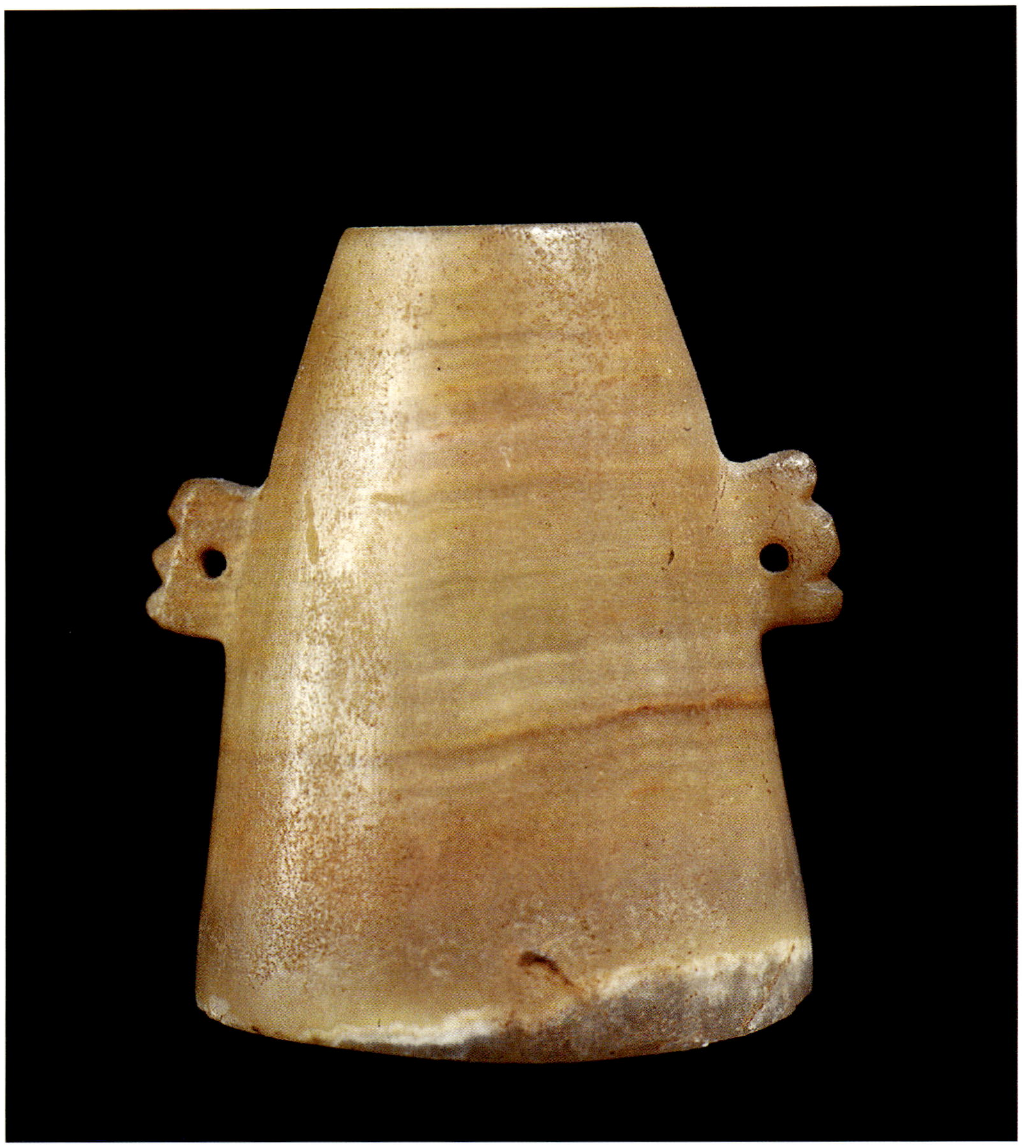

Petit vase tronconique à anses trilobées, destiné probablement aux encens et onguents précieux. Albâtre. Région de Beihan. Collection Mme Antonin Besse

et le tri : les larmes les plus pâles, les plus régulières, celles qui évoquent la forme d'attributs mâles, censées les plus odorantes, sont les plus prisées. Les raclures mêlant l'écorce et des parcelles d'oliban forment le dernier choix. Alors les ballots sélectionnés prennent le chemin d'entrepôts où regroupés avec la production d'autres régions ils attendent l'acheminement par terre ou par mer vers les grands marchés du Nord où la demande est encore pressante.

Aucun auteur ancien ne s'est attaché à décrire le ramassage de l'oliban avec précision. Nous ne saurons jamais si l'écoulement de la sève était canalisé dans un récipient de fortune, si la blessure initiale était constamment ravivée aussi longtemps qu'elle pouvait suinter, ou si, seuls, le temps et le hasard, plusieurs jours ou plusieurs semaines, coagulaient et séchaient la gomme-résine jusqu'à ce qu'on la détache de la branche, à moins que tombée au sol, on ne l'y recueille.

Certains se sont attardés, en revanche, sur le jeu de la nature qui réunit parfois deux « larmes » de belle venue, à la ressemblance du scrotum enfermant les testicules, donnant ainsi l'« encens mâle ».

Au Dhofar et au Hadhramawt, la récolte de l'oliban est le plus souvent assurée aujourd'hui par des tâcherons originaires de Somalie, entraînés de longue date dans leur pays à saigner les *Boswelliae Carterii* au moyen du *minqaf*, (de la racine arabe *nqf*, inciser, ciseau) à deux lames, l'une coupante, l'autre mousse, implantées de part et d'autre d'un manche médian ; l'outil, dans sa simplicité, est parfaitement adapté à sa double fonction : la lame tranchante opère les incisions dans la profondeur de l'écorce, la lame mousse agit comme un racloir pour détacher de l'arbre les concrétions de gomme-résine adhérentes et les faire tomber dans un panier.

Sur la saison de la montée de la sève et sa durée, ne nous sont donnés que des renseignements superficiels et contradictoires. La production varierait considérablement en fonction de l'abondance des pluies et de la vigueur de l'encensier. L'oliban s'écoulerait de certains arbres exceptionnels pendant une année entière, avec des incisions (chasions) ravivées tous les dix jours ; le plus souvent une dizaine de passages, à une huitaine de jours d'intervalle, suffirait à l'exploitation d'un sujet « moyen ».

L'actuelle dispersion des encensiers, leur relatif abandon à l'appétit des dromadaires ou des chèvres errants, friands de tout feuillage, ne permet certes pas d'évaluer correctement leur rentabilité. On ne sait rien d'ailleurs de leur mode d'acquisition ou de transmission : héritage, propriété collective ? Selon certaines informations, des tribus bédouines à la limite du Dhofar n'auraient cessé que récemment d'exploiter les *muqur* après en avoir tiré longtemps des revenus assez substantiels. Il y a deux décennies un homme de tribu considérait encore comme « décentes » trois activités : la razzia, l'élevage des dromadaires, la récolte de l'encens.

La demande locale d'oliban reste régulière au Yémen et la production actuelle semble la satisfaire. Il est difficile d'estimer avec exactitude l'importance de cette production. Il y a quelque temps, en l'espace d'un an, cinq tonnes auraient été livrées sur les comptoirs de Mukallah : ce chiffre ne peut guère servir d'indice sérieux. En effet, à défaut d'un marché centralisé et strictement réglementé, comme l'était celui de l'encens dans l'Antiquité, les petits producteurs commercialisent leur récolte sur des souks de proximité, soit en la confiant à des revendeurs, soit en la négociant eux-mêmes. L'habileté et le sens des affaires yéménites se passent allégrement de mercuriales officielles. Les cours sont connus et respectés, dans le hameau le plus éloigné, du moins quand les vendeurs disposent d'une quantité minimale à négocier. Mais sur le marché international, la concurrence de gommes-résines venues d'Inde et du Sud-Est asiatique laisse peu de place à l'oliban sud-arabique.

Dans certaines vallées écartées, où les propriétaires de quelques encensiers d'accès difficile se désintéressent d'un maigre profit, sans toutefois être oublieux de leurs droits, le champ libre est laissé à de pauvres hères qui en catimini vont saigner deux ou trois encensiers, à leurs risques et périls. On les retrouve, loin du souk, au coin des ruelles dans les bourgades du sud du Yémen, marchands honteux dissimulant à demi leur couffin plein des larmes blondes de l'oliban vrai, l'oliban pur, yéménite « de souche ».

Sur les marchés réguliers, loin de l'Hadhramawt, cette matière noble ne saurait se commettre avec le déballage des gommes-résines de toute origine, une des plus communes étant le *luban jawi,* le benjoin. Seuls les véritables amateurs, prêts à payer le prix fort, se voient présenter à la demande, en petite quantité dans un emballage de papier gris, des granulés aux couleurs de miel, du blond pâle au brun foncé. La cassure doit en être légèrement vitreuse ; le froissement entre les doigts de leur poussière résiduelle, comparable au sable et non pulvérulente, est censé laisser la peau nette. Sous la dent, le véritable oliban ne devient pas pâteux, il crisse légèrement et dégage un peu d'amertume. Il brûle enfin avec une belle flamme blanche en dégageant une fumée dense, à l'odeur agréable.

Ces quelques grammes de pur « encens », achetés aujourd'hui par un père de famille pour la suffisance et le contentement de sa maison font paraître extravagantes les quantités brûlées sur les autels grecs et romains et nous interrogent sur le volume des cinq cents talents d'encens envoyés par Alexandre le Grand à Léonidas, son ancien précepteur, avec la recommandation de ne point se montrer ladre envers les dieux.

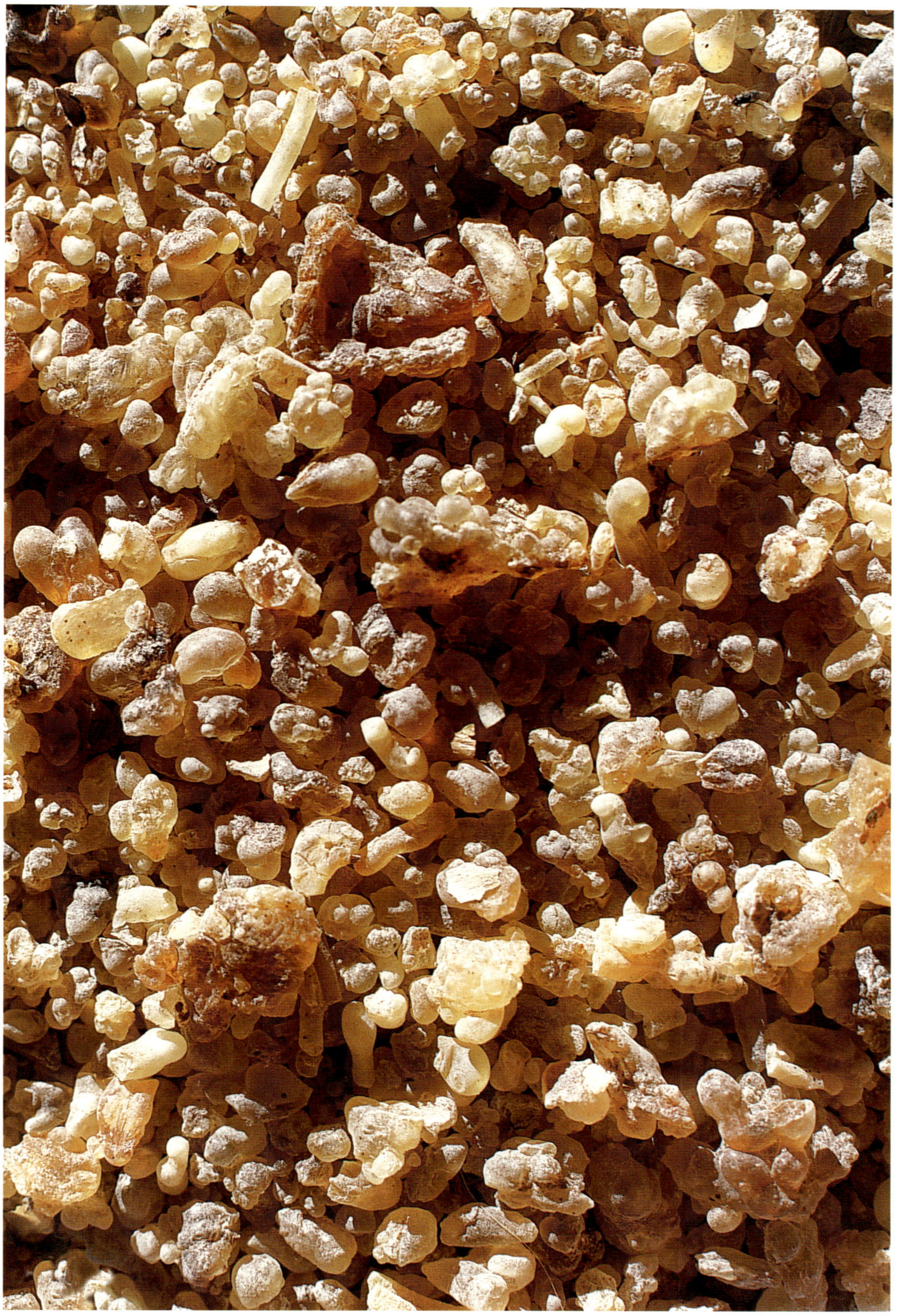

Sur un marché, le tout-venant de la récolte des précieuses « pépites » d'oliban. Salalah-Dhofar.

Le grand œuvre

Orant *ou représentation de la divinité elle-même.*
L'influence hellénistique est visible
dès le IIIe *siècle avant notre ère*
et atteste de la richesse des échanges
entre l'Arabie du Sud et la Méditerranée.
Albâtre, collection Mme *Antonin Besse.*

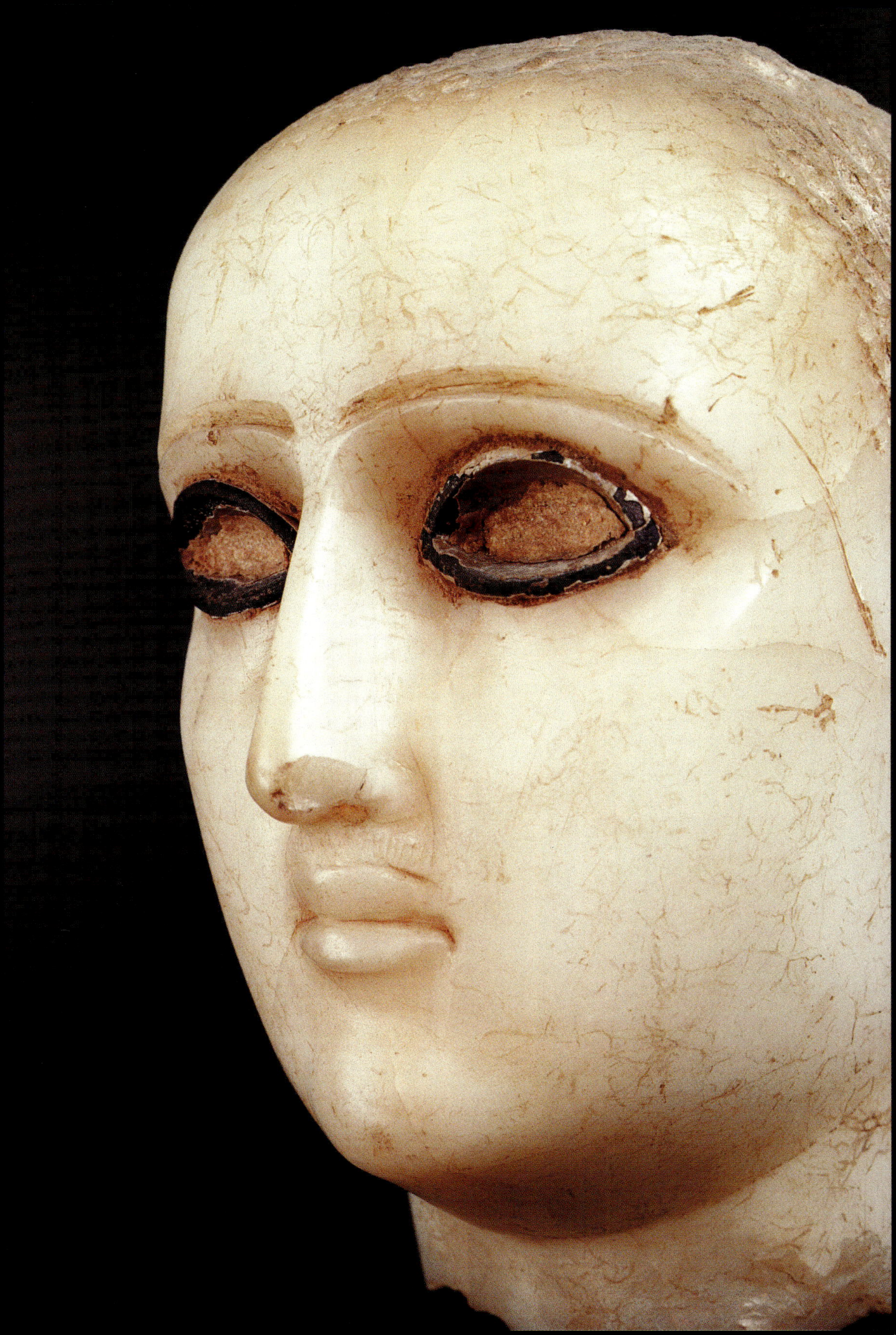

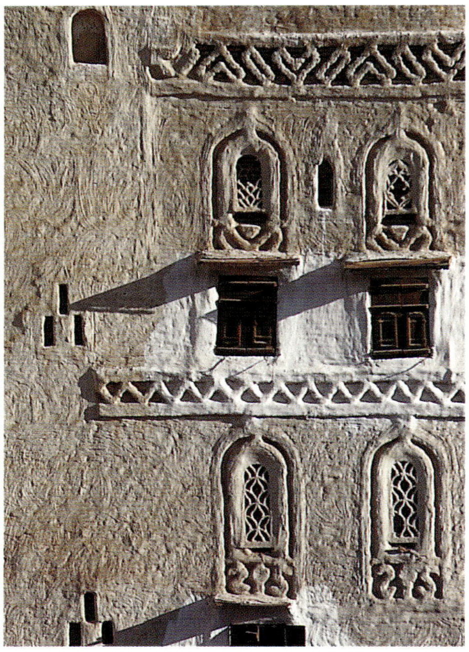

Nous ne connaîtrons sans doute jamais avec certitude la date de l'entrée sur la scène historique de l'oliban arabique. La quête de témoignages sur l'encens suit une démarche fragmentaire et désordonnée : d'Égypte au Croissant fertile, de Grèce en Palestine, d'Arabie en Méditerranée et pour l'Antiquité, trébuche bien souvent sur des redites ou des fables.

Une des références les plus anciennes que l'on peut évoquer concerne l'Égypte et le commerce avec le pays de Punt où croissaient l'encens et la myrrhe. La reine Hatshepsout, dans la première moitié du XVe siècle avant notre ère, avait armé cinq nefs pour en rapporter des plants de l'arbre à myrrhe qu'elle souhaitait acclimater dans son temple de Thèbes. L'expédition était de quelque ampleur et avait fait l'objet d'une véritable publicité.

Les reliefs du temple de Deir el-Bahri narrent l'aventure comme en une bande dessinée : il faut quatre ou six hommes pour transporter chaque arbuste, déjà de belle venue, dans un emballage soigné ; les plants sont déposés à bord d'un navire, voile bordée, en cours de chargement sous la garde affairée de cynocéphales ; les arbres se développent miraculeusement, au point que des bœufs peuvent pâturer sous leur ombrage ; la myrrhe, récoltée enfin sur place, s'entasse en monticules où les serviteurs viennent puiser à plein boisseaux.

Depuis des siècles, les Yéménites se sont révélés des architectes remarquables.
Ici sur une construction en briques crues, un enduit de terre lissé. L'arc des ouvertures est renforcé par des briquettes cuites. Des plaques d'albâtre tamisent la lumière.
Une inscription prophylactique proclame la foi soumise « ce que Dieu veut ».
À droite : *la construction de briques cuites disparaît sous un enduit de plâtre.* Sana'a.

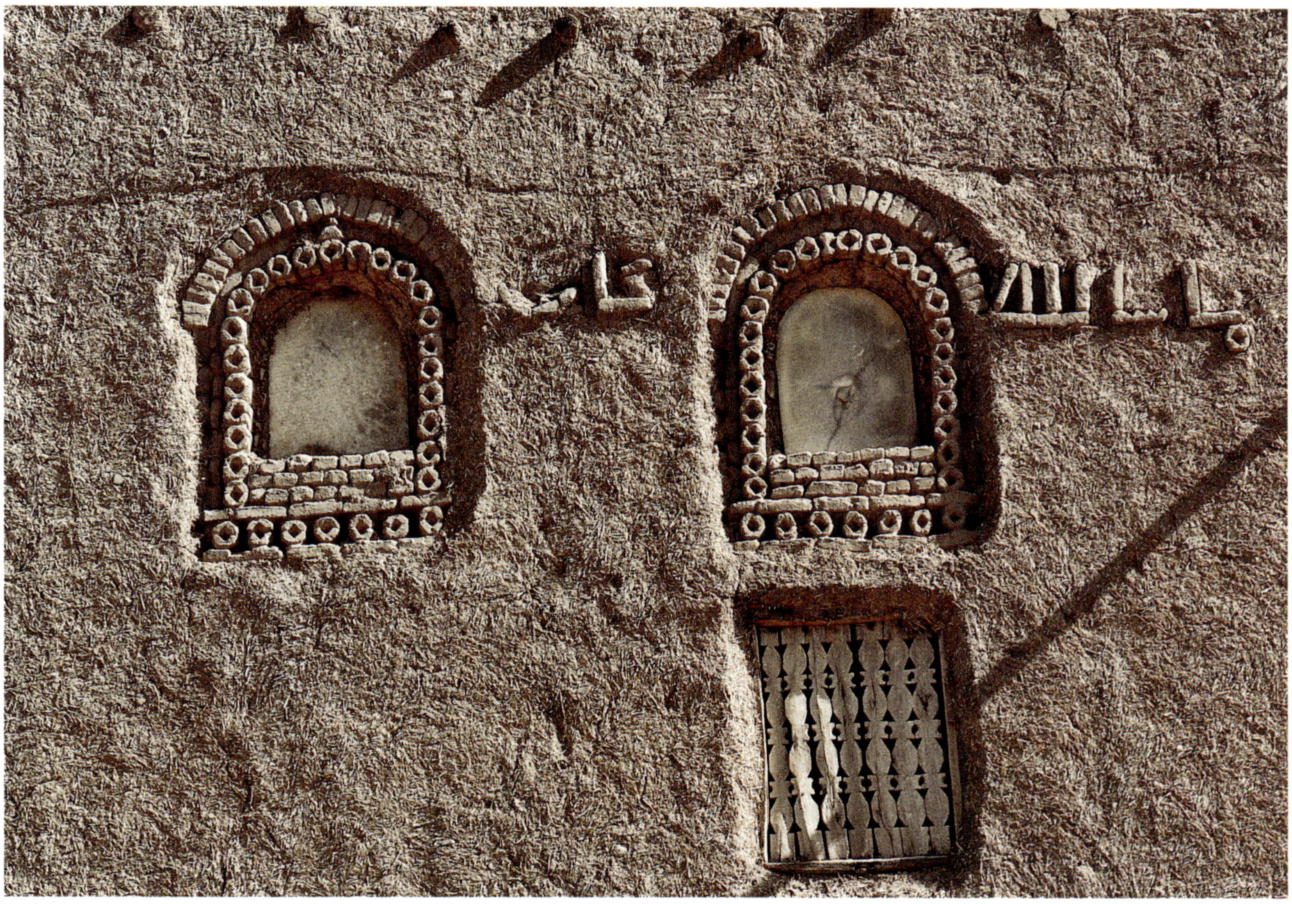

Si la représentation de la chose souhaitée peut intimer le sort jusqu'à ce qu'elle se concrétise, la réalité se dérobe le plus souvent. Soit que les plants aient été mis en mauvaise terre, en saison inopportune, soit encore que les producteurs aient songé à protéger leurs intérêts et leur monopole en fournissant des sujets défectueux, l'entreprise sombra. Lorsque le commerce avec le pays de Punt déclina, les Égyptiens, dont la consommation d'aromates n'avait pas diminué, se tournèrent vers l'Arabie et la voie caravanière.

L'entreprise de la reine ne concerne pas l'Arabie du Sud, il est vrai, mais un pays dont les limites actuelles sont, grosso modo, celles de la Somalie et vise la myrrhe et non l'oliban ; il semble cependant probable que les exsudations spontanées du *Commiphora* (arbre à myrrhe) et celles, provoquées, du *Boswellia* (encensier) aient toujours fait l'objet d'un commerce conjugué. La proximité de leurs gisements, la simultanéité des temps de récolte, leur densité comparable vouaient ces deux gommes-résines à voyager de conserve et à voisiner sur les marchés, toutefois sous des conditionnements différents : l'encens, substance sèche s'accommodait de couffes de vannerie, quand la myrrhe, au principe huileux plus important (jusqu'à 17 %), nécessitait des sacs de cuir.

Bien qu'il n'en existe aucune preuve, il ne semble pas douteux que la liaison maritime entre la corne de l'Afrique et les ports de l'Arabie du Sud a existé, de manière continue, depuis les temps les plus reculés. Pour des radeaux portés par des outres gonflées, aux mains de nautoniers ayant la connaissance des courants et des vents, la distance n'était pas infranchissable. L'auteur du *Périple de la mer Érythrée*, ne montre aucune surprise devant ces plates-formes obsolètes, portées par des dépouilles animales, amarrées auprès de vaisseaux « modernes », pas plus que l'honnête homme du XXe ne s'étonne de voir des corbeilles tendues de peaux bitumées affronter depuis le Néolithique la mer d'Irlande, ou aujourd'hui sur le Tigre, flotter les outres porteuses, identiques à celles des hauts temps d'Assur.

Si la route terrestre des oasis orientales drainait à partir de la côte la production, non seulement de l'Oman, du Dhofar, de l'Hadhramawt mais aussi celle du pays de Punt, convoyée sur les fameux radeaux jusqu'aux ports de la terre arabique, pourquoi la circulation en sens inverse n'aurait-elle pas été empruntée ? L'Égypte il est vrai, demandait plus de myrrhe pour l'embaumement de ses morts que d'encens pour la fumée de ses autels, mais il semble bien que les deux produits aient été associés de très bonne heure et pas seulement pour répondre à la demande égyptienne.

Héritière de l'antique tradition orale, la Bible apporte témoignage sur les temps écoulés autour du Ier millénaire (av. J.-C.). Elle n'ignore pas l'origine géographique des aromates :

La masse du tell antique de Marib, stratifiée d'habitats successifs, reflétée dans le wadi Adhana en crue.

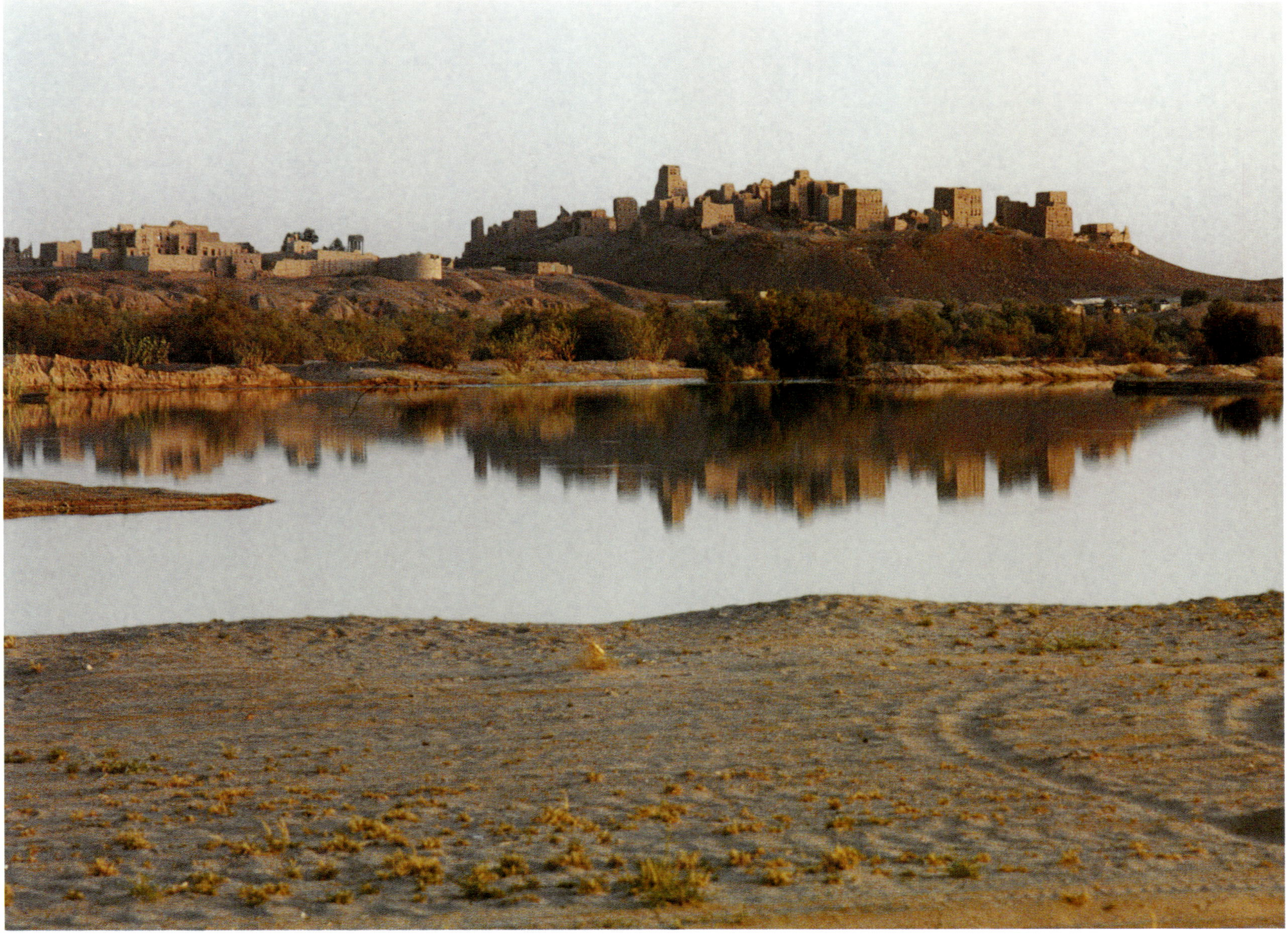

Vestiges d'un portique du temple du dieu Barran. Les colonnes monolithes incorporent un chapiteau à motif de billettes, réminiscence des boutisses des premières constructions réalisées avec de petits éléments. Marib.

(Jérusalem)... tu seras couverte d'une foule de chameaux
De dromadaires de Madian et d'Épha
Ils viendront tous de Séba
Ils porteront de l'or et de l'encens (Esaïe, 60, 6).

Dans l'épisode fameux de « Salomon et la reine de Saba » l'accent est mis sur la vertu et l'intelligence des deux acteurs. La Reine ne figure pas au rang des sept cents princesses étrangères aimées du Roi mais dans un rapport d'égalité de sapience et de richesse :

> Elle arriva à Jérusalem avec une suite fort nombreuse et avec des chameaux portant des aromates... La reine de Saba vit toute la sagesse de Salomon... Elle vit... et les holocaustes qu'il offrait... Hors d'elle-même elle dit au roi : C'était donc vrai, ce que j'ai appris dans mon pays au sujet de ta position et de ta sagesse... Et voici on ne m'en a pas dit la moitié...
>
> Elle donna au roi cent vingt talents d'or, une très grande quantité d'aromates... Il ne vint plus jamais autant d'aromates que la reine de Saba en donna au roi Salomon. (I Rois, 10, 2-10.)

Le texte biblique n'est certes pas un document scientifique que l'on peut prendre au pied de la lettre mais on peut en déduire que des rapports diplomatiques et commerciaux, dix siècles avant notre ère, pouvaient exister, entre l'Arabie du Sud et Jérusalem, suffisamment réguliers pour que les informations courant entre les deux royaumes ne soient pas entachées d'erreurs excessives. Bien que le texte ne mentionne que les holocaustes [(1)], dont le rite solennel a été codifié par Moïse, la « très grande quantité d'aromates » devait être offerte, en connaissance de cause, comme « offrande », agréable à l'Éternel, Dieu de Salomon.

> Lorsque quelqu'un fera à l'Éternel une offrande en don, son offrande sera de fleur de farine ; il versera de l'huile dessus et il y ajoutera de l'encens. Il l'apportera aux sacrificateurs, fils d'Aaron ; le sacrificateur prendra une poignée de cette fleur de farine, arrosée d'huile avec tout l'encens et il brûlera cela sur l'autel comme souvenir. C'est une offrande d'une agréable odeur à l'Éternel. (Lév., 2, 1-4.)

Ézéchiel évoque le dynamisme marchand de Tyr. La cité phénicienne « assise au bord de la mer » aurait même été en contact avec Uzal, où l'on veut voir la matrice de Sana'a.

L'Arabie et tous les princes de Kédar trafiquaient avec toi
Et faisaient le commerce en agneaux, en béliers et en boucs.
Les marchands de Saba et de Raema trafiquaient avec toi ;
De tous les meilleurs aromates,
De toute espèce de pierres précieuses et d'or,
Ils pourvoyaient tes marchés.
Les marchands de Saba, d'Assyrie, de Kilmad,
Trafiquaient avec toi... (Ézéchiel, 27, 20-23.)

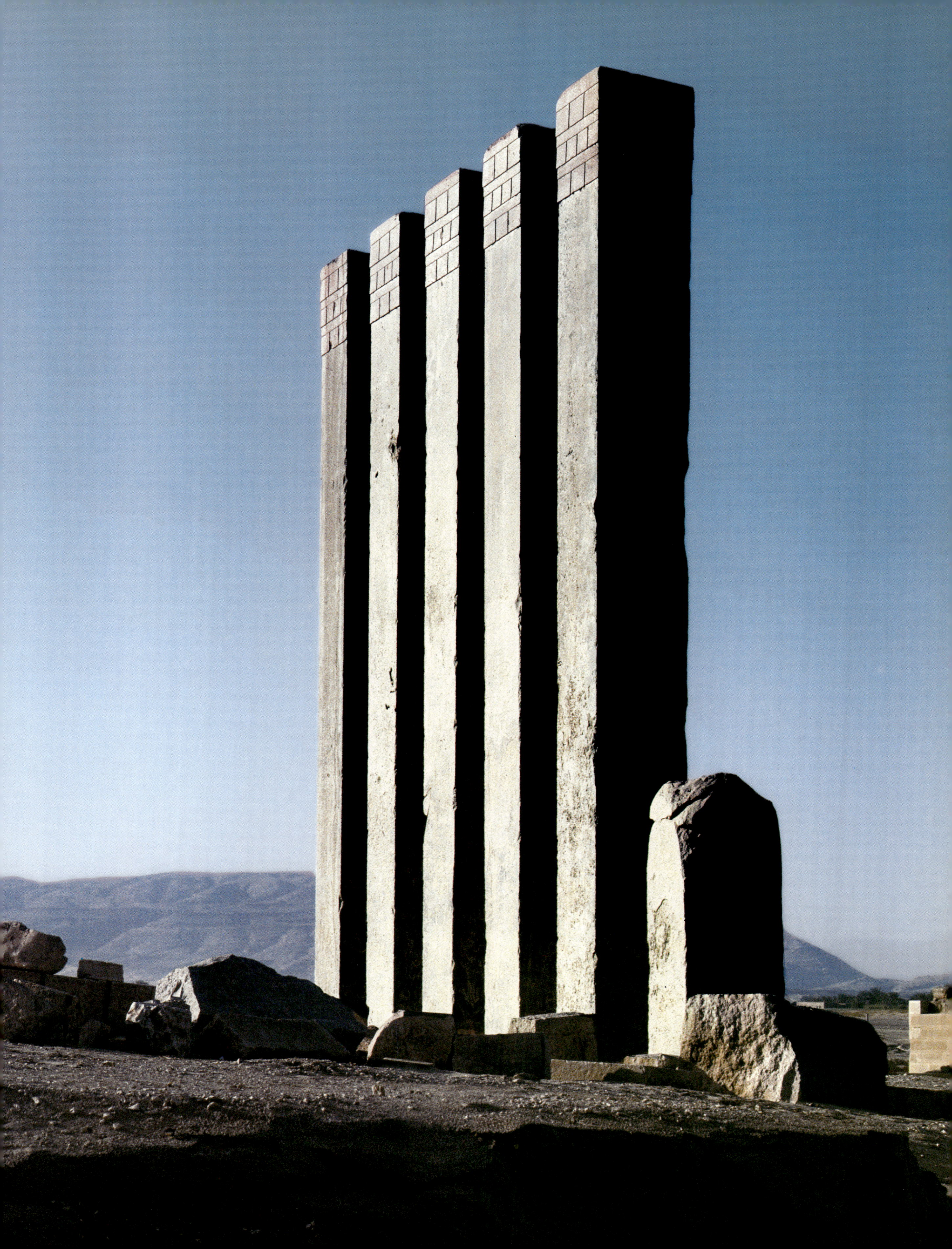

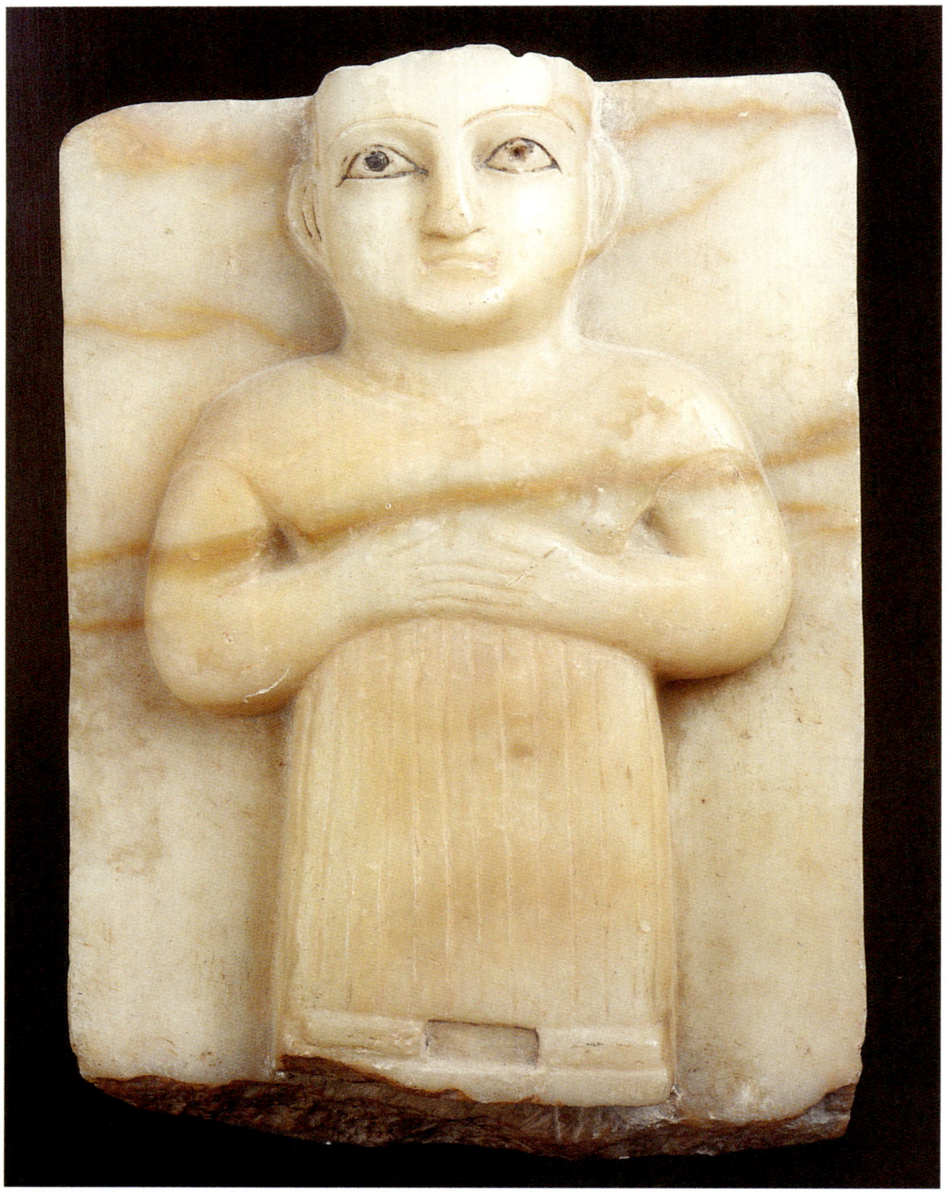

Orant aux yeux énucléés, autrefois incrustés. Vêtement à jupe plissée. Albâtre.

À droite : *Il est difficile d'assigner aujourd'hui une datation rigoureuse aux objets d'art sudarabique trouvés le plus souvent en dehors de tout contexte stratigraphique. L'extension des recherches archéologiques doit bientôt pallier cette carence.*
Collection Mme Antonin Besse.

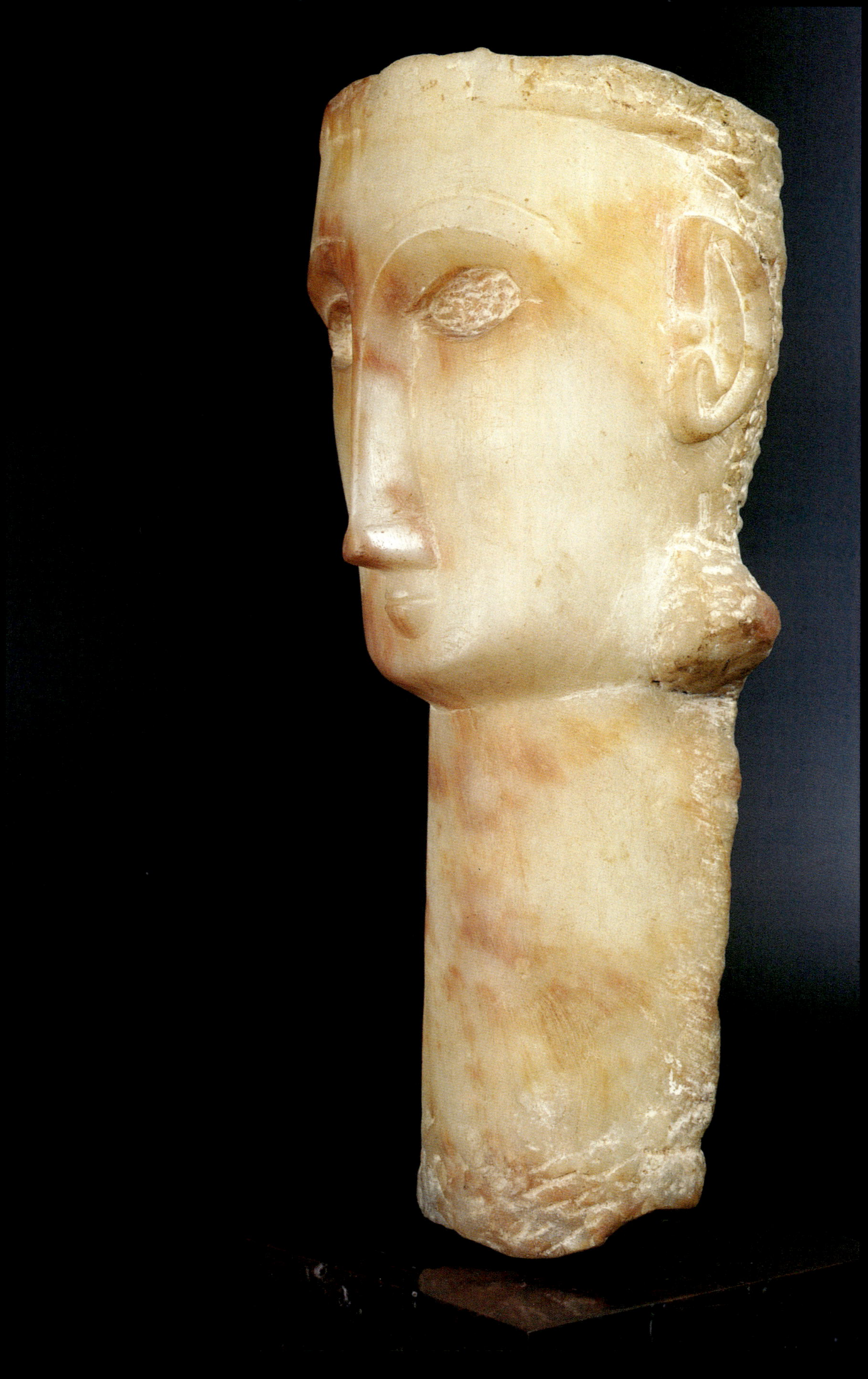

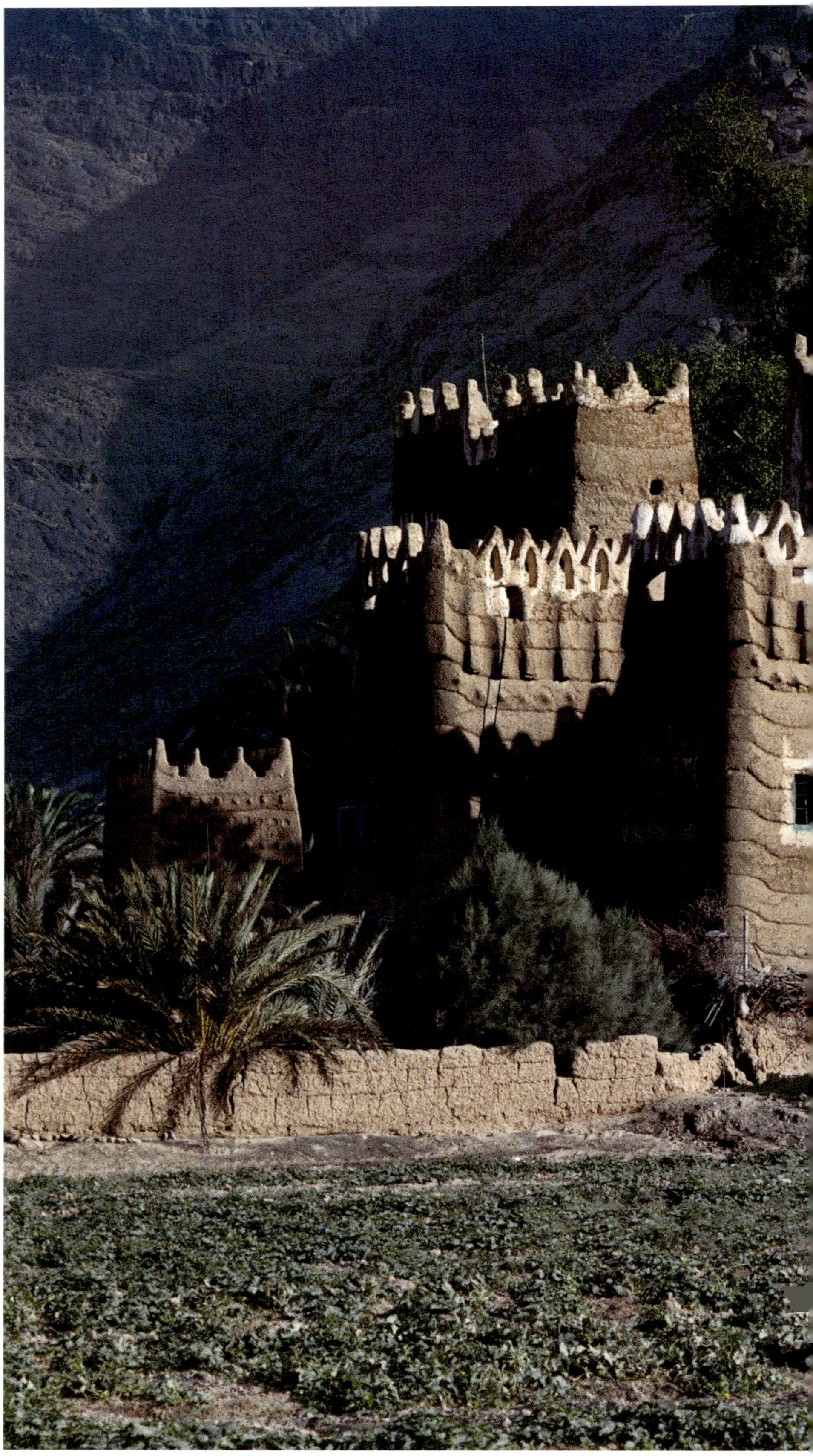

La région de Najrân, privilégiée par sa situation au pied de monts régulièrement arrosés, fut très tôt un carrefour commercial fréquenté par les caravanes. Les maisons dont les murs sont élevés en lits de pisé y prennent des allures de palais.

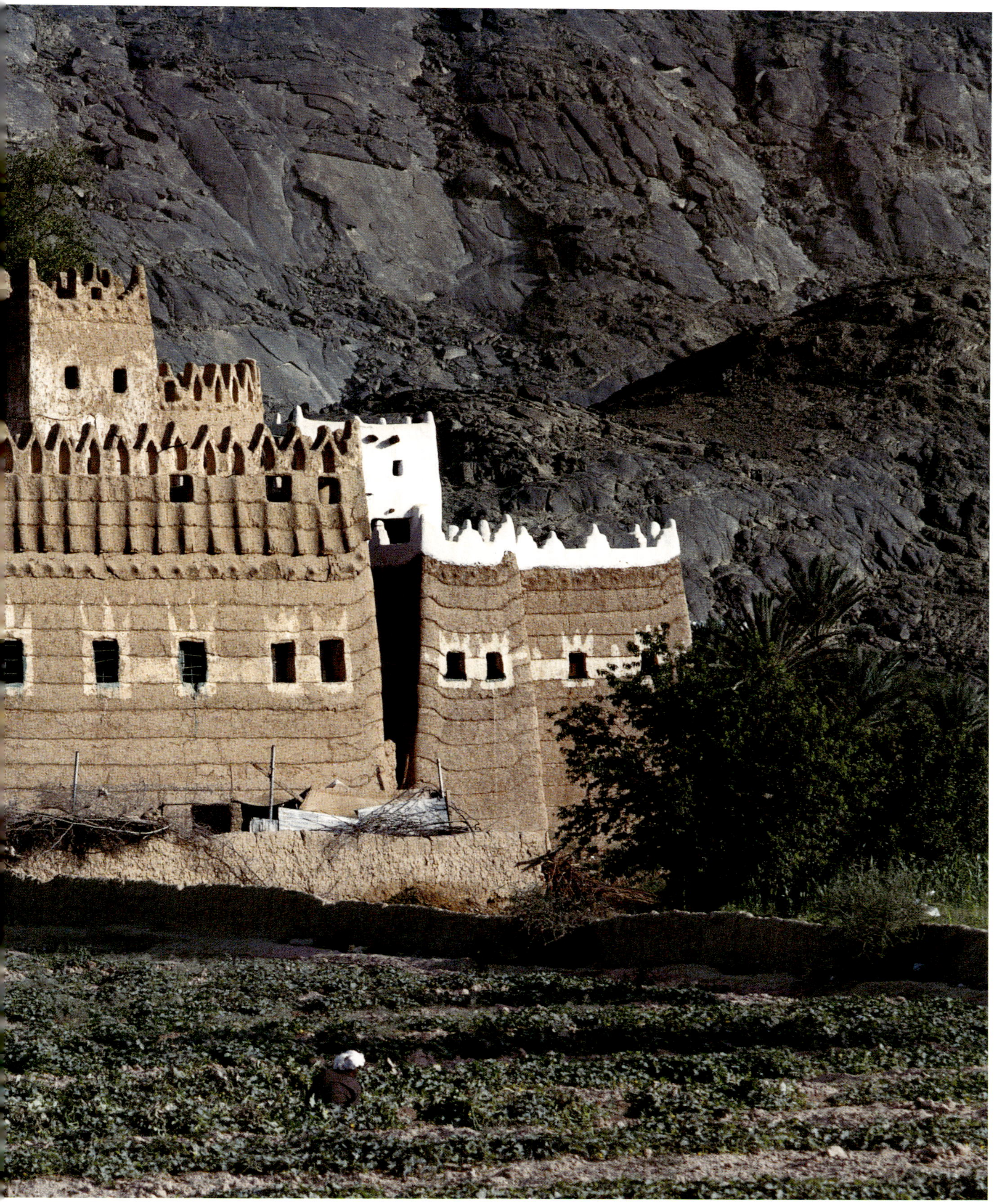

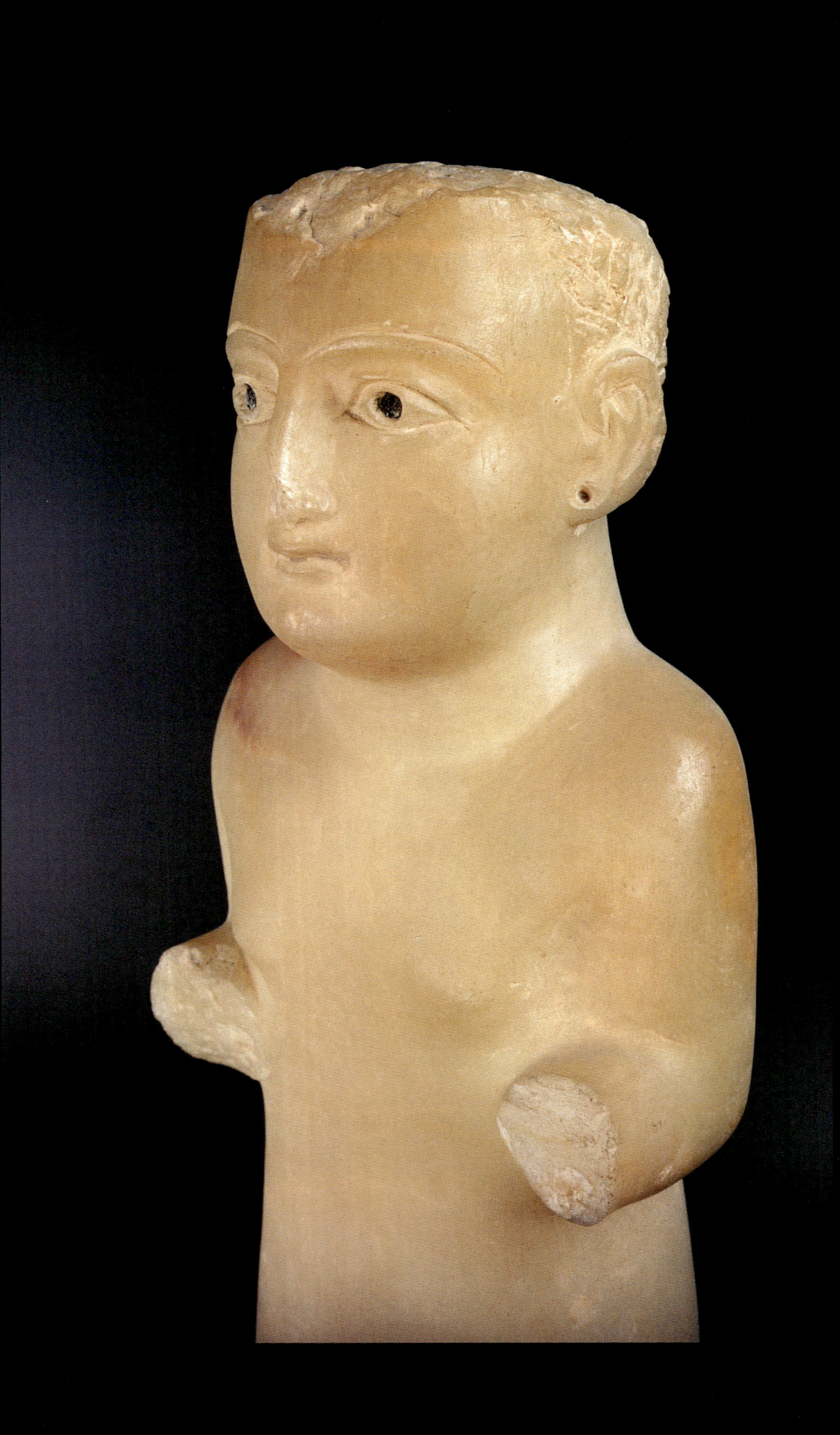

Représentation d'un orant debout (détail). *Albâtre.* Collection Mme Antonin Besse

Certains chercheurs perçoivent des indices du commerce ancien entre la Palestine et l'Arabie du Sud, dans les vestiges de nombreuses forteresses du Néguev, édifiées sous le règne de Salomon en relation avec le contrôle et l'accueil des caravanes. Un petit nombre de tessons, portant des caractères en écriture sudarabique incisée, pouvant être datés plus tardivement, entre le VIIe et le Ve siècle (av. J.-C.), ont été trouvés sur des sites aussi divers que la cité de David à Jérusalem ou Tell-Keleifeh, près de l'actuelle Eilat. Ces inscriptions plus ou moins lisibles ont été mises en corrélation avec le commerce des aromates, d'autant qu'il est avéré que d'énormes quantités, d'oliban en particulier, en étaient conservées dans le Temple pour y être consumées.

> L'Éternel dit à Moïse : « Prends des aromates, du stacté (myrrhe liquide), de l'ongle odorant (légumineuse ?), du galbanum (gomme-résine fournie par une ombellifère) et de l'encens pur en parties égales. Tu feras avec cela un parfum composé selon l'art du parfumeur ; il sera salé [2] » (Exode, 20, 34).
>
> Quelques-uns des Lévites prenaient soin des ustensiles du service (*du Temple*) qu'ils rentraient en les comptant et sortaient en les comptant. D'autres veillaient sur les ustensiles, sur tous les ustensiles du sanctuaire, et sur la fleur de farine, le vin, l'huile, l'encens et les aromates (I Chroniques, 9, 29).

Nous ne tirerons rien de plus précis des textes bibliques sinon le témoignage de l'omniprésence de l'encens qui investit l'homme et ses offrandes pour les rendre « agréables » à l'Éternel.

En remontant un peu dans le temps, un texte assyrien de l'époque du règne de Tukulti-Ninurta II (890-884 av. J.-C.) mentionne des ballots d'encens et de myrrhe parmi les tributs versés par des royaumes arabiques au roi d'Assur.

Il est simple de présumer que les gommes-résines étaient en priorité réservées à la célébration des cultes organisés par les différentes religions en présence dans le Proche et le Moyen-Orient. Nul doute qu'elles étaient aussi utilisées dans la vie courante dès que se présentaient les moyens de les acquérir. Comment ne pas imaginer que ce qui est bon pour les dieux ne peut qu'être bénéfique pour l'homme ? Parfums, cosmétiques, médicaments intégrèrent, semble-t-il, les précieuses gommes-résines en association avec des plantes et des fleurs, bases de la pharmacopée et de la cosmétique originelles. Dans les mêmes temps, un culte domestique semble émerger, au moins dans les familles aisées sinon prospères, puisque l'on a retrouvé, en stratigraphie, de petits encensoirs de pierre tendre ou de céramique datant du VIe au IVe siècle (av. J.-C.) et parfois marqués du nom d'un aromate.

Les peuples du Proche et du Moyen-Orient ont-ils contracté le goût de l'encens au hasard de leurs guerres lointaines, des pillages fortuits et des tributs exigés ? Ont-ils progressivement remplacé les bois et les résines d'acquisition quotidienne dont les fumées charmaient leurs dieux et leurs sens, par des substances jusque-là inconnues, émanant de pays lointains donc mystérieux, rares et forcément onéreuses. Les besoins une fois bien ancrés, comment satisfaire à l'approvisionnement régulier et résoudre le problème du transport.

En fait, le problème ne se posait plus. Le chameau (3) l'avait résolu !

La domestication du dromadaire semble avoir été conduite par étapes successives en un lent processus dont on pense généralement qu'il aboutit avant le premier millénaire (av. J.-C.). Certains partisans d'une chronologie haute, estiment, qu'avant le dromadaire, l'âne a pu être utilisé sur d'aussi longs parcours, en suivant des itinéraires qui privilégiaient les reliefs aux dépens des marges désertiques. Pour qui a vu à l'œuvre les ânes ascétiques et robustes de l'Asîr, la thèse n'apparaît pas aussi ridicule qu'elle fut jugée.

La source de l'encens grossièrement localisée, résolu le moyen de son transport, la route allait pouvoir s'organiser, non sans tâtonnements. Tant de paramètres entraient en jeu : le relief, la nature du sol, le climat, les hommes et leurs langues. Nous ne connaîtrons jamais le patient travail qui a décidé d'un chemin, d'une aiguade, d'une halte, pas plus que l'évolution d'un campement provisoire en village, en bourgade, en ville.

Ce que l'on sait, avec quelque certitude, c'est qu'une « route » est en place au VIIe siècle (av. J.-C.) et, sans doute, plusieurs décennies auparavant. Encore, pour parler ici de route, convient-il de retrouver le sens étymologique de *via rupta* « passage ouvert » et non d'imaginer une voie « chaussée » de pavés de pierre bien appareillés, comme les Romains quelques siècles plus tard en sillonneront le vieux monde. Ouvrir un passage ne supposait pas de grands ou de petits chantiers : il suffisait de composer avec la nature et de reconnaître le chemin le plus court mais aussi le plus sûr, jalonné de points d'eau, qui tienne compte de la mainmise sur le terrain de parcours par l'autorité politique connue.

Autorité politique ? Les tribus établies dans les grandes vallées en bordure du désert semblent s'être très tôt constituées en États dont l'économie reposait sur l'agriculture irriguée, et sur l'exploitation des arbres à encens et à myrrhe dont les produits étaient acheminés par caravane sur les marchés de Méditerranée orientale et d'Égypte.

Comme une oasis, une vallée sudarabique avant de se perdre dans le désert s'inscrit et se ferme au plus près de l'eau qui lui donne la vie, ce qui explique en partie sa vocation à se suffire à elle-même dans le cadre des lois qu'elle se donne et à présenter dans le même temps avec un terroir analogue, dans un espace relativement rapproché, des types d'organisation politique différents. Aussi les principales vallées du Yémen oriental ont-elles chacune sécrété un état : dans le wadi Hadhramawt : le Hadhramawt, Awsân dans le wadi Markha, Qatabân dans le wadi Bayyhân, Saba dans le wadi Adhana. Au nord, le Jawf semble avoir été tiraillé entre le pouvoir de Saba et celui de plusieurs « cités-États » avant d'être dominé conjointement par Saba et Maïn.

Ne nous y trompons pas : ces États, ces cités, Saba et sa capitale Marib exceptés, sont de taille relativement modeste. Cependant les princes fédérateurs, quand il s'en est trouvé, ne sont jamais parvenus à un succès de longue durée, à l'exception du mukarrib sabéen Karib'il Watar (VIIe siècle av. J.-C.), qui semble avoir exercé sa souveraineté dans la plus grande partie de l'Arabie du Sud.

Dans l'exploitation de l'encens, accessoirement de la myrrhe, aucun texte sudarabique ne nous dévoile quelle part, quelle spécialisation pouvait développer l'une des cités ou l'un des États à l'exception de Maïn dont on sait que la population était composée pour partie de nomades, habiles dans l'élevage et le dressage du dromadaire et, pour cela, naturellement tournés vers l'organisation des caravanes.

Des inscriptions, dans la somptueuse écriture sudarabique champlevée ou incisée sur des pierres choisies, parlent de la réussite des Minéens : elles évoquent les terres lointaines où s'exerçait leur commerce : l'Égypte, Gaza, Tyr, Sidon, l'Assyrie. Les meilleurs paléographes de l'Arabie du Sud notent que seuls les Minéens faisaient référence à leur négoce, là où les autres tribus vantaient leurs hauts faits de guerre, et en outre, qu'ils s'adressaient parfois aux « dieux de Saba », les escomptant plus tutélaires que leurs dieux propres. Ils en déduisent que Maïn vivait peut-être dans une certaine dépendance des tribus les plus fameuses, Saba, Qatabân, Hadhramawt.

Il serait téméraire d'affirmer que l'on se trouve, cinq siècles avant notre ère, en face d'une attitude distante, sinon discriminatoire, des aristocraties guerrières et religieuses à l'égard d'activités, florissantes mais entachées par le profit, incompatibles avec la plus haute idée de noblesse. Pour ne pas s'éloigner de l'Arabie du Sud, il n'y a pas si longtemps qu'une attitude comparable y régissait les stratégies sociales.

En dévidant les fils ténus que nous tissent l'épigraphie et les historiens de l'Antiquité classique nous n'atteignons qu'une connaissance vague de la route de l'encens à ses commencements. Le point est vite fait de nos minces savoirs : nous avons appris que l'encens de l'Arabie du Sud était connu, acheté, apprécié, consumé dans le bassin oriental de la Méditerranée et jusqu'en Mésopotamie plus d'un millénaire avant notre ère. Nous savons que la production de l'encens et de la myrrhe était grossièrement localisée au Dhofar, au Mahra et à l'Hadhramawt, en conjonction probable, dans des conditions non élucidées, avec le pays de Punt (Somalie) et plus tardivement l'île de Socotra. Nous savons que la route terrestre, égrenant le chapelet des oasis orientales, fut essentielle et prospère jusqu'aux abords de l'ère chrétienne ; le déclin s'amorça sous la pression des tribus arabes du

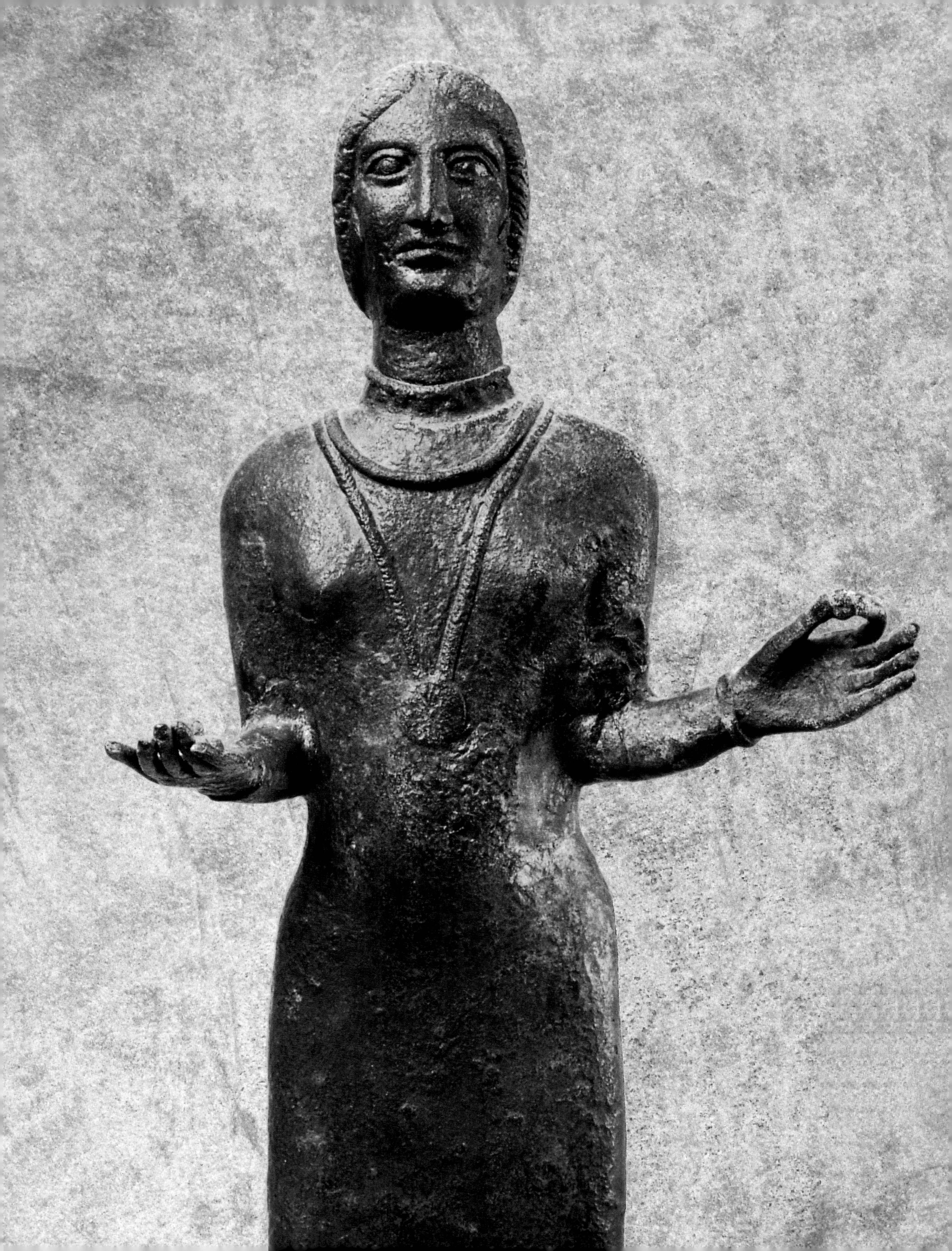

désert qui vinrent déstabiliser l'équilibre précaire des cités-États sudarabiques, et sapèrent le trafic caravanier qui allait être mis en concurrence avec la voie maritime. Des facteurs climatiques, notamment la sécheresse, aggravée par la prolifération des troupeaux et l'exploitation désordonnée des pâturages, précipitèrent la décadence.

Nous savons enfin, qu'une fois localisée l'« Aromatifère » de manière assez précise, loin du monde mythique gardé par des serpents multiformes qu'aucun Héraklès n'est venu terrasser, la route terrestre de l'encens allait passer de mode. La navigation en mer Rouge, déjà maîtrisée par les Grecs et les Romains, une fois intégré le régime des moussons (grâces soient rendues au marin grec Hippalos qui le fit connaître aux abords du Ier siècle av. J.-C.!), pouvait être poussée jusqu'en Inde, pour la plus grande prospérité des ports sudarabiques et du commerce. À l'encens et à la myrrhe vinrent s'adjoindre d'autres résines, des graines, des bois, produits de l'Inde ou d'un Orient plus extrême.

La route de l'encens allait devoir faire place à la route des aromates, avant de n'être plus qu'une bretelle secondaire de la route des Indes !

Auprès de ces vacillantes certitudes, que d'ignorances sur ce que fut, dans le détail, le commerce de l'encens.

Hérodote malgré son souci ethnographique de l'enquête n'a pu disposer d'une documentation toujours digne d'écoute, et ses voyages personnels ne le conduisirent pas au delà, semble-t-il, des régions les plus septentrionales du Golfe. Sa connaissance des Arabes, plus que superficielle, est empreinte d'une estime tout à fait perceptible, celle qui ne peut être dévolue qu'à une nation jalouse de son indépendance. Il note avec faconde la multiplicité des peuples soumis à Darius, après l'avoir été à Cyrus puis à Cambyse, mais achoppe sur les Arabes : Ceux-ci n'ont jamais été les esclaves des Perses (III, LXXXVIII).

Ce qui entraînera cinq cents ans plus tard (au Ier siècle de notre ère, la connaissance n'avait pas avancé de beaucoup !) le commentaire du laborieux mais crédule Diodore de Sicile :

> Cette nation (les Arabes) a été de tout temps jalouse de sa liberté ; elle n'a jamais admis de prince étranger. Des forces étrangères ne peuvent s'emparer de leur pays parce qu'il est en partie désert et qu'il manque d'eau, et qu'il y a seulement, d'espace en espace, des puits cachés qui ne sont connus que des habitants (Liv. II, 1).

Hérodote précise tout de même que les Arabes donnaient aussi tous les ans au roi mille talents d'encens (III, XCVII), sans nous faire connaître s'il s'agit d'une taxation volontaire et quels sont les Arabes qui s'en acquittent, ceux du Nord ou ceux du Sud, les premiers pouvant s'être ravitaillés auprès des seconds pour fournir ce tribut mirifique. Nous devons nous satisfaire d'apprendre que dans la hiérarchie des hommages rendus au grand roi, l'encens tenait bonne place.

Donatrice. Le geste du pouce et de l'index, joints en anneau, a perduré jusqu'à nous comme marque de consécration. Bronze ; circa *IIe siècle avant J.-C. h. : 28,3 cm.*
Shalalah, sud de Marib.
Musée de Sana'a.

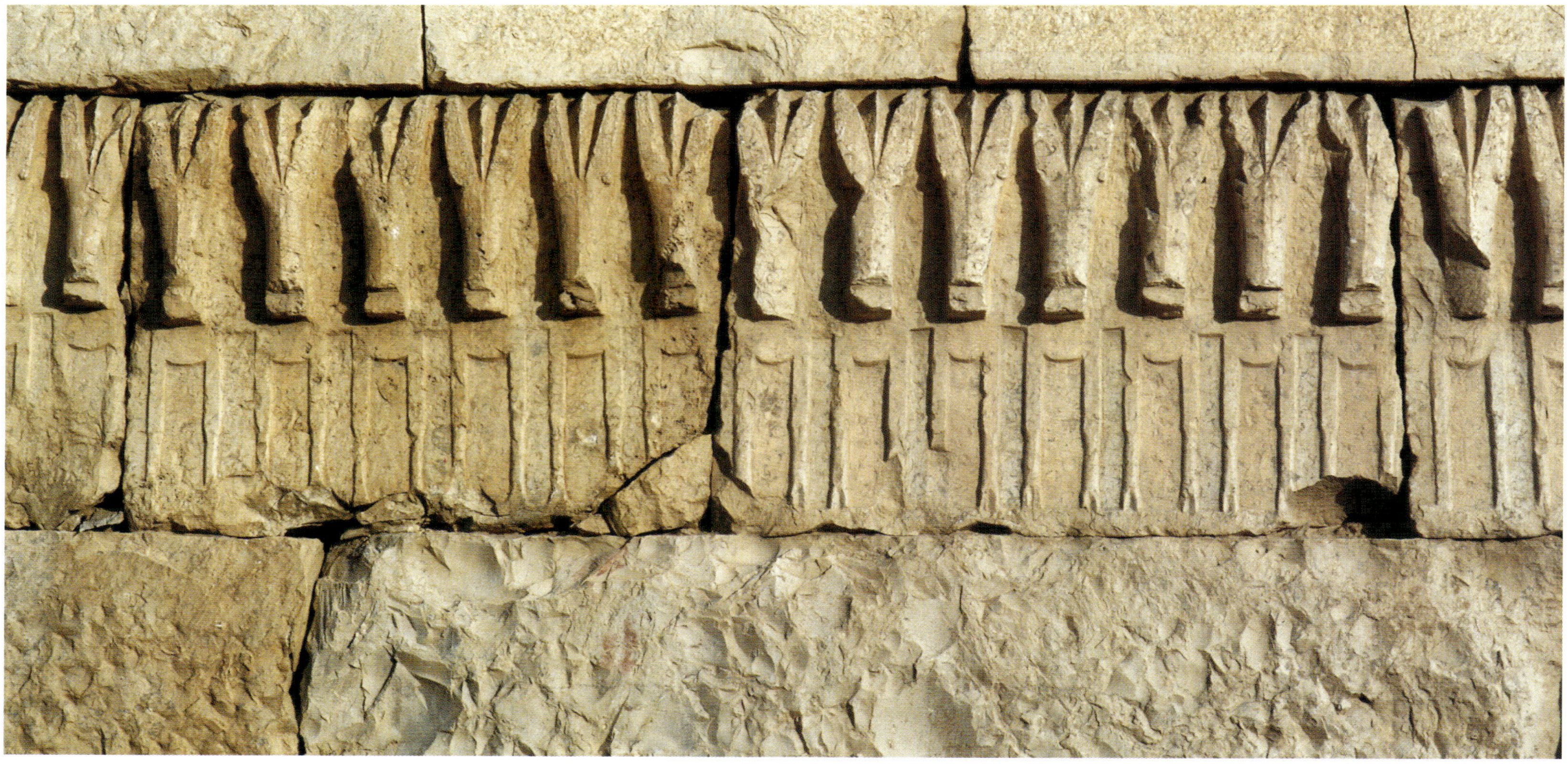

Frise de bouquetins (ibex).
Détail du mur d'enceinte du château royal de Sirwah. *Calcaire.*

À droite : *Bouquetins* (ibex). *Détail d'une stèle dédiée à Al-Mukarib, fils de Ra'ban. Temple de Barran.* Marib.

Dans l'Arabie du Sud, les représentations de bouquetins, symboles de force vitale et de liberté, ont été particulièrement en honneur. Aujourd'hui encore, les massacres de ces animaux en voie de disparition, fichés dans les angles des murs, marquent les maisons seigneuriales.

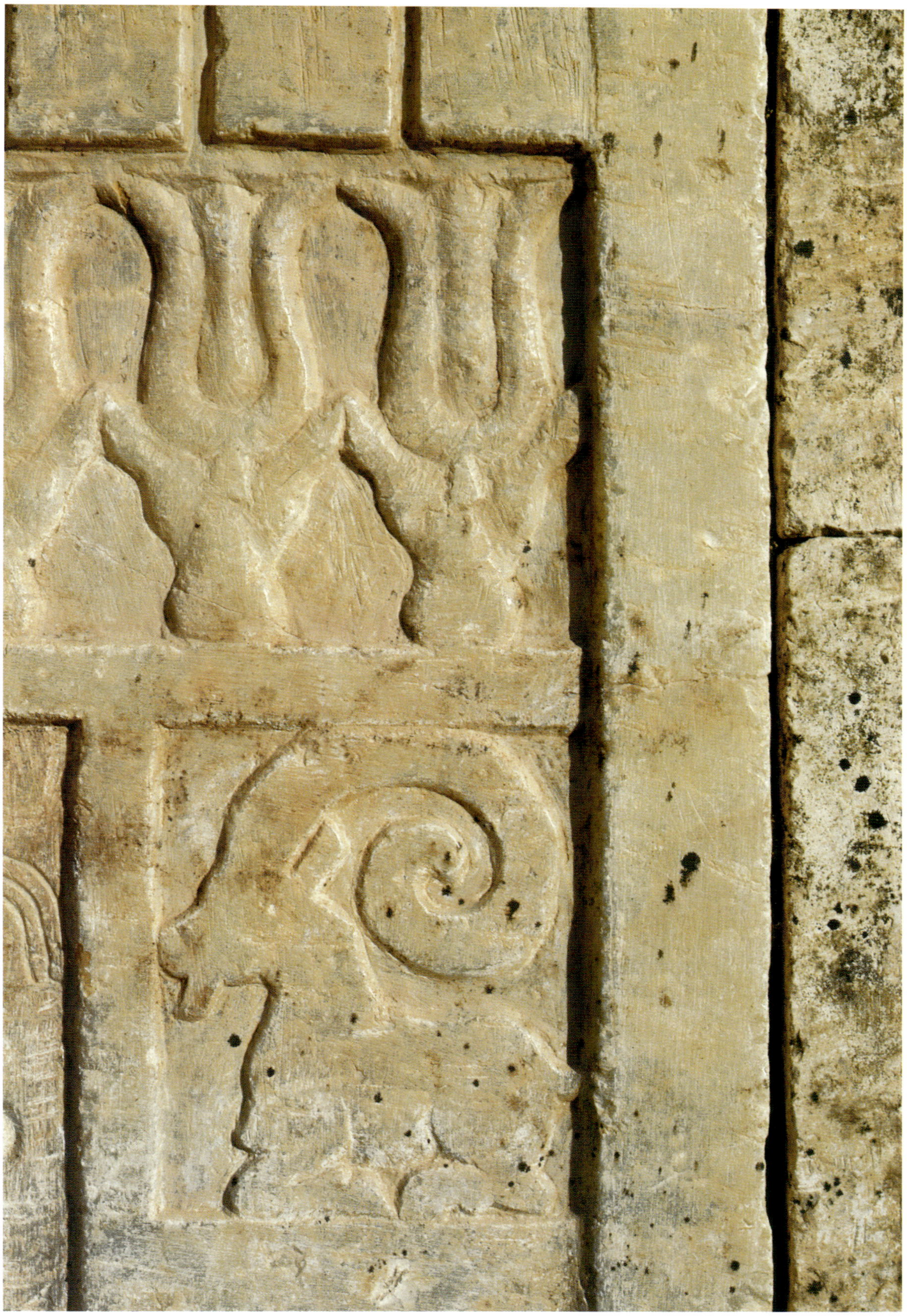

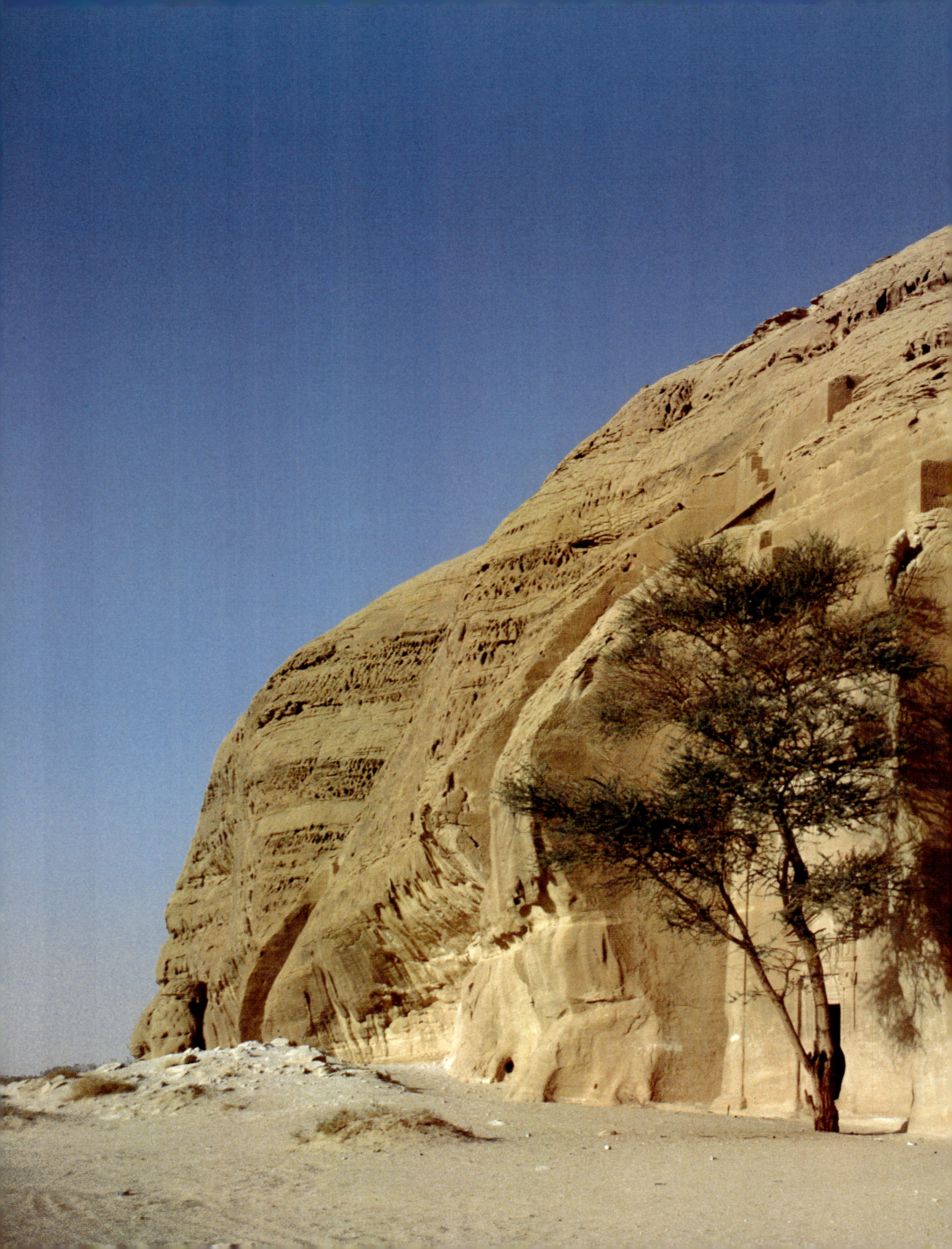

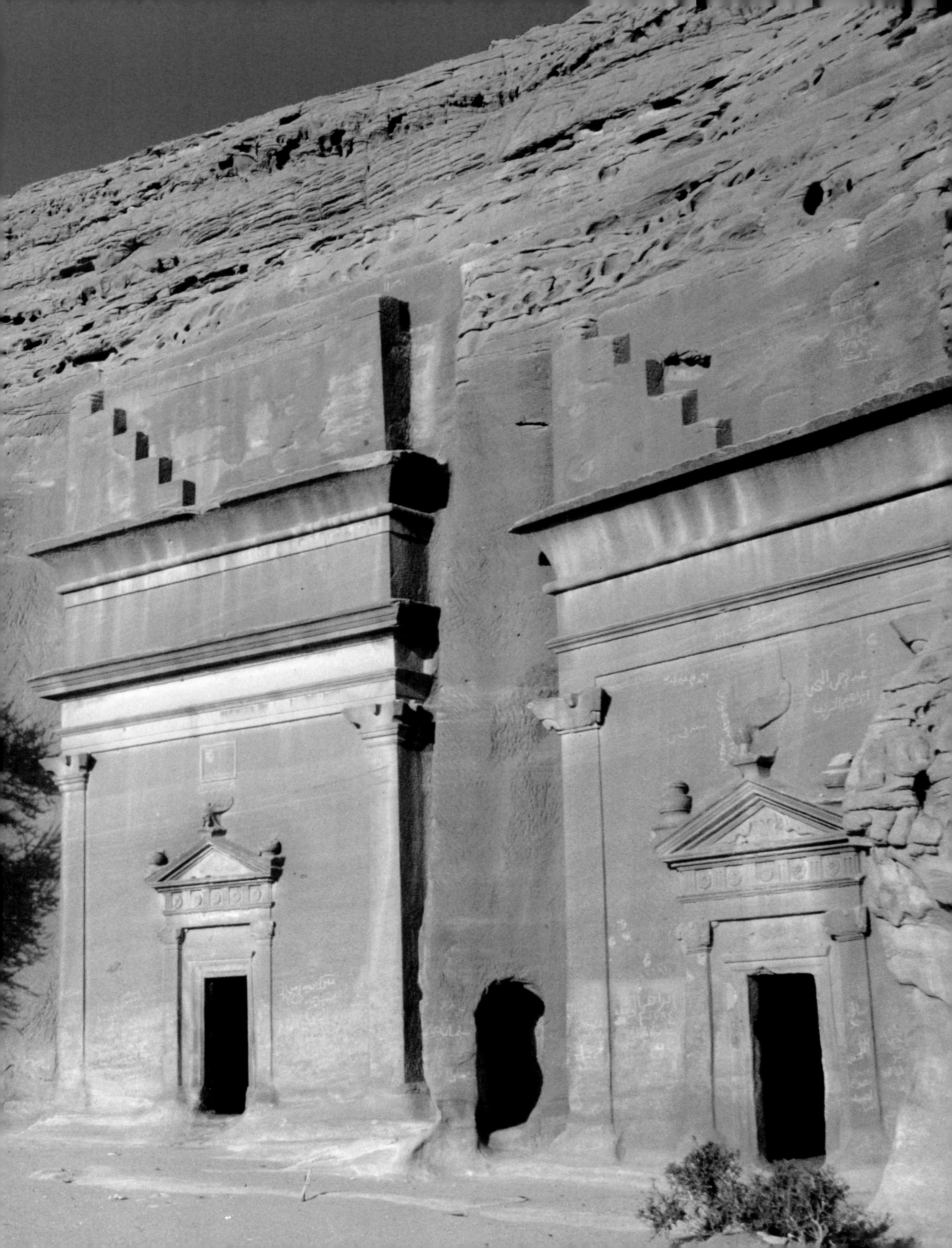

Pages 64-65 : *Taillés dans le roc, les tombeaux nabatéens de la nécropole de Madayn Saleh. IIe siècle après J.-C.*

Aristote dont on attend toutes les sagesses ne nous parle ni d'Arabie, ni d'Arabes, mais il avait sans doute contribué à forger le génie de son élève, prince de Macédoine. Dans le peu de temps que lui mesura le destin, Alexandre multiplia les expéditions, de découverte autant que de conquête, et, si l'on prête créance aux anecdotes léguées par les écrivains postérieurs, il entrevoyait l'Arabie et ses encens à l'horizon proche de ses ambitions.

Successeur d'Aristote à la direction du fameux Lycée d'Athènes, Théophraste, se basant sur des rapports de navigateurs en mer Rouge, fait une place aux « aromates » dans deux de ses œuvres, les seules complètes qui nous soient parvenues, toutes deux consacrées aux plantes. Mais ses connaissances en matière d'encens, pour être plus précises que les données antérieures, se bornent néanmoins à un inventaire, un cadre géographique et de superficielles indications sur la récolte. Dans les mêmes temps, le souverain de Grèce et de Macédoine, Cassandre, commandite un savant explorateur, Euhémère de Messine qui abordera aux îles proches de l'Arabie du Sud. Il semble qu'Euhemère soit l'auteur du vocable *Eudaïmon Arabia,* depuis toujours traduit avec un sens gauchi : Arabie Heureuse. Du livre qu'il publia, retour d'expédition, quelques fragments nous sont parvenus, repris par l'inlassable Diodore.

Au IIIe siècle (av. J.-C.) l'Égypte hellénisée est devenue un foyer d'activité scientifique, fécondé par l'intelligence des premiers Lagides. La politique de développement conduite par les Ptolémées induisait l'exploration de la mer Rouge en direction du sud, des côtes africaine et arabe. La grande bibliothèque d'Alexandrie centralisait les informations de toute origine, collectées par les marins, les voyageurs ou les ambassadeurs. Il n'est pas étonnant que l'un des responsables de ce monument de culture, Ératosthène, ait pu apporter sur l'Arabie des informations puisées à des sources neuves sinon directes. L'œuvre d'Ératosthène a disparu dans sa presque totalité ; des fragments en émergent, repris par Strabon, historien de qualité qui connaît les bons auteurs et leur assure une survie en les citant tout naturellement dans sa géographie encyclopédique parvenue jusqu'à nous.

Mais revenons à Ératosthène et au tableau méthodique qu'il a tracé de l'Arabie...

> Quatre peuples principaux se partagent cette extrémité de l'Arabie...
>
> Le nome de Qatâbanie produit surtout de l'encens, et le nome de Khatramôtitide (Hadhramawt) surtout de la myrrhe ; et ces deux précieuses denrées, jointes aux autres aromates servent aux échanges que font les gens du pays avec les marchands étrangers, soit avec ceux qui sont venus d'Aelana (Eilat) et qui ont mis soixante-dix jours à atteindre le nome de Minée (on sait qu'Aelana occupe le fond de cette autre branche du golfe Arabique qui tire vers Gaza et qu'on appelle la branche aelanite), soit avec les marchands gerrhéens qu'un trajet de quarante jours a amenés dans la Khatramôtitide (Strabon, XVI, 2-4).

Là encore, nous restons sur notre attente d'une description ethnographique qui donnerait à connaître les conditions détaillées de l'exploitation de l'encens et de la myrrhe.

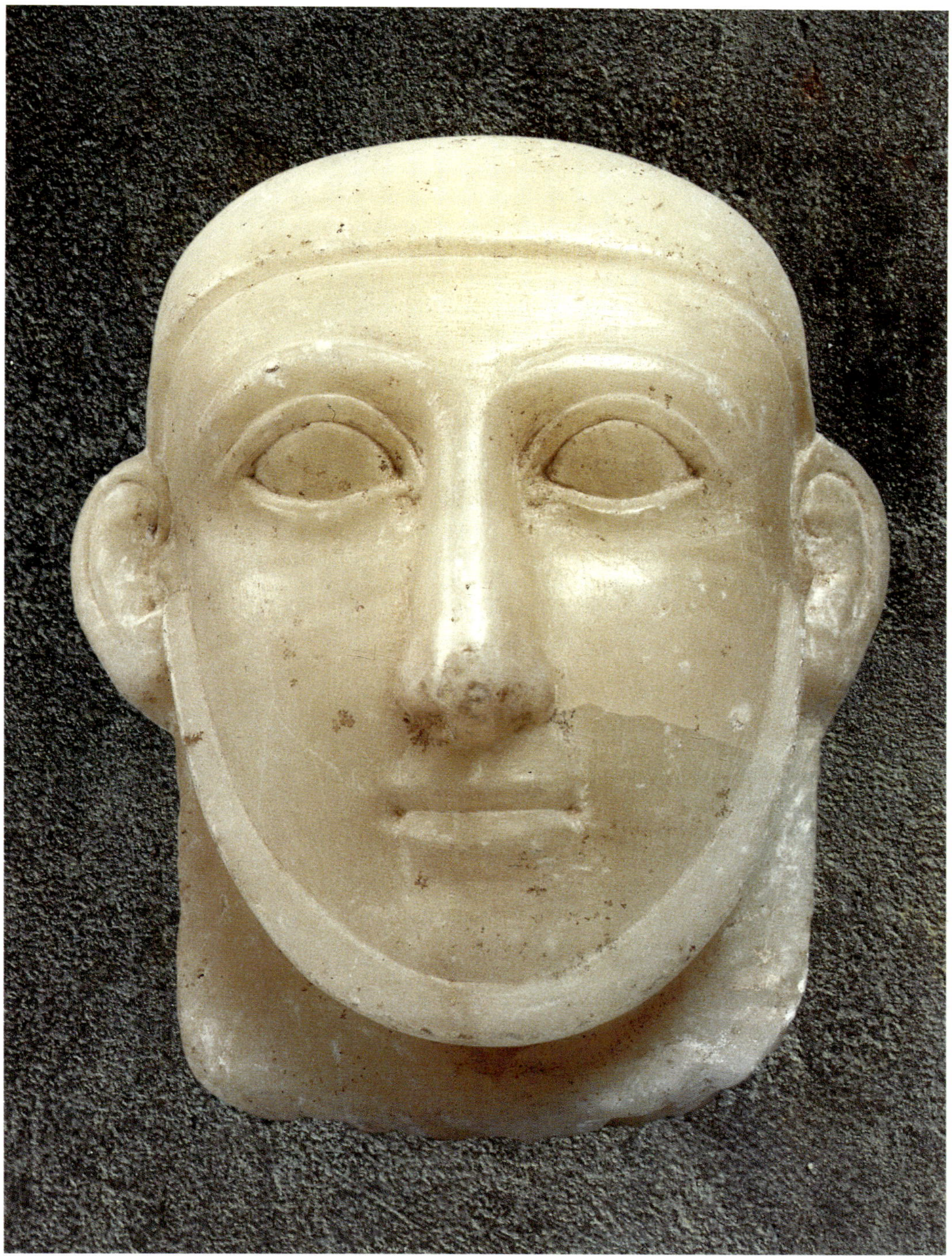

Tête d'homme barbu.
Albâtre ; circa IIe *siècle avant J.-C.*
Musée de Sana'a

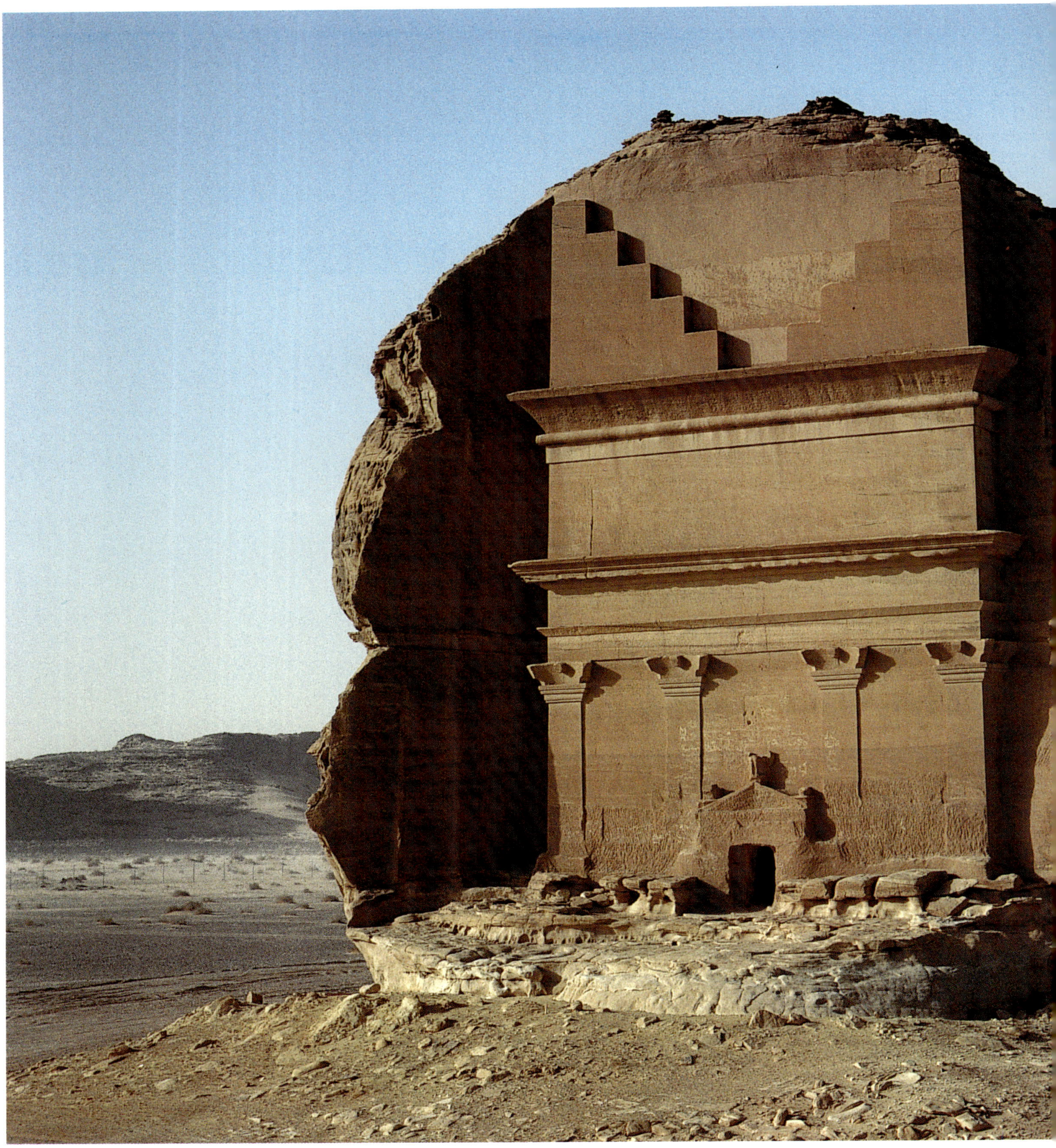

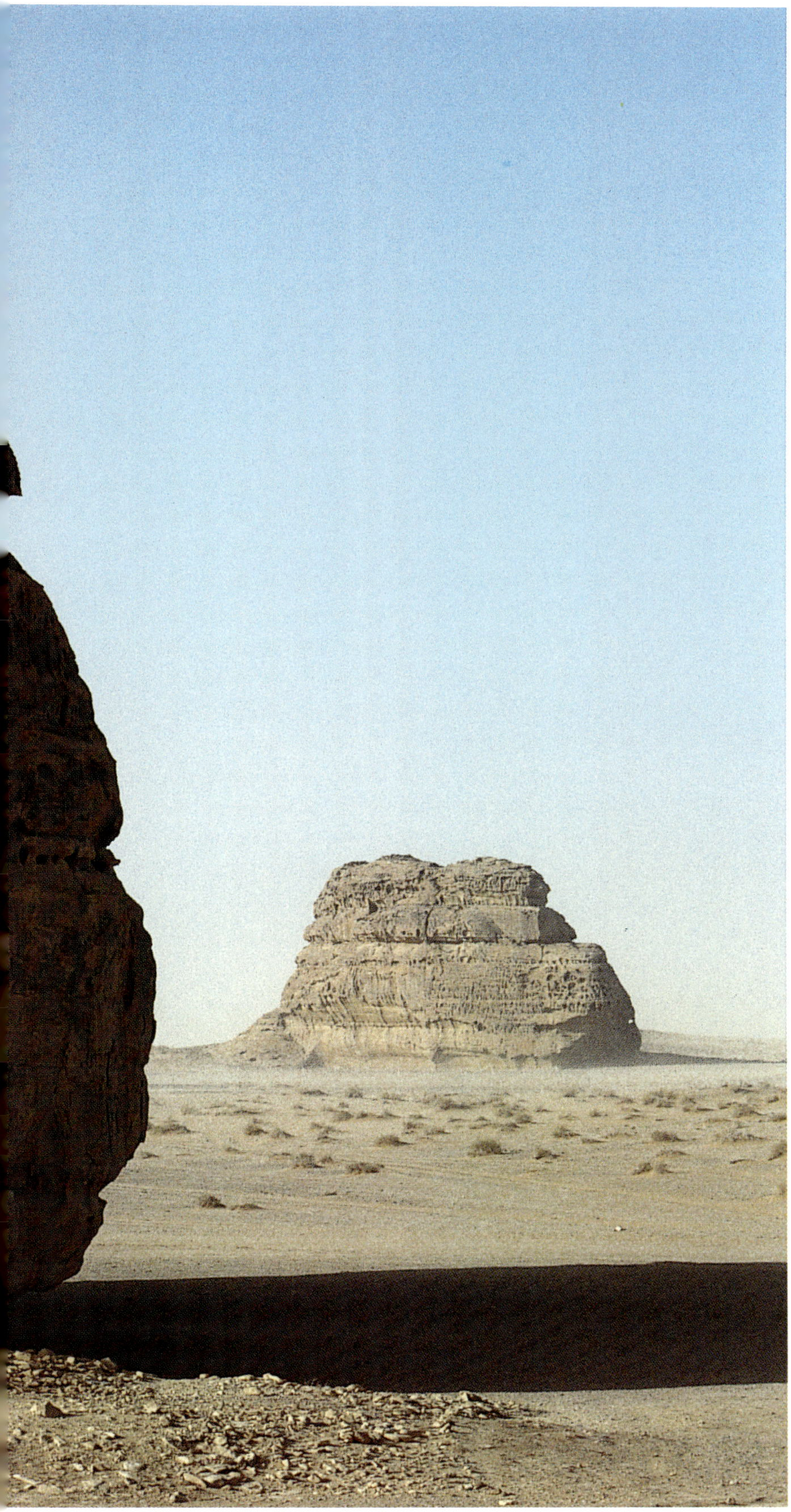

Inscrites, comme dissimulées, au sein de blocs façonnés par l'érosion, des tombes monolithiques nabatéennes, aux façades monumentales.
Madayn Saleh, l'ancienne Hegra.

Pages 70-71 : *Un haut lieu où de toute éternité semblent avoir été organisés : le guet (tours de vigie), la défense (fortifications), la survie (citernes et silos souterrains).*
Thula.

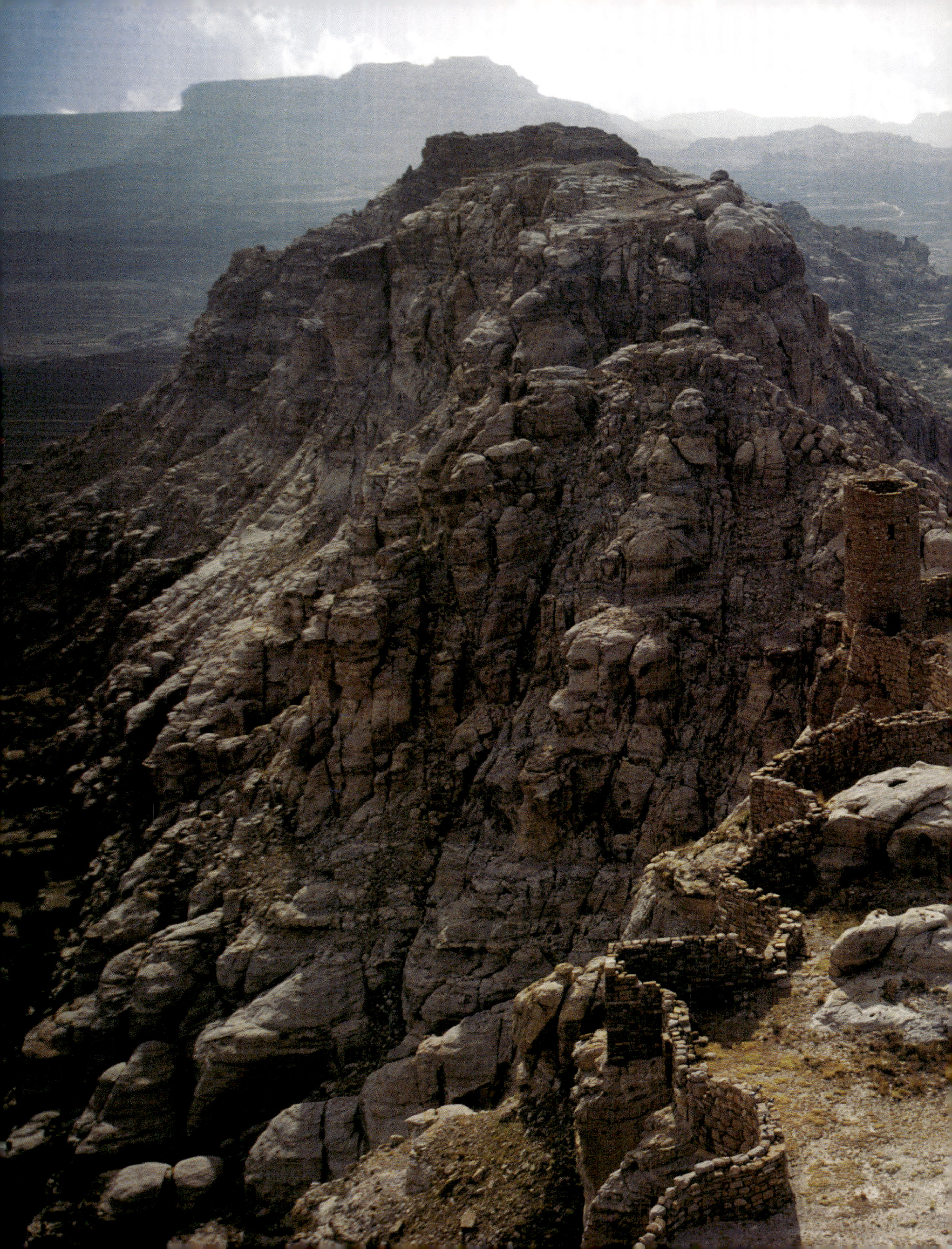

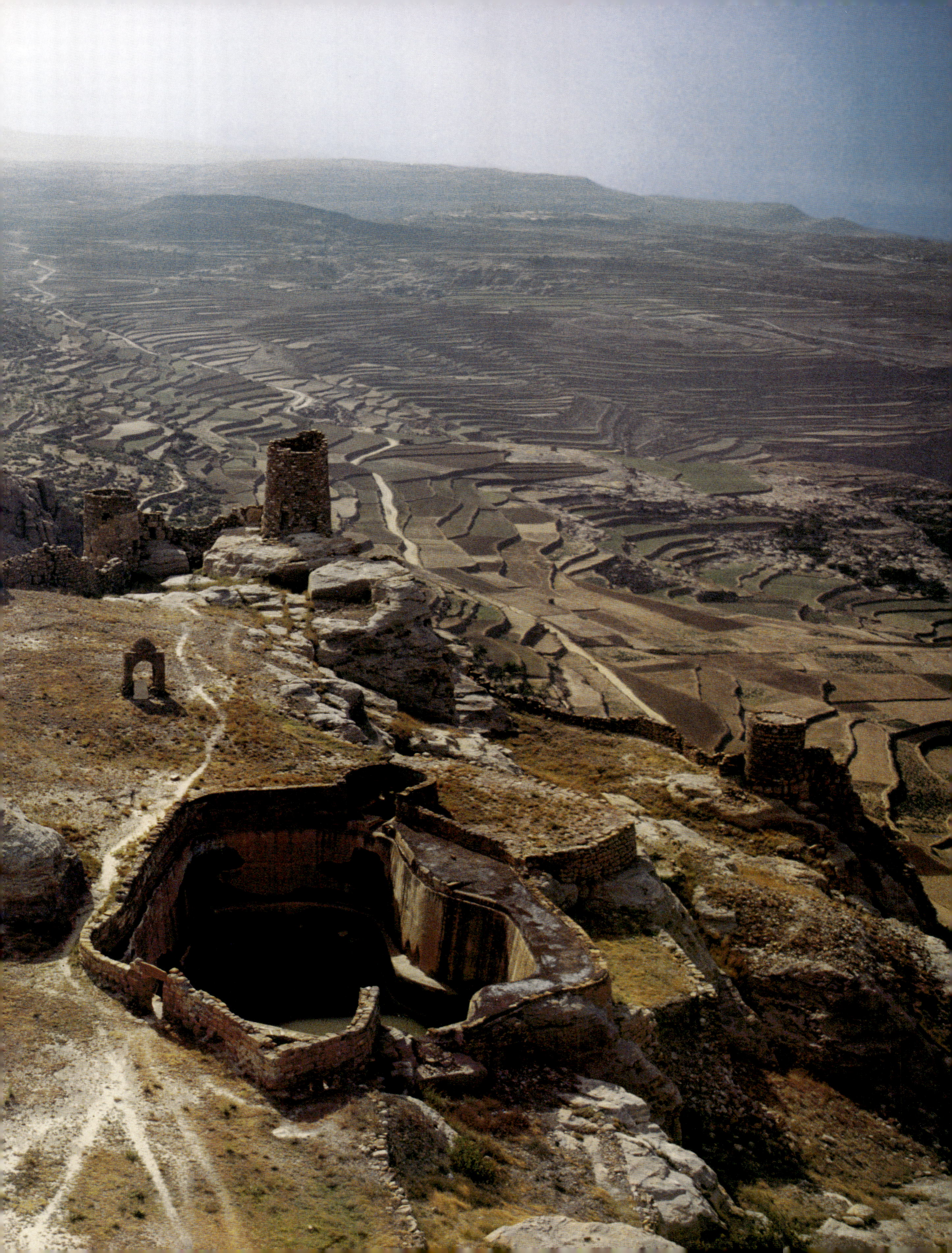

Ce sphinx pataud évoque d'assez loin ses cousins d'Égypte pharaonique. Il témoigne cependant du rôle de la Route de l'encens, véhicule des influences étrangères. Temple Dhat-Himyan, VIe siècle avant J.-C., *Ier siècle après* J.-C. Fouilles de Raybun. Musée de Seyoun.

Néanmoins le cadre géographique est solidement mis en place et les précisions de lieu et de temps paraissent cohérentes : l'encens est acheminé de l'Arabie du Sud, du pays des Minéens très exactement, vers Gaza ou vers Eilat ; une deuxième route joint Gerrha, quelque part sur la péninsule en face de Bahrein, au Hadhramawt. Gerrha et les Gerrhéens relèvent de la réalité historique et cependant comme bien des sites, des cités et des peuples d'Arabie que l'on ne peut localiser avec précision, ils semblent évanouis dans un monde érodé par le vent du désert. On sait de Gerrha, ville prospère, qu'elle commerçait activement, sur terre avec les Nabatéens et les Arabes, et sur mer jusqu'en Inde, que ses entrepôts bourrés d'aromates avaient éveillé la convoitise d'Antiochus III, convoitise désamorcée à grand renfort d'argent, d'encens et de myrrhe, prix à la hauteur de l'enjeu : l'indépendance.

Vers le milieu du IIe siècle (av. J.-C.), Agatharchide de Cnide, géographe-historien de tradition aristotélicienne, écrit un livre détaillé sur les pays riverains de la mer Érythrée. Rappelons que les Anciens nommaient mer Érythrée l'océan Indien et ses deux golfes tributaires : la mer Rouge et le golfe Arabe. Des fragments de ce livre perdu resurgissent heureusement chez Strabon et chez son contemporain de la fin du Ier siècle (av. J.-C.), Diodore de Sicile, toujours à l'ouvrage, qui en donne de larges copies dans sa *Bibliothèque historique* à laquelle il travailla plus de trente ans.

L'essai d'infiltration du monde arabe tenté par Antiochus III fut repris par Auguste qui, plus qu'une ville, visait un pays entier : l'Aromatifère, d'où l'on pouvait tirer, aux sources mêmes, la nourriture que les dieux attendaient pour conduire les morts au lieu du repos et pour exalter les triomphes guerriers. Nous verrons plus loin que l'aventure entreprise sous les plus nobles auspices tourna à la mésaventure et qu'il fallut toute la sympathie des historiens de l'époque, acquis à la renommée impériale, pour faire passer la désastreuse campagne d'Aelius Gallus pour un demi-succès. Les retombées de l'expédition, en revanche s'avérèrent positives et dans le chemin ouvert, progressèrent reconnaissances et missions commerciales. Strabon put parler alors des « immenses flottes » romaines, sillonnant la mer Rouge jusqu'en Inde, quand du temps de Ptolémée ne s'y voyaient que de rares nefs.

Vint enfin Pline. Né dans les temps de la mort de Strabon, il est à même de rassembler, de compiler tout ce qui, dans l'Empire romain, à son apogée, a trait à l'histoire naturelle.

En notre fin de siècle où se prépare si péniblement l'enfantement de l'Europe, il est difficile d'imaginer, il y a deux mille ans, le brassage fécond de cultures fortement individualisées, quand la difficulté et la lenteur des communications stimulaient le désir de connaissance au lieu de le baillonner. Les grands auteurs, historiens, géographes, littérateurs, façonnés par l'hellénisme autant que par la romanité, puisèrent à pleines mains dans ce fonds commun dont on a peine à imaginer l'étendue et la profondeur chronologique ;

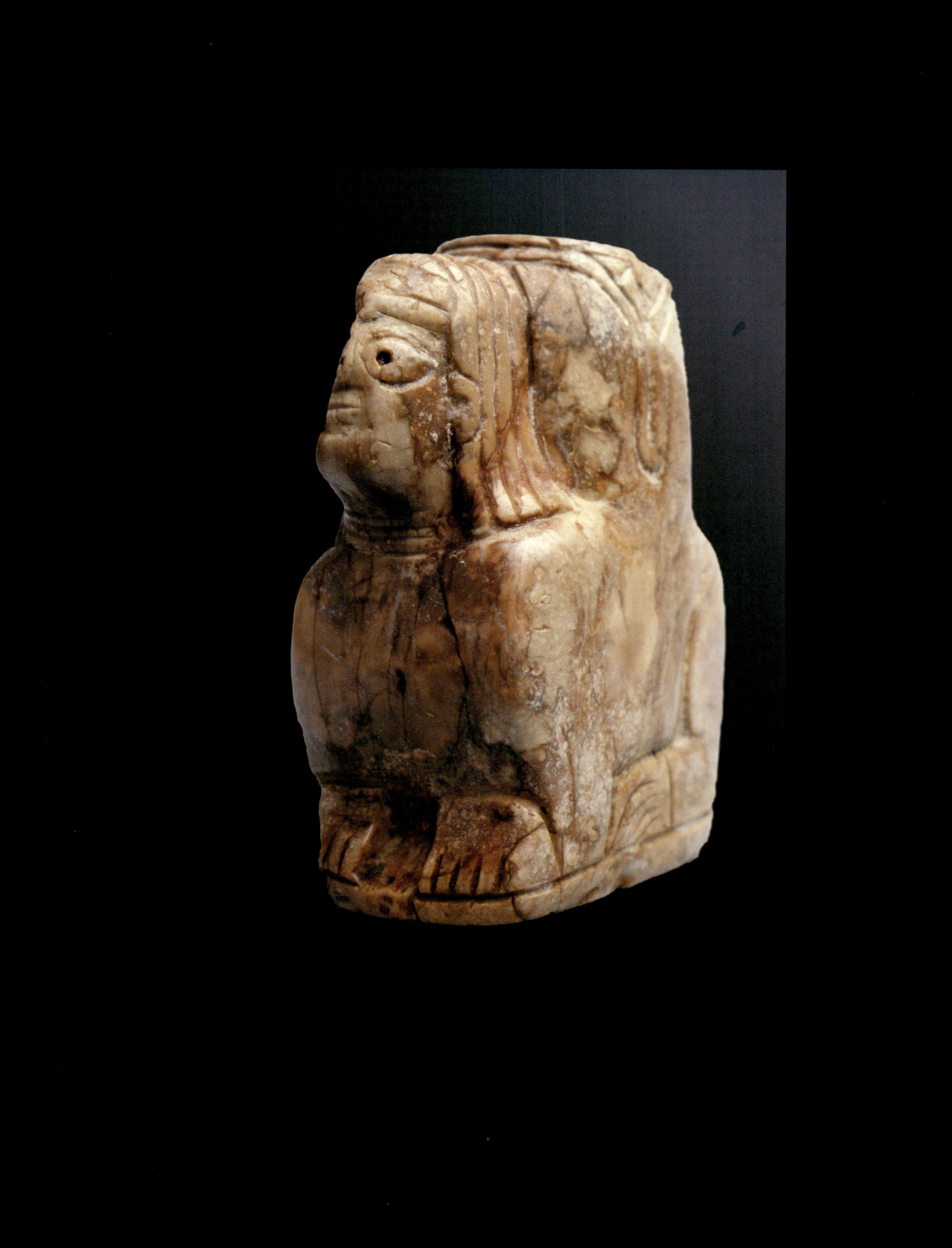

Donateur. *Bronze. Marib.* circa V^{e}-IVe *siècle avant J.-C. h. : 43 cm.* Musée de Sana'a.

Pages 76-77 : *Baraqish, l'ancienne Yathill, cité des Minéens, dans ses murailles tenaces.* Circa IVe-IIe *siècle avant J.-C.*

la plupart des travaux disparus ne subsistent en effet que par de vagues références et par des fragments itératifs, intégrés dans des œuvres nouvelles.

Pline, en tout cas, est celui qui donne les indications les plus précises, donc les plus précieuses, sur l'encens et autres aromates (voir *supra :* « Le sang des arbres »). Il est le premier, dépassant les itinéraires et leurs mesures, tarte à la crème des arpenteurs du passé, à apporter des notations fiables sur le commerce de l'encens et ses servitudes.

> La récolte entière (... d'encens) se transporte à Sabota sur des chameaux. Une seule porte est ouverte pour cet usage. S'écarter de la route est un crime capital aux yeux de la loi. Les prêtres y prélèvent pour le dieu qu'ils nomment Sabin la dîme, non au poids, mais à la mesure : la vente ne peut commencer avant cette formalité. Cette dîme acquitte les dépenses publiques ; car le dieu défraie généreusement les voyageurs pendant un certain nombre de journées. L'encens ne peut s'exporter que par le pays des Gebanites. De Thomna, leur capitale à Gaza, sur notre côte en Judée, la distance est de quatre millions quatre cent trente-six mille pas, ce qui fait soixante-cinq journées de marche pour les chameaux. Outre le tribut, il y a la part des prêtres et celle des secrétaires du roi, sans compter ce qui revient encore aux gardiens, aux soldats, aux douaniers, aux différents employés, et pendant toute la route on paie, tantôt pour l'eau, tantôt pour le fourrage ; ici pour le gîte, là pour quelque péage ; en sorte que les frais sont de six cent quatre-vingt-huit deniers pour chaque chameau, jusqu'à nos frontières ; là il faut payer encore aux publicains de notre empire, aussi l'encens d'élite se vend-il six deniers la livre, celui de deuxième qualité cinq et le moindre trois deniers... (Pline, *Histoire Naturelle,* XII-XXXII).

Nous ne trouverons rien chez les chroniqueurs anciens de plus explicite que cette relation sur les modalités de la route de l'encens. Pline semble avoir eu accès à une documentation sérieuse : Sabota est Shabwa, capitale du Hadhramawt. L'existence d'une porte unique est vraisemblable, comme dans toutes les enceintes plus ou moins fortifiées, du moins avant que la confiance et le sens du confort ne fassent percer d'autres entrées. Tout écart de la route ne pourrait être prémédité que dans un désir de fraude, mais compte tenu de la nature du terrain (cheminer dans une vallée est aisément repérable), et de la relativement faible population (un déplacement de quelque importance attire l'attention), il n'est pas nécessaire de brandir de possibles sanctions pour que chacun reste dans la voie droite.

Taxer l'encens au volume et non au poids relève peut-être d'une mentalité très ancienne qui répugne à comptabiliser trop rigoureusement les biens dont on dispose. Les évaluer exactement, c'est assigner une fois pour toutes une limite à leur croissance. Acquitter la dîme ? cette astreinte lointaine semble plonger dans un monde immuable. À quel moment d'une si longue histoire, l'homme a-t-il cessé, sous une forme ou une autre, d'aliéner une fraction de ce qu'il croit posséder à un dieu, un prince, une idée ? Ce faisant, il se rassure et pense conforter la part qu'il a en reste.

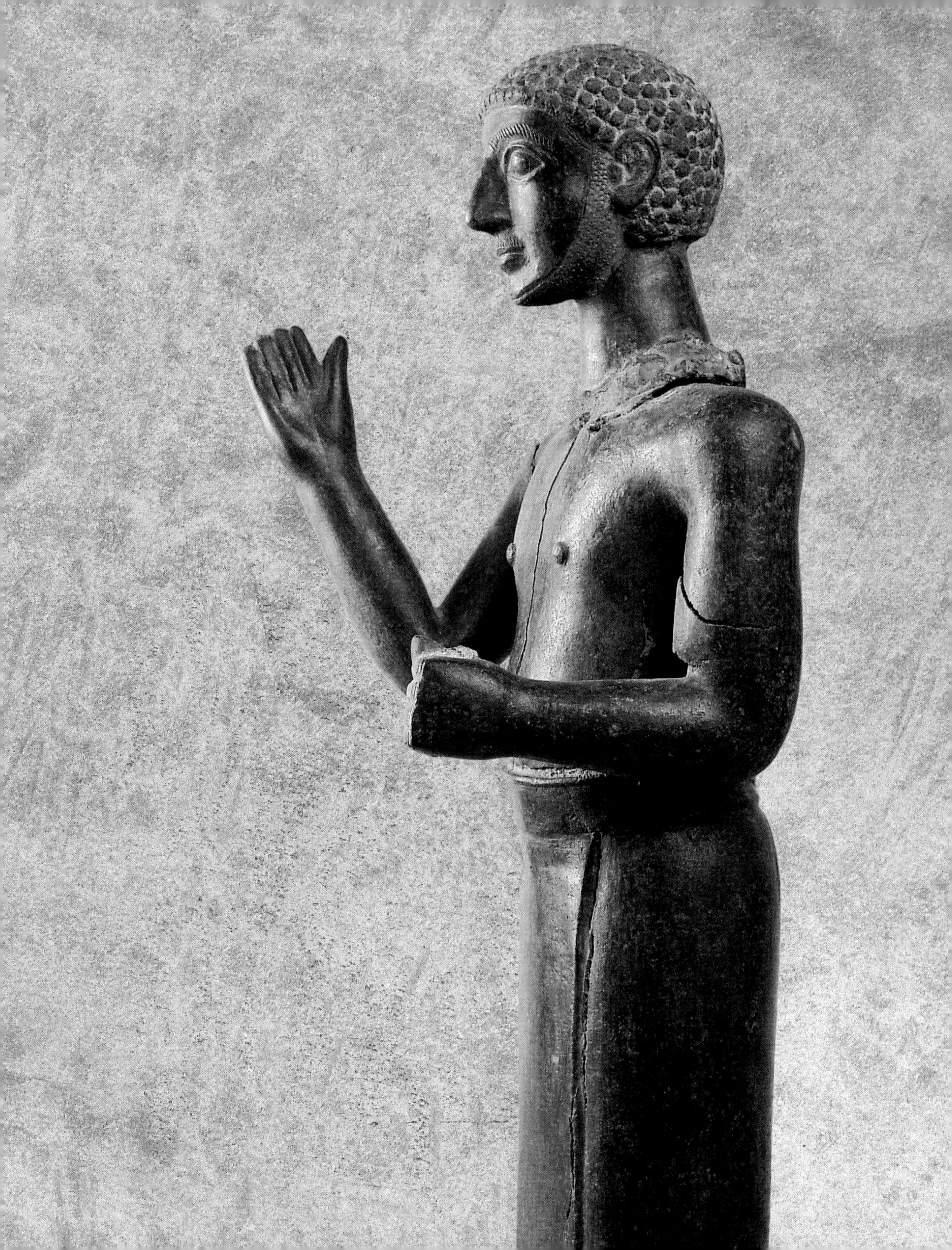

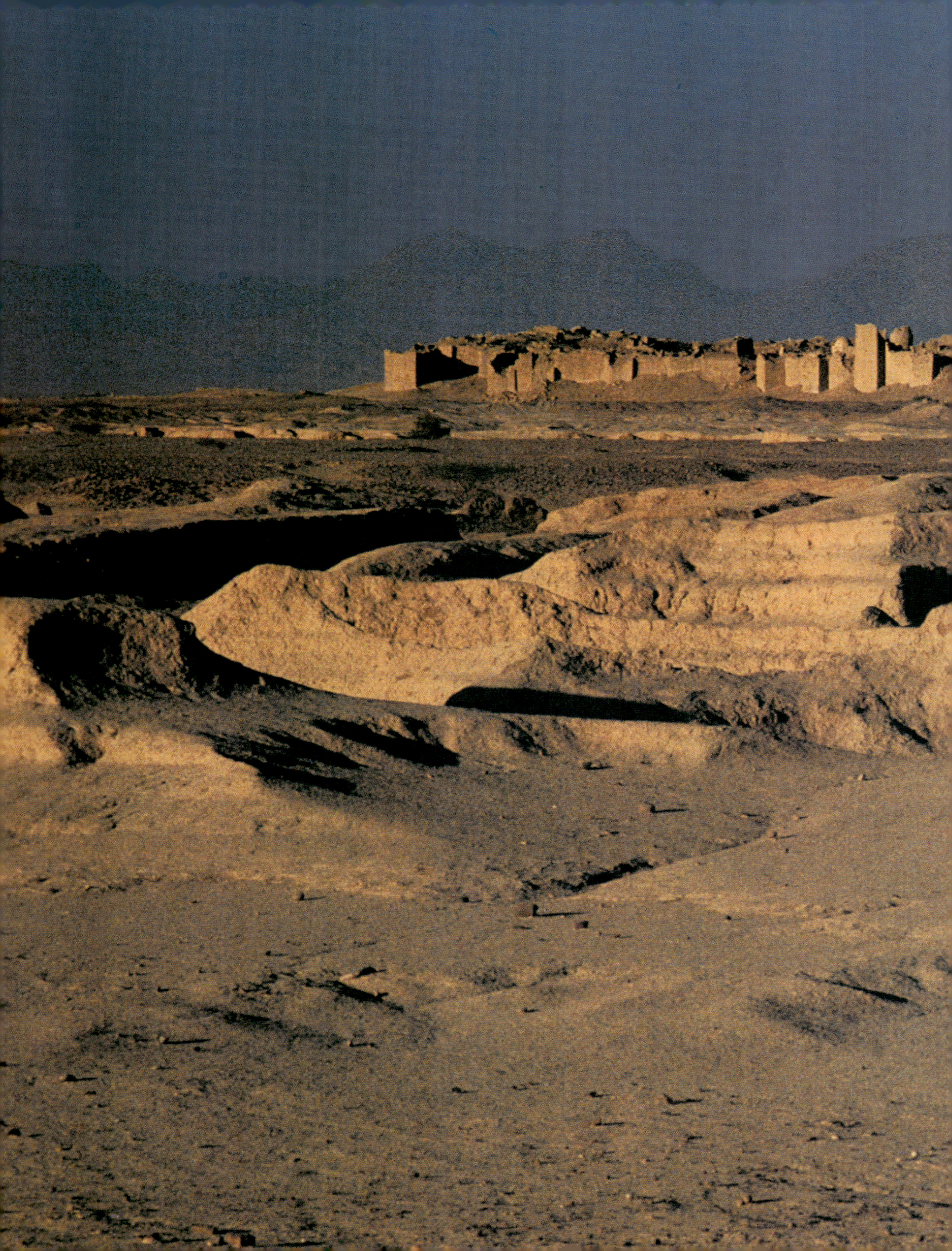

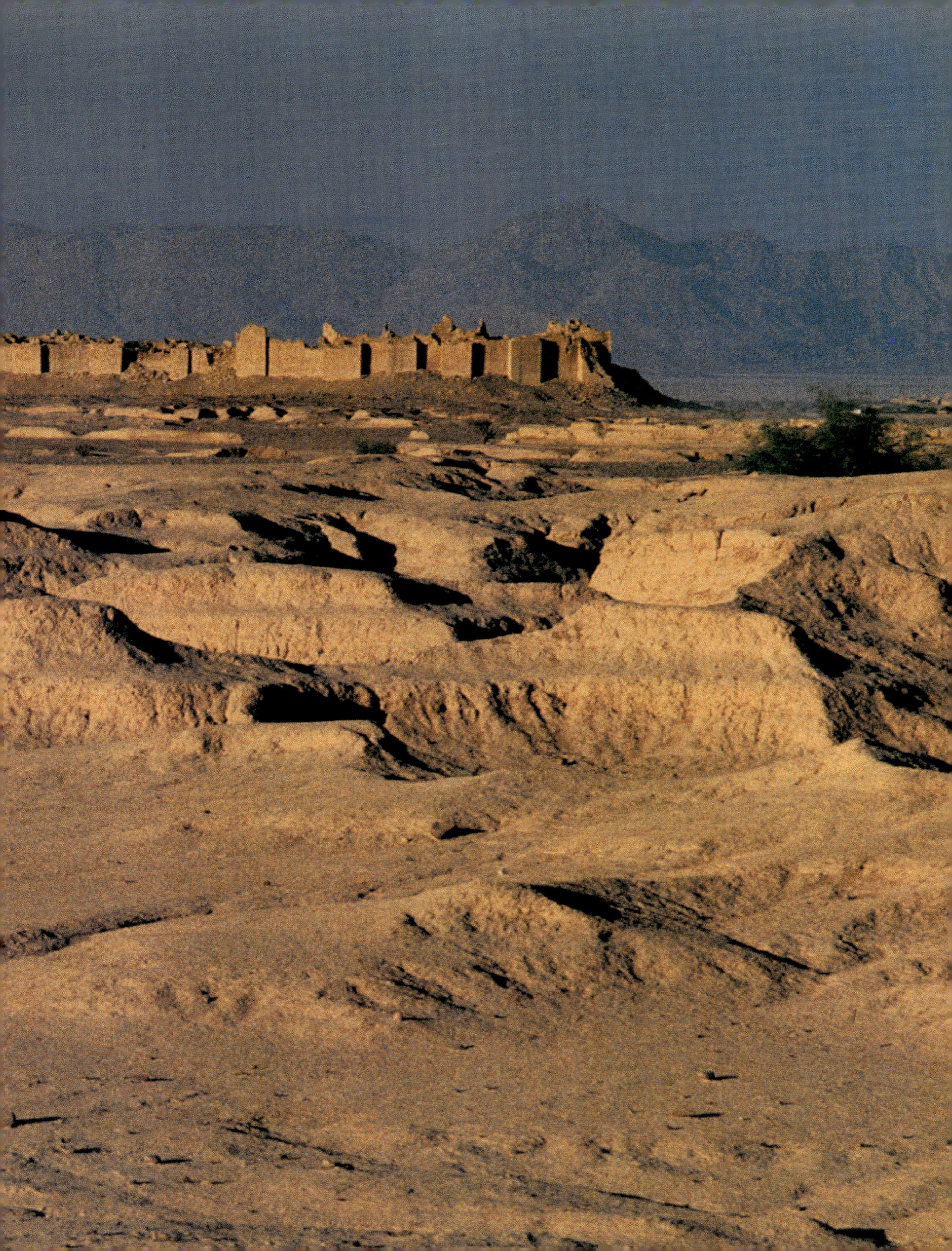

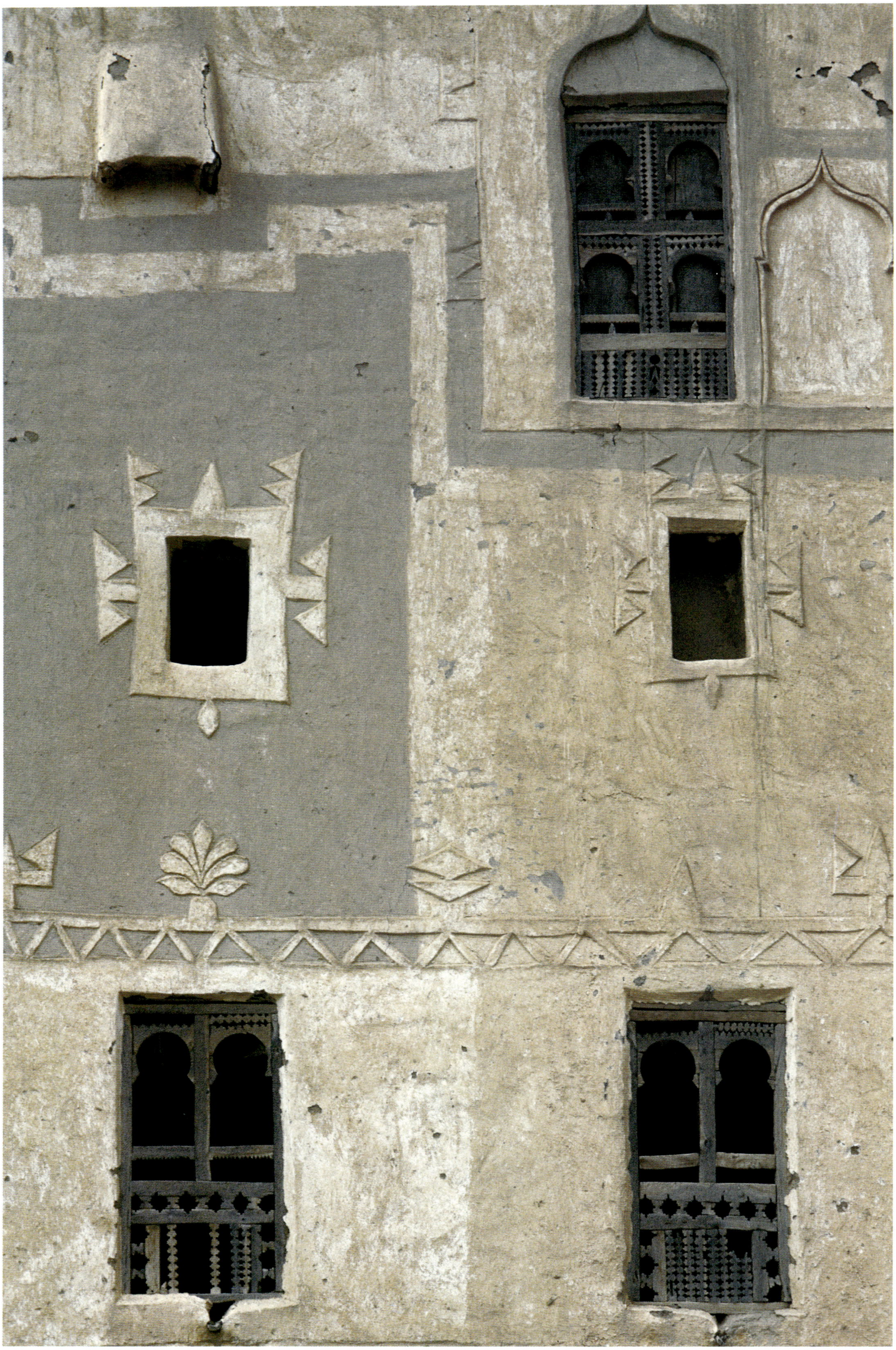

À gauche : *Les façades des maisons, maquillées comme des visages. Sur fond d'enduit de terre, un badigeon de chaux souligne et protège les ouvertures.* Al-Hazem.

À droite : *La porte, point sensible de la maison, en est aussi le blason où s'affichent la richesse et l'honneur de la tradition. Les artisans yéménites chevillaient les bois exotiques par éléments aisément démontables. Le cloutage, d'un grand effet décoratif, vient renforcer l'assemblage.* Hadhramawt.

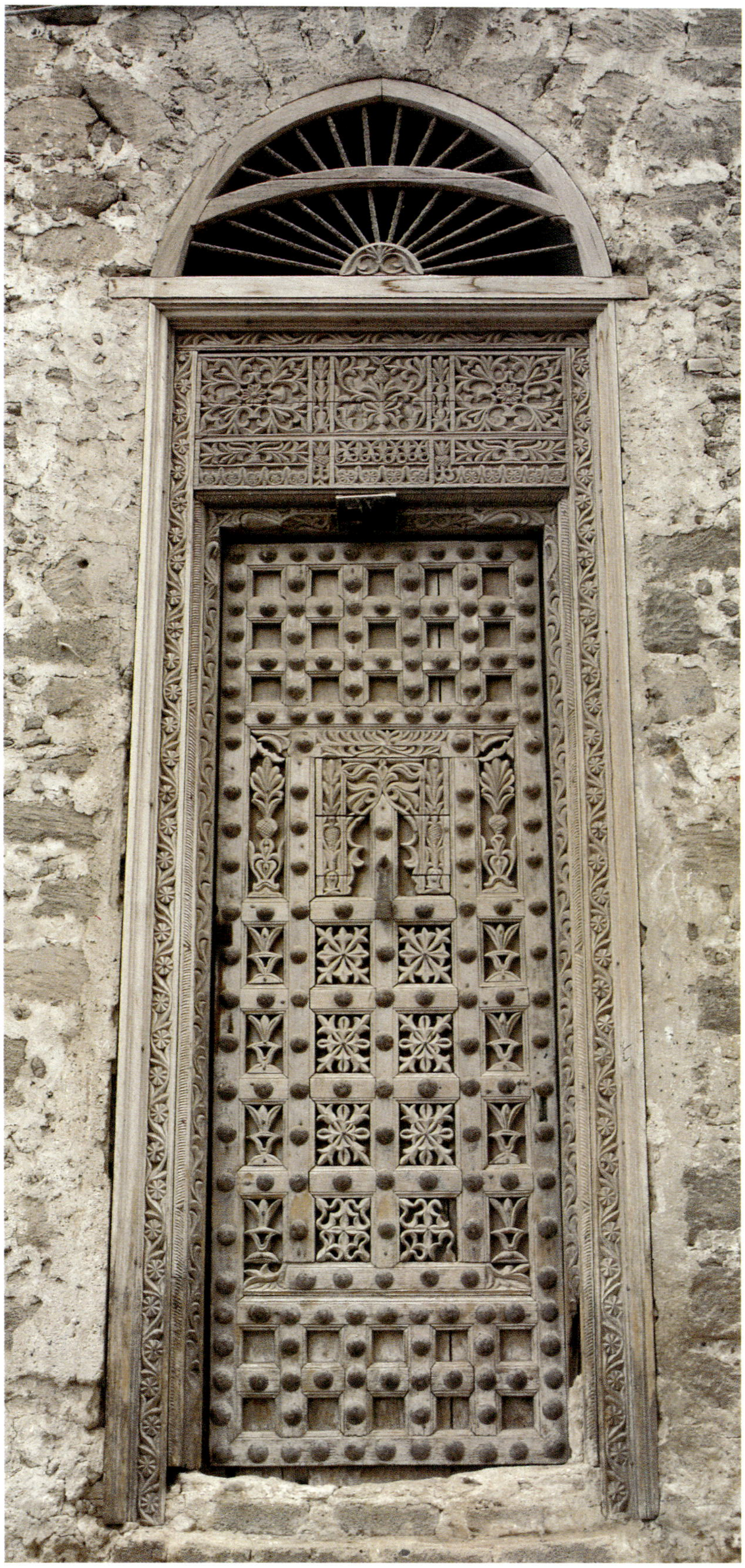

Pline nous apprend que le dieu, après avoir levé son impôt, reçoit généreusement ses hôtes. La présence de structures hospitalières auprès des sanctuaires était certes inévitable si le dieu et ses prêtres ne voulaient pas briser le flux d'un commerce aussi profitable. Les temples du Hadhramawt, semblent avoir fonctionné comme nombre de fondations pieuses qui cumulent les fonctions de lieux du culte, d'enseignement, d'accueil et de bienfaisance. Différaient-ils de certaines communautés, d'hier ou d'aujourd'hui, où le donateur dévot, dépouillé jusqu'à l'os, reçoit en compensation un « généreux » brouet clair ?

Pline situe correctement Thomna, Tamna, aujourd'hui Hajar Kuhlân, capitale des Gébanites (Qatabânites) à la bonne distance de Gaza. Quand il dévide la litanie des charges, nul doute qu'elle ne réponde à la multiplicité des intermédiaires. Mais, en dehors des cités, les frais de fourrage n'étaient certainement pas à comptabiliser systématiquement. Au long de la route des caravanes, tous les pâturages spontanés n'étaient pas terrains de parcours pour des tribus reconnues. L'eau, en revanche, étant le plus souvent appropriée, l'abreuvage pouvait entraîner des droits d'usage qu'il fallait négocier de longue date.

Pline n'hésite pas à donner des chiffres dont il n'y a pas lieu de douter. Il apparaît que pour couvrir les dépenses de route estimées à 688 deniers (4) par tête, un dromadaire doit transporter 115 livres d'encens de la qualité la plus fameuse, à six deniers la livre. Mais les frais de caravane, nourriture, taxes et péages divers n'incluent pas la valeur marchande, pas plus que l'amortissement du « véhicule ».

Nous ne savons rien des faix de « croisière » des dromadaires de l'époque. À titre de comparaison, au Sahara occidental, où les rythmes de progression approchent ceux qui nous sont donnés pour l'Arabie ancienne, (30 à 40 km/jour) la charge moyenne variait il y a quelques décennies entre cent cinquante et deux cents kilos selon la morphologie et l'âge de l'animal, outres d'eau non comprises, pour une méharée d'environ soixante jours. Une charge minimale de 150 kilos, soit trois cents livres, pouvait être négociée au terme du voyage, au mieux pour 1800 deniers, brut. Une fois défalqués les frais de route, il n'en restait plus qu'environ 1100. Quelle part en revenait au propriétaire-producteur, aux manœuvres de la récolte, aux patrons des entrepôts, aux conducteurs de la caravane, aux chameliers ? Notre naturaliste est conscient de toutes les servitudes qui grèvent l'encens depuis son lieu d'extraction. Le comble lui paraît qu'aux frontières de l'empire les publicains (5) interviennent encore, comme si bien public et recettes d'État étaient, déjà, jugés incompatibles avec le bien particulier.

Nous ne saurons sans doute jamais comment était rétribuée, sur les lieux mêmes de production, une larme de la résine la plus noble. Mais nous disposons d'éléments suffisants pour comprendre le processus de transmutation, l'alchimie, qui rendait cette bulle de gomme translucide égale à l'or, sinon aussi lourde, du moins presque aussi onéreuse. Cela eût pu s'appeler : le grand œuvre ; en notre temps, cela se nommerait « des effets pervers de la TVA »...

À la suite de Pline, nous ne connaissons pas d'auteurs qui se soient véritablement intéressés à l'Arabie du Sud et à son encens. Notre ignorance ne signifie pas qu'il n'y en eût pas. De compilations médiocres en copies plus ou moins fragmentaires, il fallut parvenir au *Périple de la mer Érythrée* pour qu'interviennent des notations nouvelles et cohérentes sur le thème éculé de l'Arabie Heureuse exhalant jusqu'à la mer les effluves enivrants de l'encens.

Nous sommes au commencement d'une ère nouvelle ; le monde unifié sous la domination romaine se laisse gagner par l'appétit de la découverte. Pour nous, les temps de l'ignorance ne sont pas pour autant dépassés ; l'espoir présomptueux de trouver enfin dans le *Périple*, au mieux une véritable monographie sur l'Arabie du Sud, au moins un exposé sur le commerce de l'encens, doit s'avouer déçu.

Le texte est sec, précis comme un rapport de mer. D'emblée se posent des questions sans réponses : quel en est l'auteur : un vieux capitaine au long cours [(6)], un commerçant, avare d'écrit, et pourtant soucieux d'étayer son négoce par des informations sûres, un scribouillard zélé affecté à terre au compte rendu des navigations, œuvre d'un ou de plusieurs auteurs ? Passons sur l'inconnue de l'auteur pour essayer de situer l'œuvre dans le temps, au moins approximativement. Les commentateurs les plus érudits après avoir opté, en un consensus assez large, pour la fin du Ier siècle (ap. J.-C.) divergent et proposent des datations plus tardives allant jusqu'à 230 (ap. J.-C.). La marge d'erreur n'est pas petite. Elle n'aurait que peu d'importance si elle ne pouvait fausser l'intérêt du *Périple* qui proposait la description de la côte d'Arabie du Sud à un moment donné. Il n'est pas insignifiant que ce moment appartienne au Ier ou au IIIe siècle (ap. J.-C.).

Même s'il rogne nos espérances excessives, l'auteur du *Périple* nous fait connaître des faits capitaux : de son temps, la route de l'encens s'est déplacée sans retour ; tournant le dos à la terre, elle est définitivement devenue maritime. Les gommes-résines, dont le commerce est un monopole d'État, sont vendues aux marins-marchands. Tout a changé depuis Pline, qui semble avoir eu cependant une exacte connaissance du commerce gréco-romain en mer Rouge et jusqu'en Inde alors qu'il n'y avait que la voie caravanière pour acheminer vers l'Empire les aromates du Sud arabique.

Au temps du *Périple*, il y a toujours des caravanes mais leur mouvement s'est inversé :

> ... Cana. À partir de ce lieu, à l'intérieur des terres est située la ville de Sabbatha (Shabwa). Tout l'encens produit dans la région est apporté, soit à dos de chameau en cet endroit pour y être entreposé, et vers Cana sur des radeaux supportés par des outres gonflées selon la mode du pays. De là on fait aussi du commerce avec des ports éloignés... (traduit de Schoff W. H., § 27).

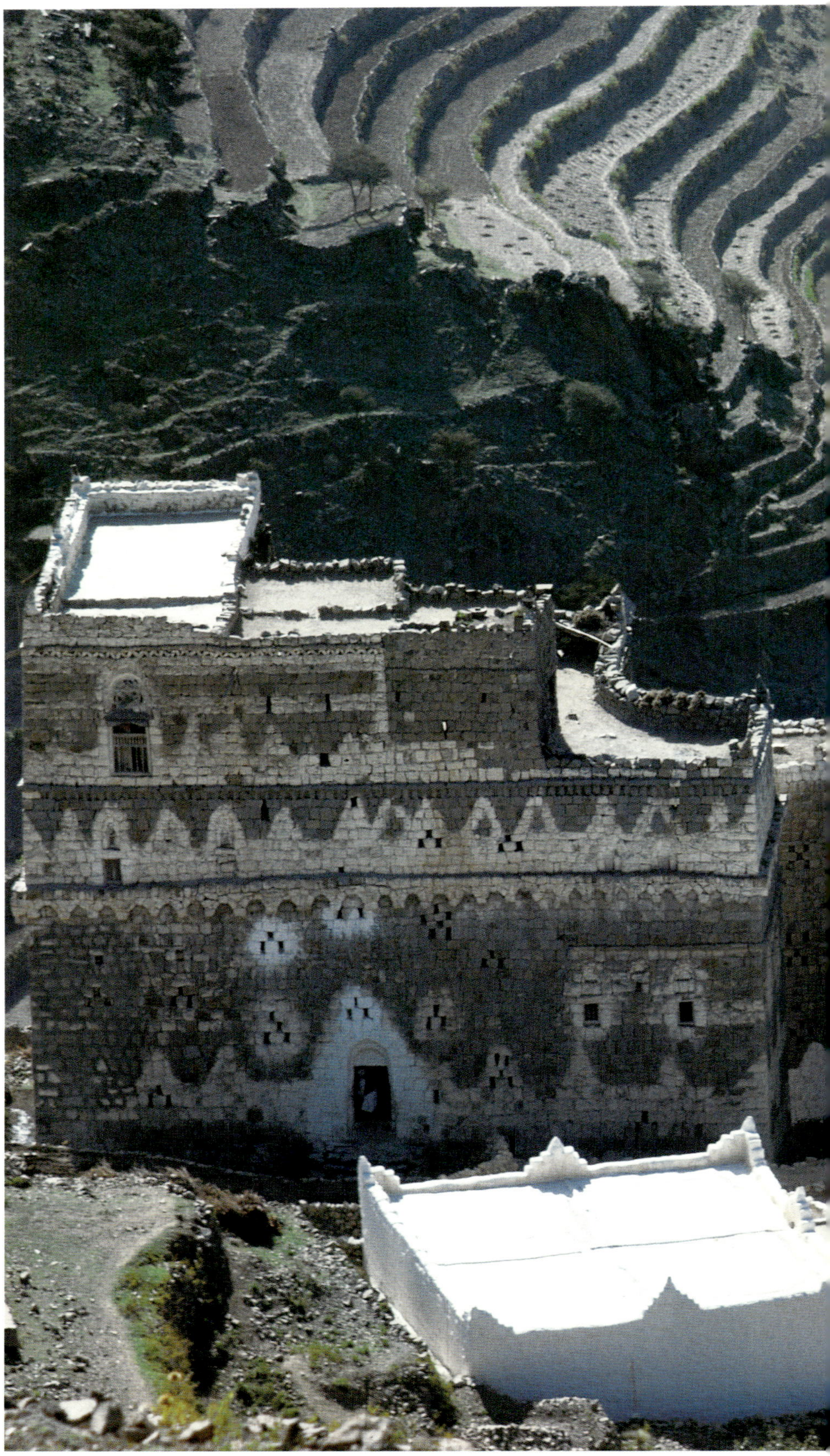

La montagne est patiemment sculptée de niveau en niveau, pour la culture d'étroites terrasses. L'habitat patriarcal s'enorgueillit d'un modeste sanctuaire aux murs blanchis.
Baqal ; Bayt Shaykh al-Katir.

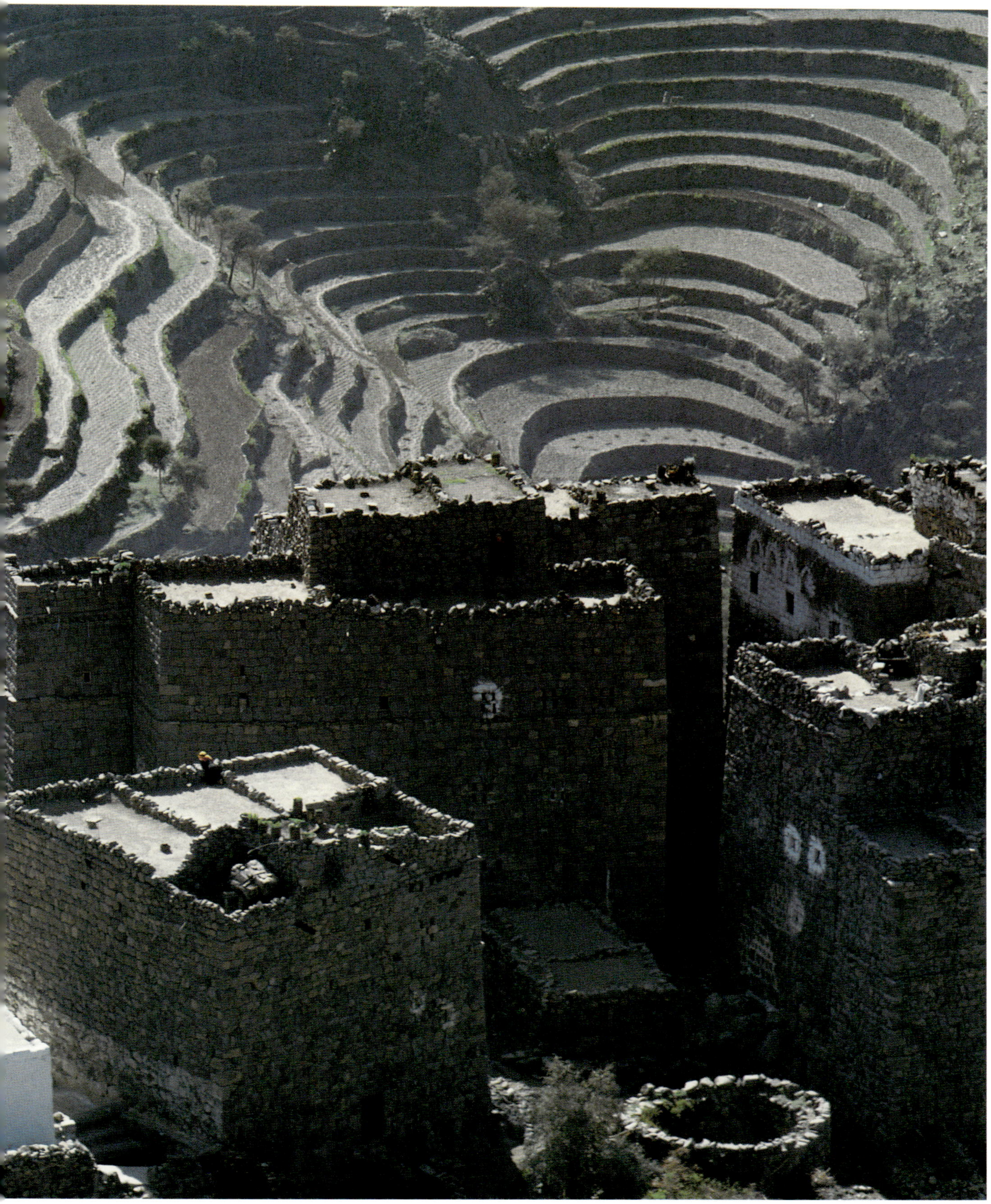

Tête d'albâtre.
Région de Beihan (?)
Qatâban, IIe siècle avant J.-C. IIe siècle après J.-C. ; collection Mme Antonin Besse.

Pages 86-87 : *Face à l'alignement théâtral des tombeaux, les vestiges très lisibles de la voie romaine nord-sud* (cardo) *témoignent des relations étroites des Nabatéens avec le monde méditerranéen.* Pétra.

Dans son ensemble, la relation sonne juste ; les ports de la mer Rouge et de l'océan Indien avec leurs rades, leurs bons et mauvais mouillages, leurs arrière-pays, sont décrits avec exactitude. Le décompte des importations et des exportations, le détail des transactions commerciales, parfois hyperbolique, sont donnés pour la première fois : l'or, les vêtements teints à la pourpre, les tissages lamés d'or, le safran (ne s'agit-il pas plutôt de carthame ?) font partie de la panoplie du rêve oriental. Certains produits véritablement indigènes comme l'albâtre, manufacturé ou non, n'avaient jamais été nommés jusque-là.

Pour la première fois encore, apparaît un souci humaniste. Adieu ! serpents ailés combattant en nuées, oiseaux cannibales, chauves-souris colossales, effectif massé par les premiers historiens pour la défense des aromates ; la scène appartient désormais aux humains.

L'auteur du *Périple* signale que plusieurs langues sont parlées simultanément dans le sud de l'Arabie, dans des régions voisines et parfois par le même individu ; il distingue les genres de vie : les ichtyophages s'abritent le long de la côte dans des cavernes ; à l'intérieur des terres les nomades campent sous la tente ; le sort des nombreux naufragés (la navigation est périlleuse tout au long de la côte arabe) appelle la pitié, ils n'ont d'autre destin que la mort ou l'esclavage...; ailleurs, des esclaves encore, sont voués à la récolte de l'encens.

> Au-delà de Cana... Les encensiers ne sont ni grands ni gros ; ils portent l'encens qui s'écoule en gouttes sur l'écorce, exactement comme chez nous en Égypte certains arbres répandent leur gomme. L'encens est récolté par les esclaves du roi et par ceux auxquels on affecte ce travail, comme punition... Ces régions sont très insalubres, pestilentielles même pour ceux qui naviguent le long de la côte ; elles sont presque toujours fatales à ceux qui travaillent là, qui souvent aussi meurent par manque de nourriture (*Idem,* § 29).

Au milieu du IIe siècle (ap. J.-C.) Claude Ptolémée écrit sa *Géographie*. Cette œuvre ambitieuse va connaître un succès continu jusqu'à la fin du Moyen Âge. Né probablement en Haute-Égypte, Ptolémée, esprit hors du commun, excellait dans des sciences et des arts aussi divers que l'astronomie, les mathématiques, l'optique, la musique, la géographie. Sa *Composition mathématique,* répandue sous le nom d'*Almageste,* resta longtemps aussi célèbre que la *Géographie*. Établi aux environs d'Alexandrie, Ptolémée se trouvait à la source de la documentation accumulée dans la grande bibliothèque. D'aucuns lui reprocheront d'ailleurs d'avoir été un compilateur. Du compilateur pillé par ses successeurs, remanié par ses exégètes, il reste pour l'Arabie, obstinément appelée « Heureuse » du nord au sud, un inventaire de villes, de montagnes, de fleuves, de ports et de marchés, de résidences royales et de sanctuaires dont sont dus les noms à de nombreux informateurs.

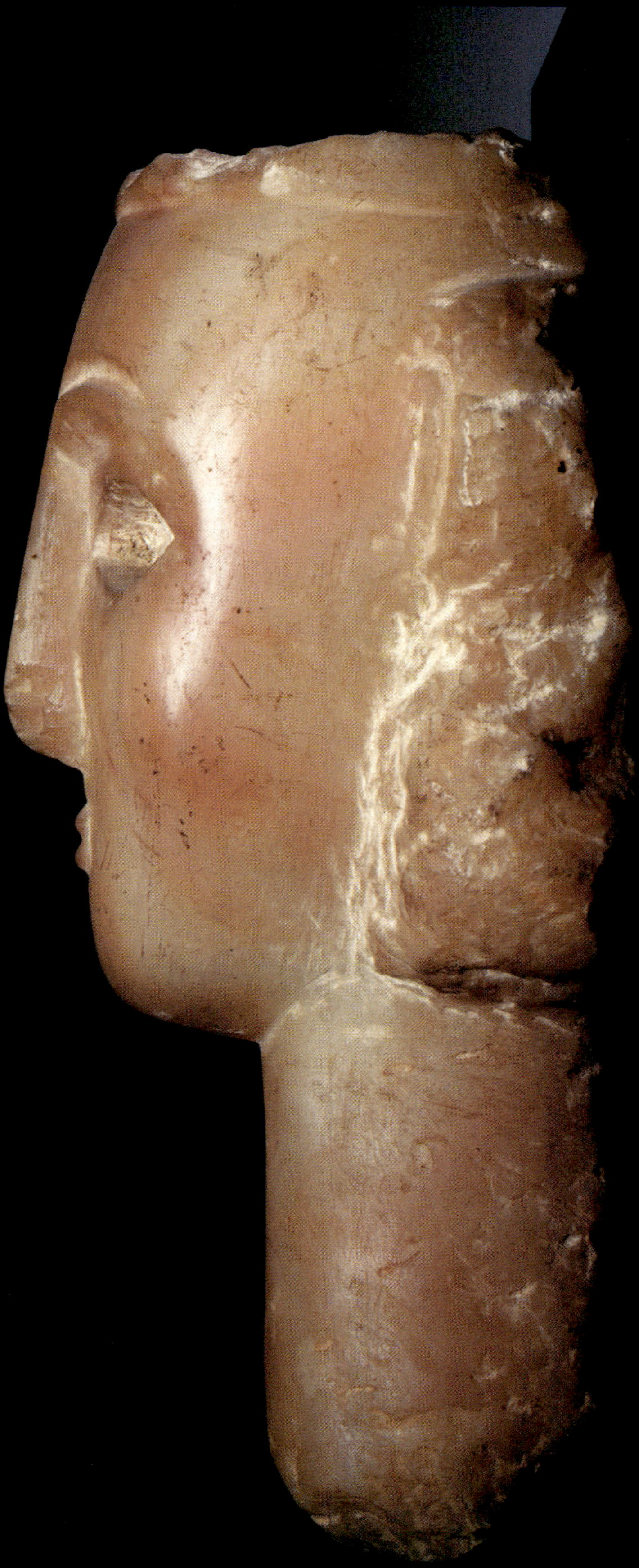

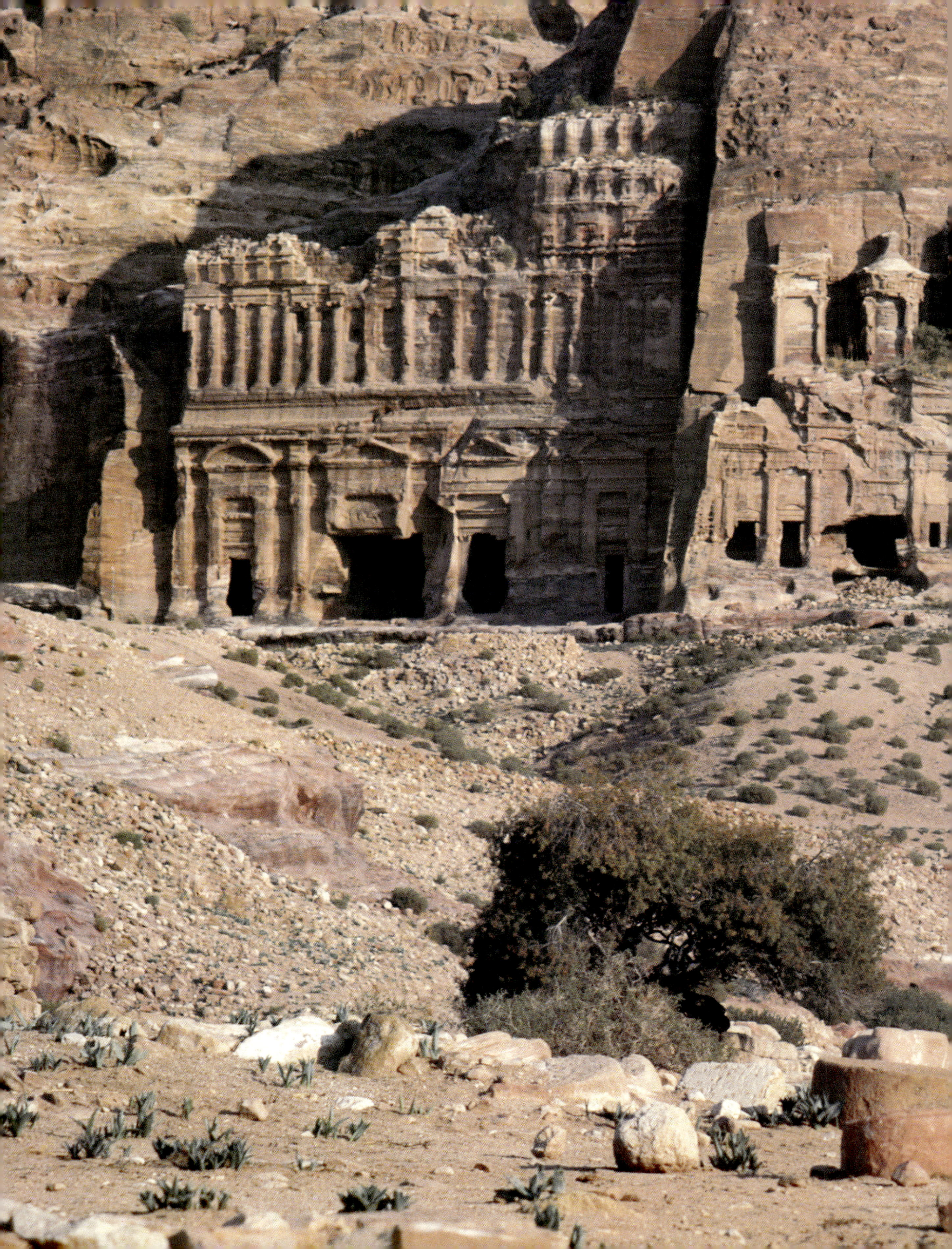

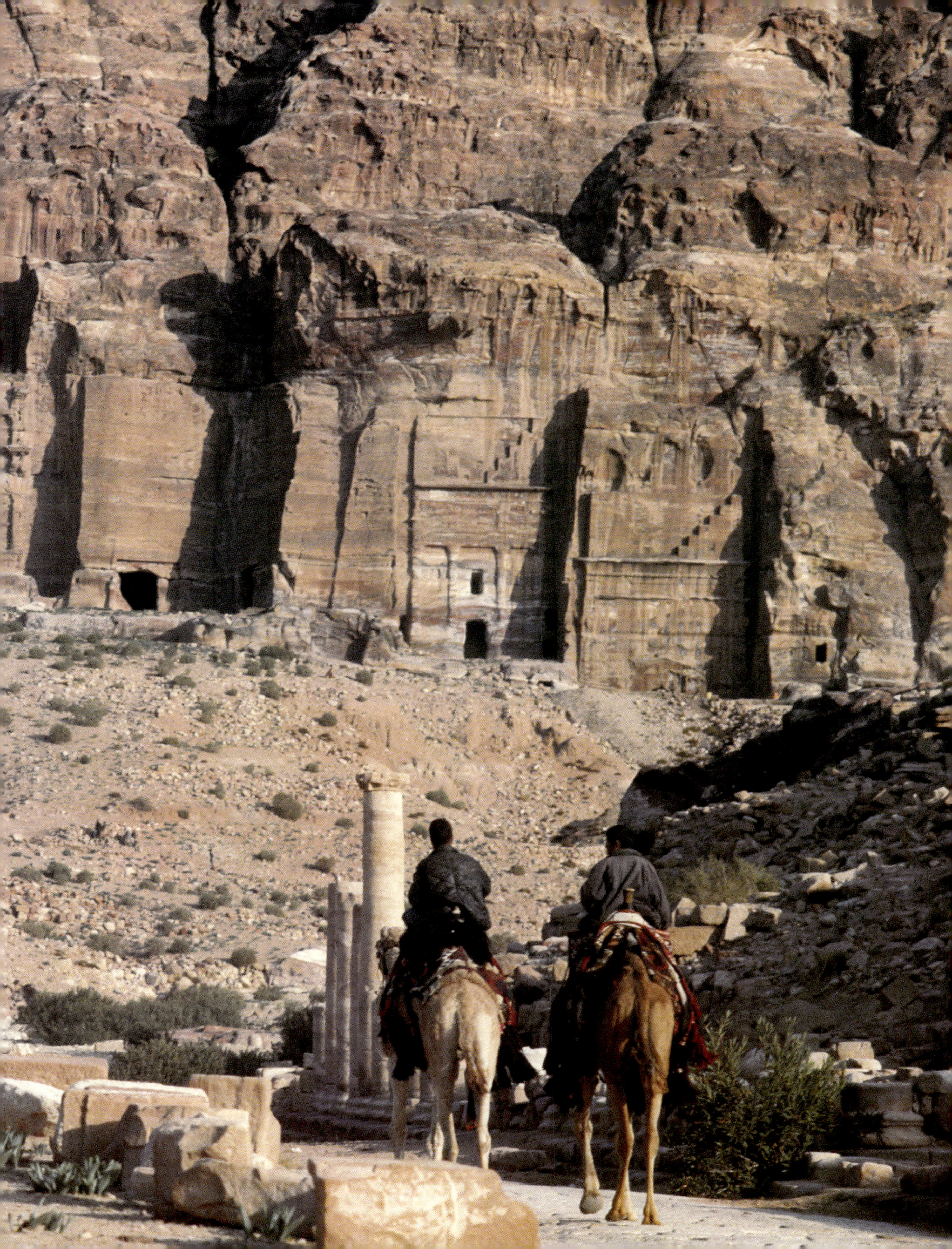

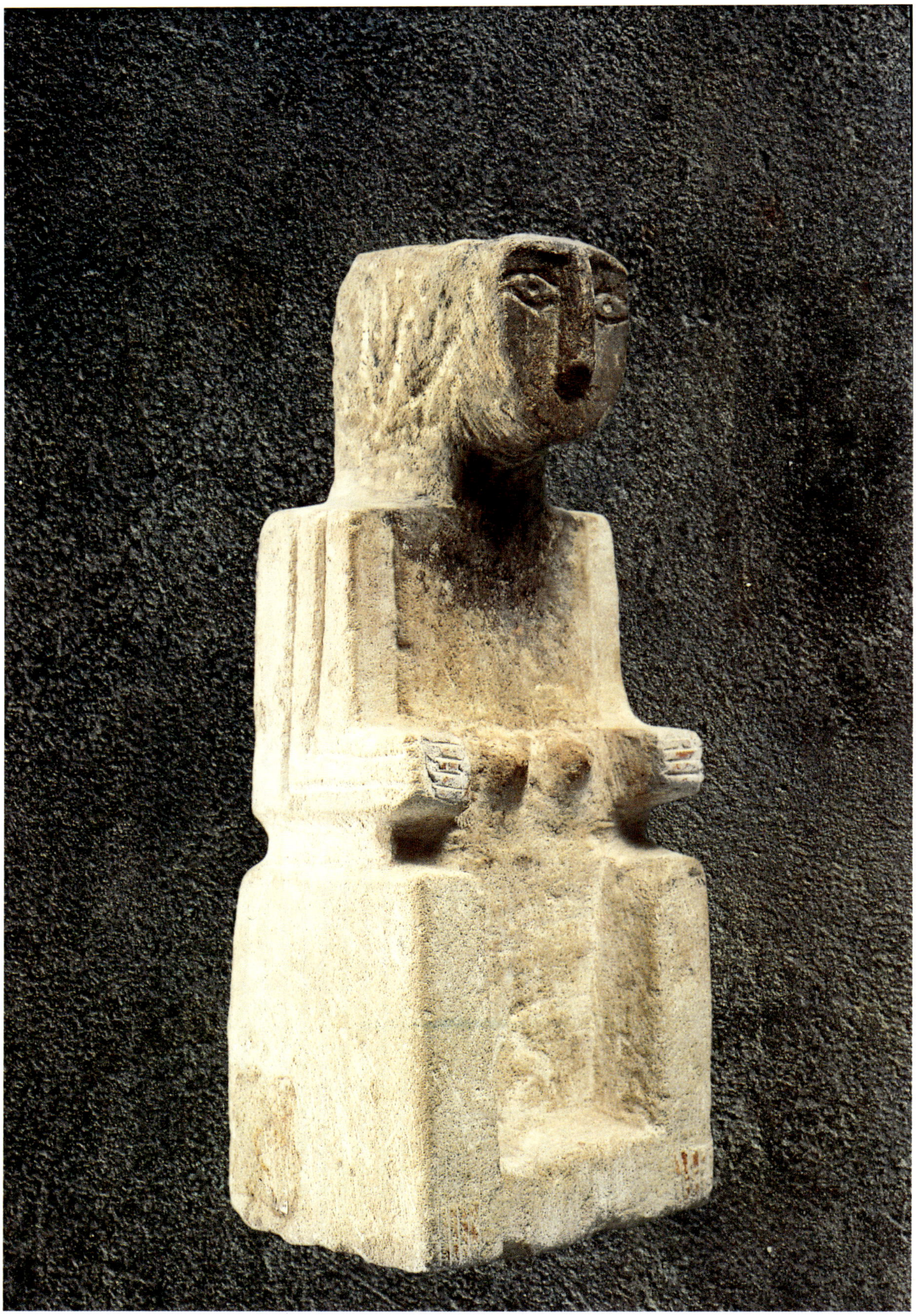

Femme assise.
Calcaire blanc.
Musée de Sana'a.

Nommer, c'est insuffler la vie à ce qui n'a pas d'existence. Ptolémée fait vivre ainsi une multitude de lieux, dont au demeurant il ne sait pas grand-chose, sinon qu'on peut les organiser géométriquement sur une carte. Il sait aussi tracer les limites des régions productrices d'encens et de myrrhe.

Des siècles plus tard on discute encore du *Périple* et de la *Géographie*, de l'antériorité de l'un ou de l'autre, de la justesse des localisations proposées par l'un ou par l'autre.

Au-delà de querelles mineures, Pline, l'anonyme auteur du *Périple,* et Ptolémée s'imposent à notre estime. Le premier parce qu'il ajuste constamment ses connaissances livresques à ses expériences personnelles, le deuxième se comporte en homme de terrain et ne peut prêter à la critique, le troisième éblouit par le flamboiement de son intelligence.

À eux trois ils ont apporté plus de « matière » arabe vive que tous leurs prédécesseurs. Sous leurs lauriers, l'Occident va vivre quelques siècles, se satisfaisant de la connaissance vague, d'un grand pays désert couché entre l'Égypte et la Perse, où pousse l'encens.

La route terrestre, progressivement abandonnée quand les vaisseaux romains prirent l'habitude de cingler directement vers le sud de l'Arabie et l'Inde, désertée par les caravanes, n'irrigua plus les cités-États du flot des richesses qu'elle avait charrié si longtemps. L'encens d'Arabie désormais transporté sur la mer, concurrencé par les encens venus de l'Orient, continua à brûler dans le monde romain, avec les excès que les bons auteurs ont moqué. Mais dès le IVe siècle, le christianisme devenu religion officielle, la crémation abandonnée, le retour à la mise en terre des corps sans débauche de fumées odorantes, précipita le déclin de l'usage foisonnant de l'encens.

À l'aube du XIVe siècle, la production s'est peut-être ralentie, mais elle trouve toujours des débouchés et Marco Polo peut noter :

> Escier est une cité très grande vers le nord-ouest éloignée de quatre cent milles du port d'Aden... Cette contrée produit beaucoup d'encens blanc, de quoi le seigneur a très grand profit ; on ne l'ose vendre à un autre qu'au seigneur : il le prend à dix livres d'or le quintal et le vend aux marchands à soixante livres ; aussi y gagne-t-il un très grand avoir...

Les gommes-résines jouent toujours un rôle dans la liturgie, la médecine et la parfumerie, mais en quantités si minimes qu'elles ne peuvent revigorer un commerce moribond.

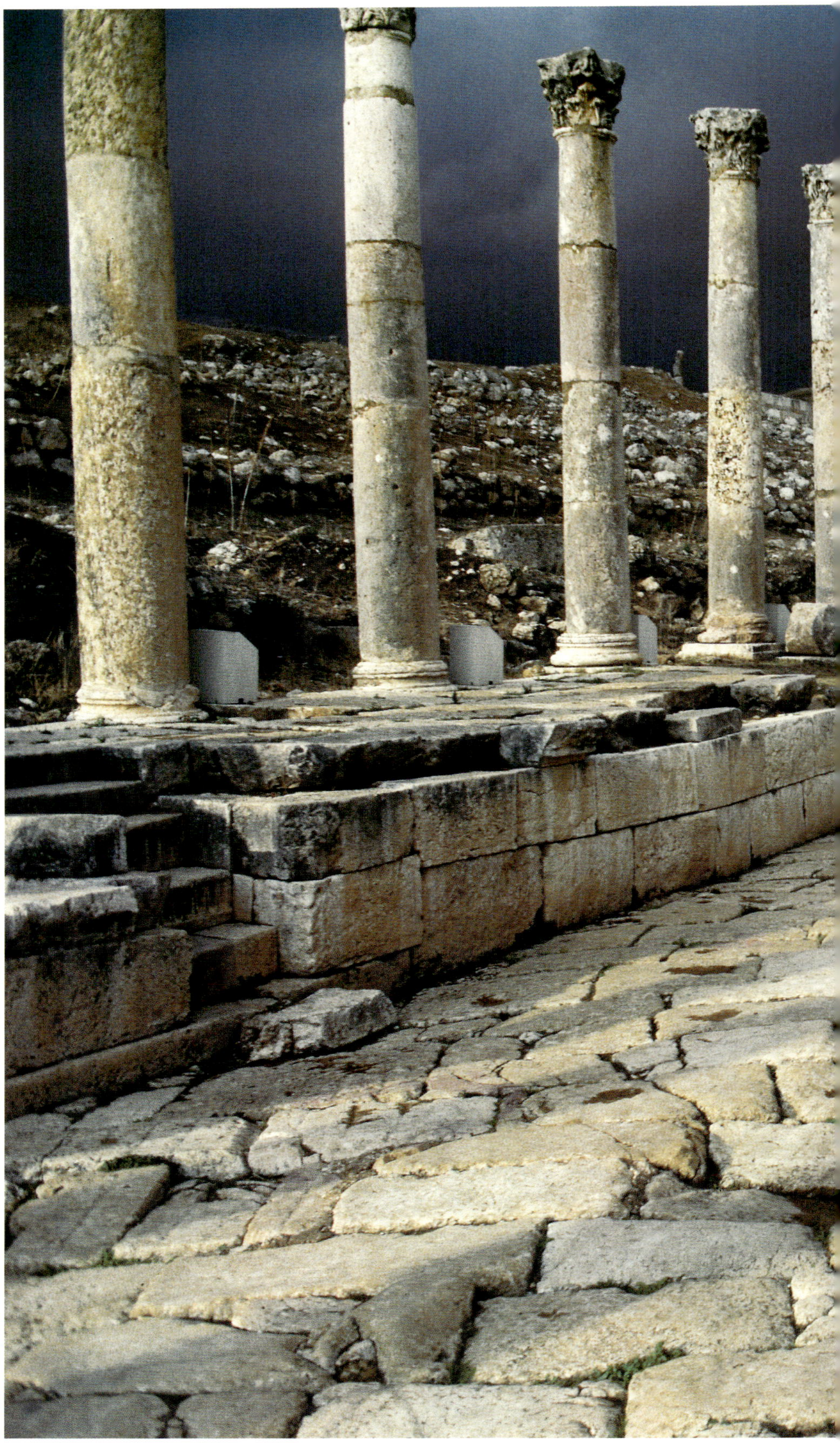

Au long de cette voie romaine dont les siècles n'ont pas amoindri l'écrasante grandeur, il est facile d'imaginer les autels fumant dans une profusion d'encens pour les célébrations des héros et des victoires. Jerash.

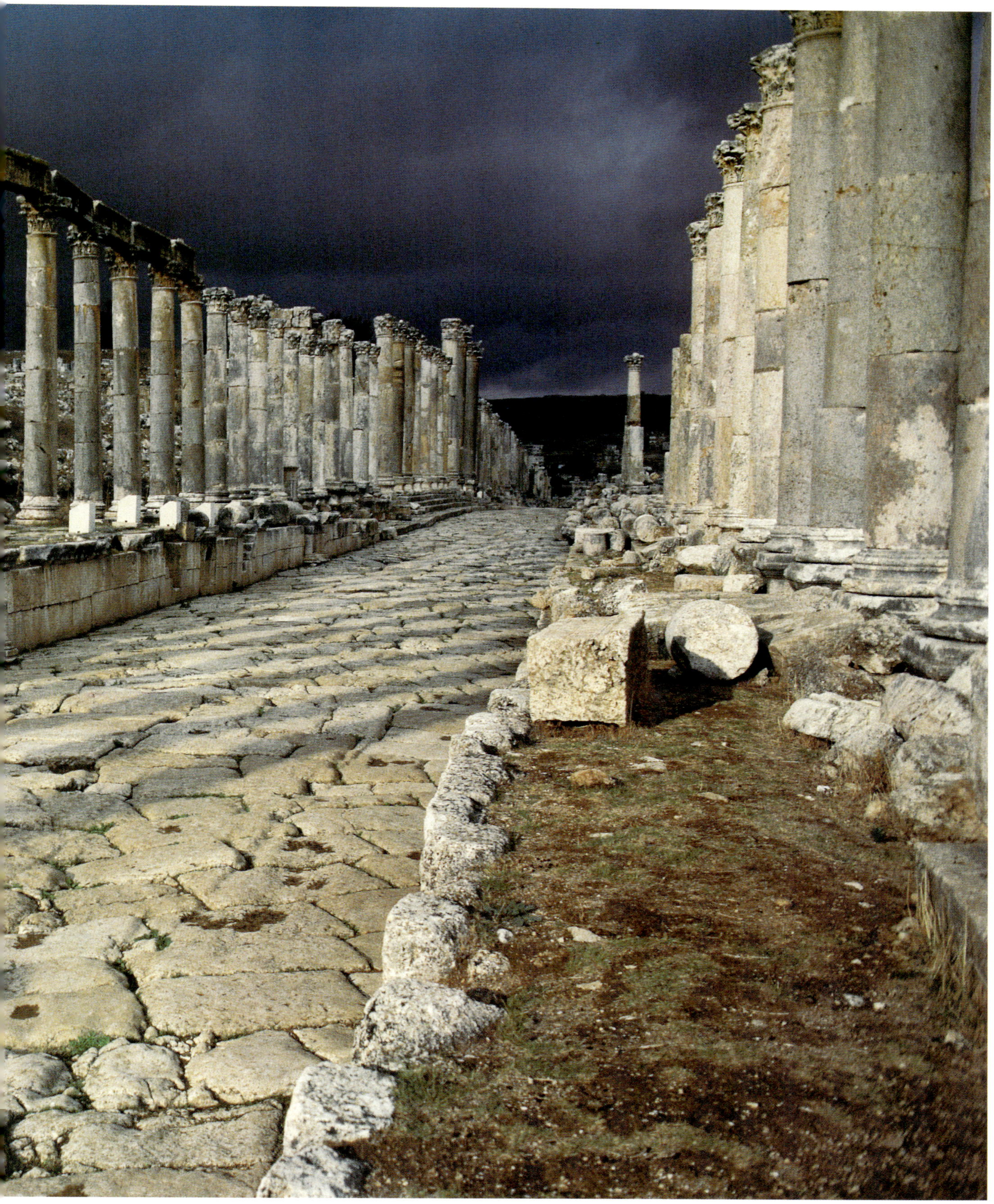

La longue route

Avec ses quatre dromadaires
Don Pedro d'Alfaroubeira
Courut le monde et l'admira
Il fit ce que je voulais faire
Si j'avais quatre dromadaires.

(APOLLINAIRE)

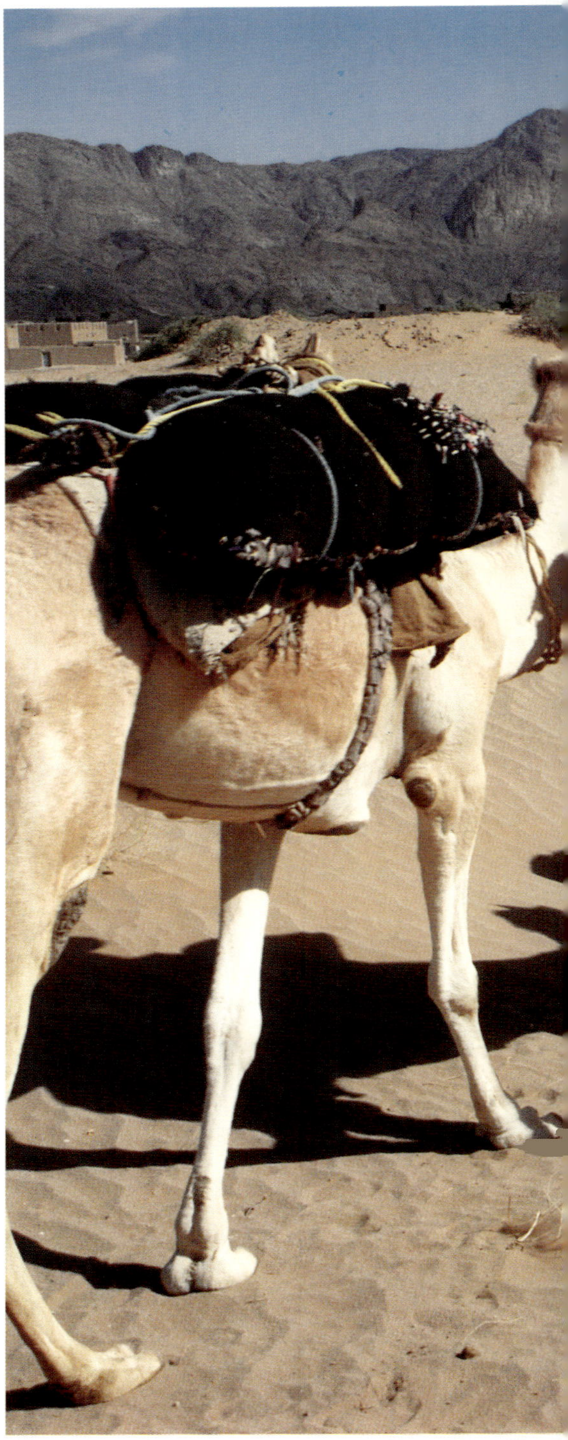

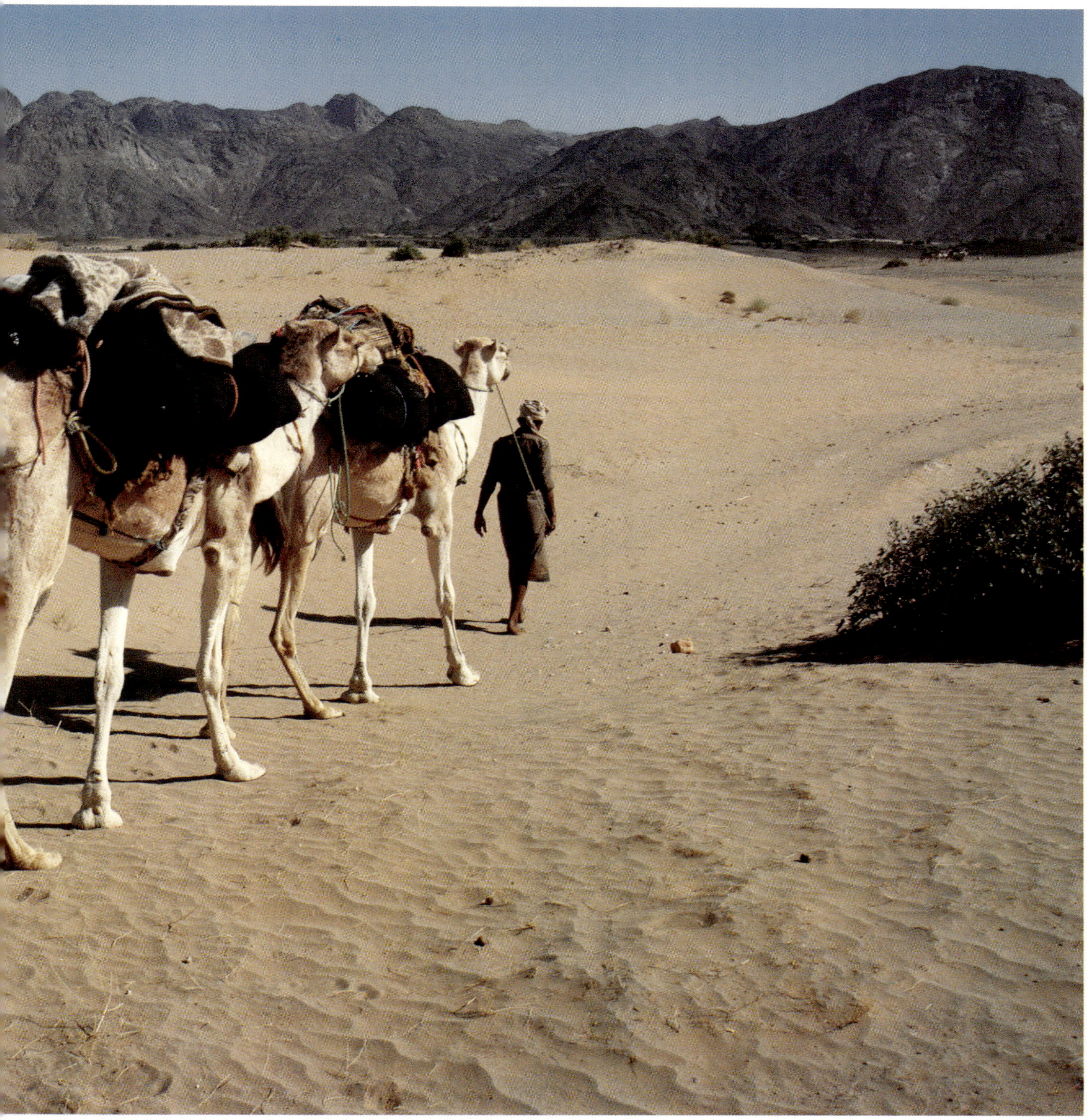

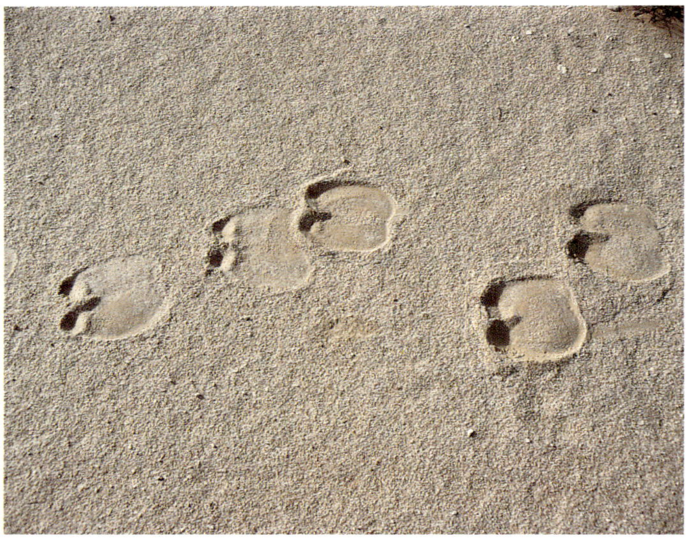

Lorsque Ammis'ad frappé par les rayons obliques du soleil levant s'éveilla sur la plage en ce matin blanc, il lui fallut quelque temps pour reprendre ses esprits. Le ressac et un curieux grignotement, ténu, incessant, avaient habité sa nuit sans rêve. Il émergea de la couverture de cuir tannée par sa mère, aussi souple qu'un beau tissu de poil soyeux et qui, soigneusement pliée, ne prenait guère de place dans un bagage. Le rivage laiteux calé à l'orient par un sombre volcan égueulé, étendu à perte de vue à l'occident, lui sembla désert. L'attraction de l'océan, roulant régulièrement des masses liquides jusque-là pour lui inimaginables se mêlait d'une répulsion étonnée. Le sol n'avait rien de commun avec les sables doux si familiers à ses pieds : crissant, blême et brillant à la fois, couturé par les traces des crabes dont l'incessant ballet nocturne avait accompagné son sommeil. Ammis'ad, accoutumé à la quête de tout être vivant, repéra bien vite les habitants des cavernes de sable, les petits et les gros, les débusquant à plaisir et s'amusant à les voir détaler de guingois avec l'attention qu'il prêtait, enfant, à tout ce qui vivait dans son environnement désertique et qui pouvait éventuellement pimenter sa maigre pitance. Mais il n'avait garde d'oublier qu'il devait se rendre à Qana, autour de la troisième heure pour rencontrer le « maître ».

La caravane exige de ses membres caractère, endurance, solidarité, connaissance du milieu…, toutes qualités qui participent d'une aptitude particulière à la vie dans les grands espaces.
Jeune garçon du Jawf.

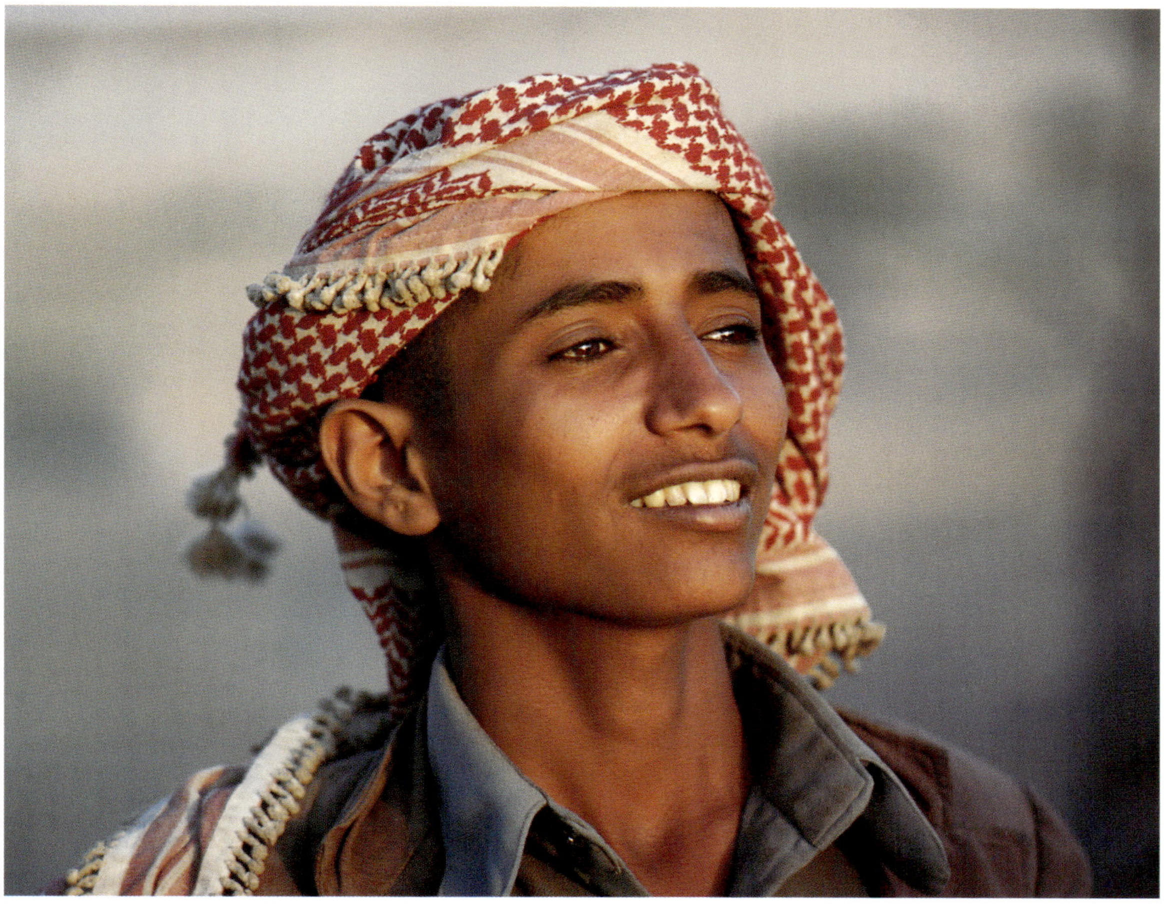

Cinquième fils d'une famille de douze enfants établie dans une des multiples vallées, veines ramifiées du wadi Hadhramawt, Ammis'ad rêvait depuis longtemps de connaître le monde, au-delà de son coin plutôt fertile, contenu par de hautes falaises. Son père s'échinait à cultiver quelques carrés de terre irriguée pour le compte d'un propriétaire ; il s'était constitué au cours des ans un petit troupeau de chèvres que menait paître l'un ou l'autre des enfants aux marches du désert et, parangon du luxe, il avait pu acquérir deux chamelons, devenus dromadaires, « bien mis » à force de soins diligents. Ammis'ad obtenait même de l'un d'eux qu'il vienne saisir sur ordre une datte qu'il lui présentait entre ses dents serrées. Ce bouche à bouche disproportionné – lèvres fines de l'adolescent, babines velues découvrant les incisives en pelles de l'animal – avait beaucoup contribué à établir la réputation d'intrépidité du garçon mais n'avait pas décidé le père à confier la moitié de son capital à l'oiseau qui voulait essayer ses ailes. Les voyageurs de passage dans la région touchaient tous, de près ou de loin, au commerce et beaucoup d'entre eux avaient affaire avec le plus considérable des négoces : celui de l'encens. Pour Ammis'ad le mot recouvrait une substance chimérique dont il entrevoyait la puissance sans en comprendre les raisons. Dans la lignée de sa mère, une femme tranchait : elle avait été la nourrice d'un fils de prince, sortie de l'anonymat féminin par un oracle imprévu ; chez elle, une seule fois, Ammis'ad avait été admis à respirer la fumée dégagée par quelques larmes d'une matière jaune, translucide, mise à grésiller sur des braises pieusement déposées dans un récipient de pierre grise. L'admiration dévotieuse de l'assemblée humant en silence la vapeur bleuâtre avait surpris l'enfant : pour lui, la bonne odeur que dégageaient sur le foyer du soir des herbes sèches cueillies au désert pendant la garde du troupeau valait bien la senteur acre émanant de ces cailloux légers, si précieux qu'ils étaient renfermés dans des nouets d'étoffe rare et non dans les vulgaires chiffons qui enveloppent les richesses dérisoires des femmes : perles de quartz, de lapis ou de corail en attente d'enfilage et surtout produits de cueillette ou de colportage, plantes et cailloux, capables de guérir bien des maux.

L'encens : il en savait l'épopée. Un marchand trop usé pour arpenter les sentiers d'Arabie s'était fixé dans la vallée dès que son pécule lui avait paru suffisant pour substanter sa vieillesse. Petits et grands l'assaillaient pour lui faire conter des voyages que son imagination enrichissait d'aventures merveilleuses. Lui-même n'avait fait que des sauts de gerbille sur la fameuse route de l'encens sans jamais la suivre du sud au nord sur toute sa longueur. Il en connaissait, du moins par ouï-dire, les difficultés et les attraits. Il savourait la succession des étapes qu'il récitait en une véhémente litanie : Qana, Ataq, Shabwa, Tamna, Marib, Yathill, Qarnaw, Najrân, Taïf, Mekka, Yathrib, Hijra, Pétra, Gaza. Chaque station était marquée d'un caractère connu ou rêvé : la sûreté du port de Qana, l'importance des entrepôts

Hajjarayn, sur un promontoire rocheux avancé comme une étrave au confluent des deux bras du wadi Dohan.

Pages 98-99 : *Les entablements stériles du Djôl, le grand plateau qui sépare le wadi Hadhramawt de l'océan Indien.*

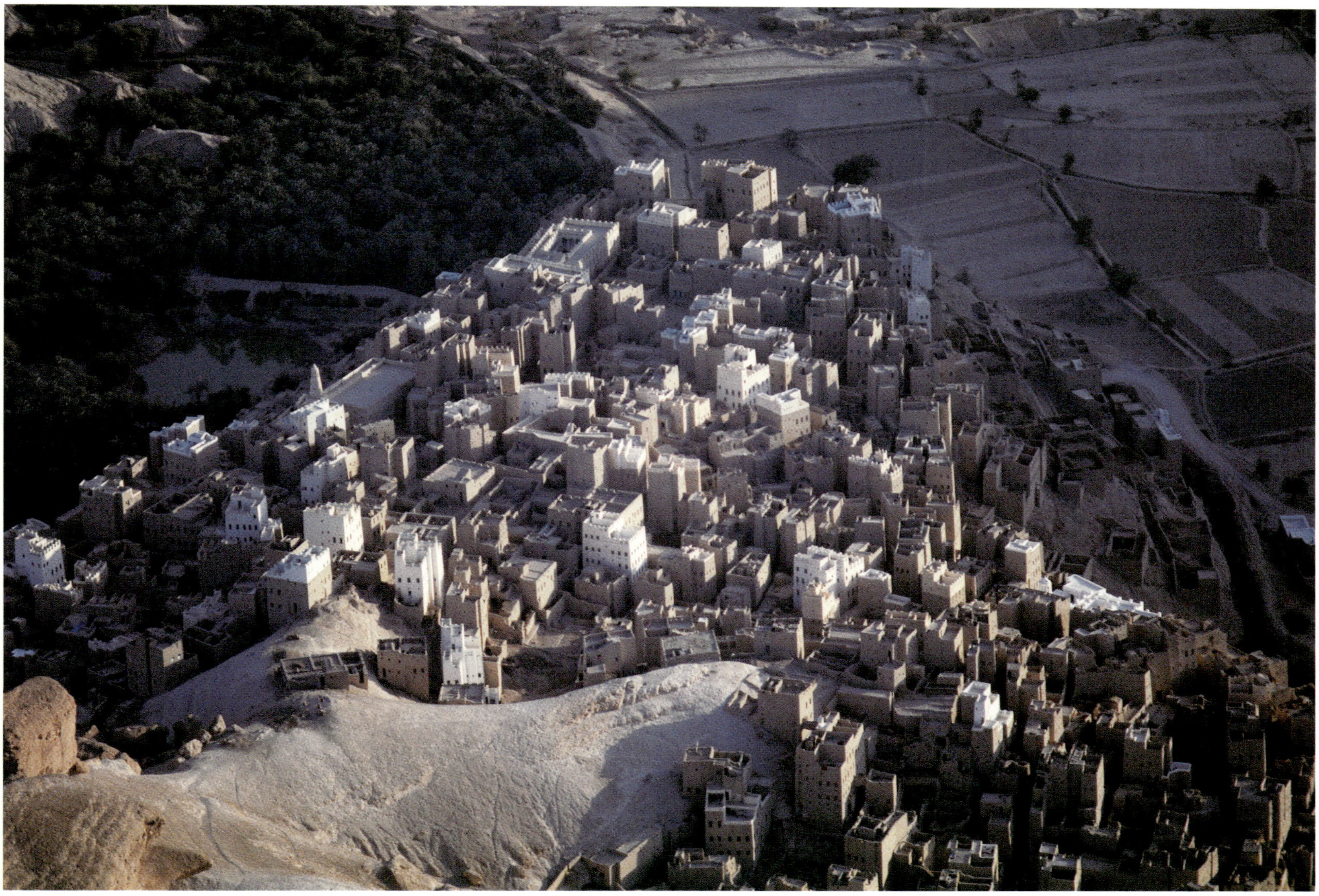

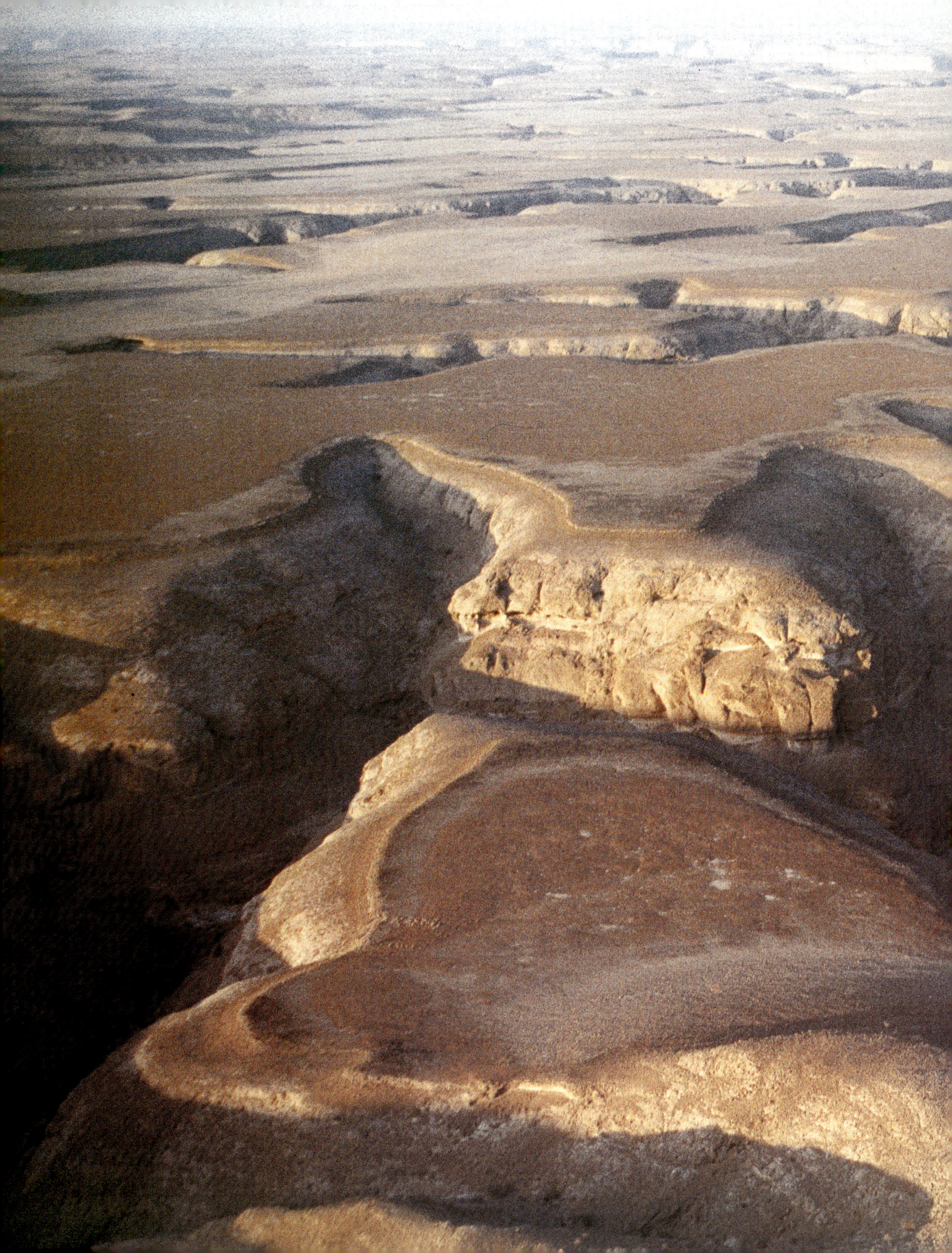

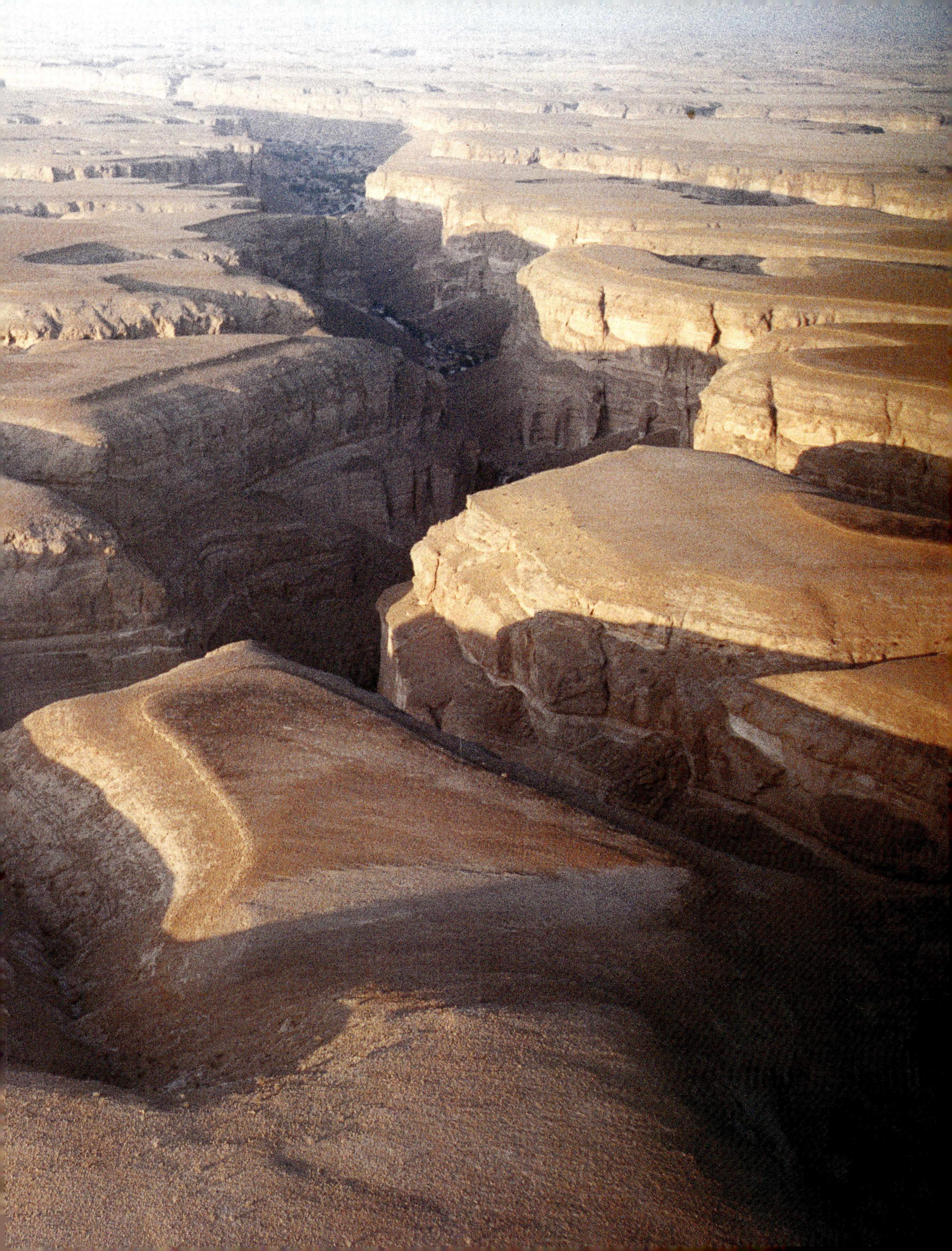

de Shabwa, les fortifications de Yathill, les ruissellements d'eau de Marib... témoignages indirects côtoyant la réalité, tissés de mythes fulgurants propres à susciter à la fois la passion et la terreur. Ammis'ad, nourri des récits du vieil homme, connut de belle heurette que la longue route était son destin. Il lui fallut se montrer patient pour vaincre les réticences familiales et pour faire miroiter l'enrichissement qui devait découler pour tous de pareille aventure. Rompu aux longues marches, indifférent aux sautes de température, habitué dès l'enfance à dormir aussi bien sur les berges molles d'un wadi que sur le sol caillouteux d'un abri sous roche, à se nourrir d'une poignée de dattes et d'un croûton de pain, à boire sans recul l'eau la plus saumâtre, il avait au cœur la crainte mesurée des génies et des dieux. Aux alentours de la quinzième année de son âge, son père et ses oncles décidèrent enfin de le laisser partir vers le sud-ouest, vers Qana où l'on disait que tout homme vigoureux trouvait à s'employer pour escorter les caravanes régulières qui transportaient l'encens. Dûment muni de recommandations sur le comportement tout de respect et de courtoisie qu'un fils du Hadhramawt devait préserver dans le vaste monde, lesté d'un baluchon pauvret contenant un pagne de rechange, une couverture de peau, une outre faite de la dépouille d'une gazelle mort-née, souple comme une feuille de basilic pour contenir la provende : farine d'orge grillée mêlée de dattes pilées, quelques jointées de dattes sèches, un cornillon de zébu empli de beurre deux fois clarifié, destiné aux soins des crevasses plus qu'à l'amélioration des menus, une petite calebasse du fameux miel hadhrami, une gourde pleine. La connaissance mnémonique des points d'eau échelonnés du nord au sud le dispensait de trimballer une charge importante, mais il n'avait eu garde d'oublier l'écuelle de bois, légère et solide à la fois, qu'il avait façonnée lui-même dans un cœur d'acacia et dont il se servait pour puiser, creuser, contenir...

Au matin du départ, sa mère avait elle-même ajusté le bandeau de poil de chèvre tissé qui non seulement maintenait l'abondante chevelure d'Ammis'ad mais resserrait aussi les fragiles os du crâne, évitant coups de chaleur et maux de tête. Elle avait pris soin de ligaturer d'une cordelette noire les jambes de son fils, au-dessus de la cheville et sous le genou, pour éviter que les esprits souterrains, dérangés par les pas du marcheur, ne s'élèvent au long des mollets nerveux. Elle croyait en la puissance des nœuds, force et défense du corps et du souffle. Elle lui avait passé au cou un lien où pendait une cornaline en forme d'amande, translucide à force de polissage. Elle connaissait la vertu de cette pierre, oubliée par des dieux inconnus dans la terre des hommes : la cornaline maintient la chaleur du sang, en évite la déperdition, naturelle ou provoquée par blessure. Pour n'être pas en reste, le père avait remis à son fils le mince bracelet d'argent aux anneaux cliquetants que tout homme fait porte au biceps droit, puis dégrafant sa propre ceinture, il l'avait attachée autour des

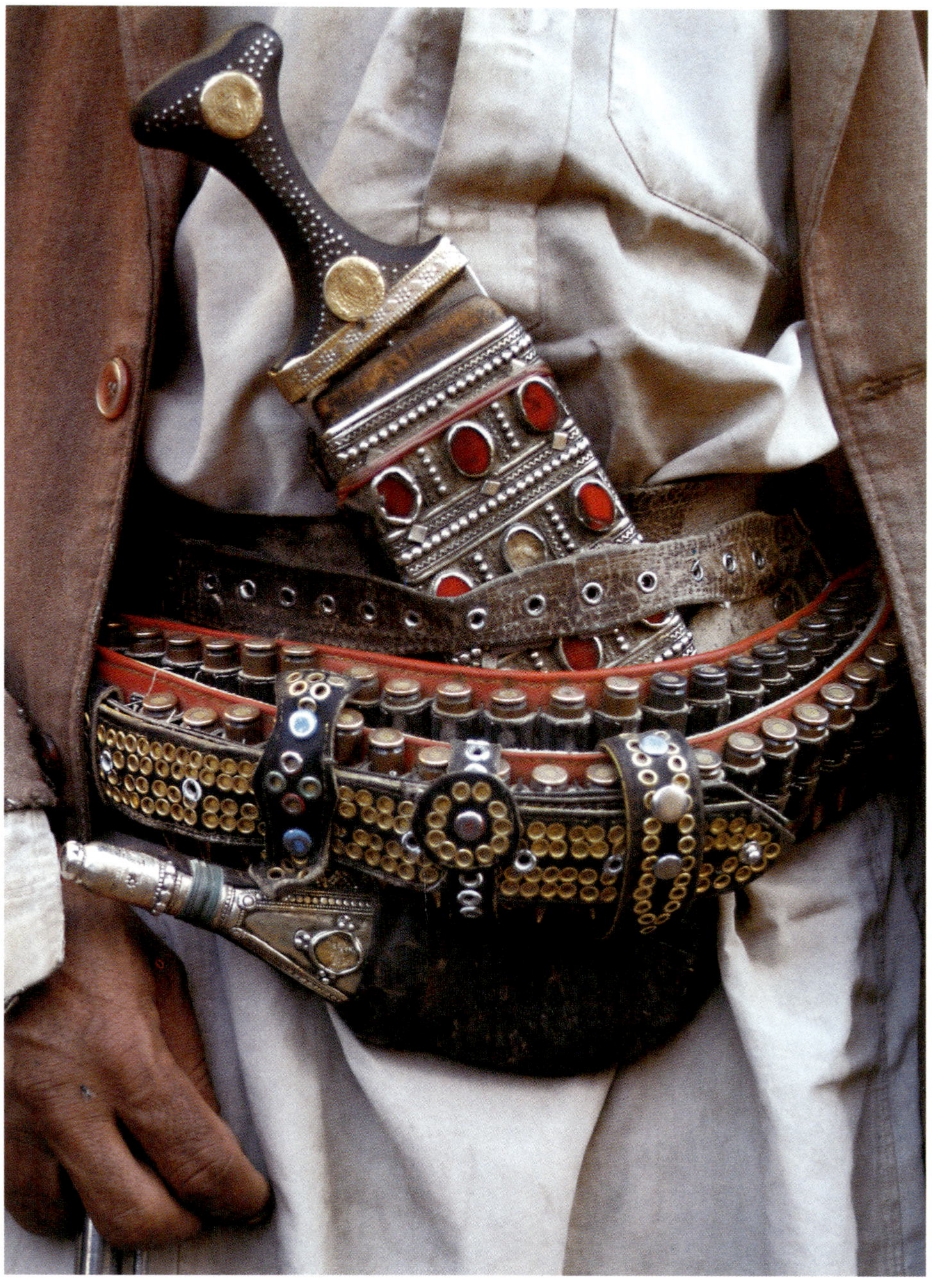

Le poignard est une des premières armes figurées dans l'art sudarabique. Il jouit toujours en Arabie du Sud d'une faveur et d'un prestige remarquables : symbole de virilité, il participe de l'honneur de son propriétaire, donc de sa vie.
Jawf.

hanches du jeune homme : la ceinture était quelconque mais elle supportait un fourreau garni d'un long couteau, bien affilé, au manche de bois sombre incrusté de cuivre, si beau que jamais Ammis'ad n'aurait rêvé le posséder... Les frères d'Ammis'ad se sentaient partagés entre l'envie de l'inconnu qu'il avait choisi et la certitude du quotidien qui leur incombait ; ses sœurs multipliaient les vœux et les conjurations sans avoir une claire conscience des efforts que demandait l'entreprise et des dangers qui pouvaient menacer le voyageur. Elles n'avaient pas accès aux réunions masculines où chacun, par ouï-dire, expérience ou imagination, repoussait toujours plus loin les frontières de la connaissance. Dans ces assemblées vespérales, au gré du conteur, les pays lointains pouvaient être gouvernés par des dieux sanguinaires, habités de créatures fantastiques : leur évocation prenait toujours le goût du lait et du miel.

L'au revoir avait été bref, les souhaits de circonstance sans emphase particulière.

Les femmes du haut des terrasses, à l'ombre des merlons, les hommes sur le seuil de la maison avaient suivi du regard la mince silhouette brune s'éloignant dans le wadi entre les alluvions sableuses jusqu'à ce qu'une talle de palmiers ne la happe. Le soleil montait rapidement et la marche d'Ammis'ad, commencée sur un rythme allègre, s'alentissait. Des îlots de dattiers ménageaient des espaces de fraîcheur verte, habités de loin en loin par les cris et les chants des cueilleurs de dattes. La récolte battait son plein. Le pagne retroussé en avant dans la ceinture, les hommes jeunes, assurés au tronc écailleux par un anneau de corde, grimpaient jusqu'à la couronne de palmes pour couper les régimes et les précipitaient au sol sur des couvertures étendues où les femmes les grapillaient et les triaient aussitôt dans de grands paniers de folioles tressées. Les saluts échangés, le voyageur fut convié à se servir autant qu'il lui plaisait et à se rafraîchir à l'eau d'une outre velue. La famille d'Ammis'ad était connue à des heures de marche à la ronde : le garçon fut invité à séjourner dans l'oasis autant qu'il lui plairait, mais son but ne souffrait pas de délai. Il dit se rendre à Qana et selon l'expérience des voyageurs échoués dans sa vallée écartée, compter six longues journées de marche avant atteindre le rivage, deux jours avant Qana. Avec quelque commisération pour une entreprise aussi folle, qu'il ne tenta pas de justifier, on le laissa poursuivre son chemin non sans l'avoir lesté de bénédictions et de vœux propitiatoires. Comme le soleil allait déclinant, Ammis'ad se choisit un coin pour dormir à quelque distance du ravinement du wadi. Les plus grandes terreurs des veillées de son enfance tenaient aux récits de torrents déferlant à grands fracas dans des lits devenus trop étroits, roulant sous leur poussée arbres, maisons, bêtes et gens. Il observa avec attention l'espace où il avait décidé de s'étendre, à l'aplomb d'une falaise : pas de traces de vipère en rubans parallèles, pas de pointillés laissés par les huit pattes du scorpion, plus ou moins balayés par l'aiguillon caudal, seulement les traînées asymétriques de bousiers affairés. Il n'avait ni faim, ni soif mais une lassitude de tout le corps : ce n'était pas la première fois qu'il se retrouvait seul, hors du toit familial. Aux années mauvaises la sécheresse sévère conduisait le troupeau au loin, en amont de la vallée et, comme ses frères, Ammis'ad devait se suffire à lui-même avec cependant l'aubaine d'un peu de lait disputé aux chevreaux.

Là, sur la longue route qu'il avait choisi de suivre, une inquiétude le prenait, un doute plutôt sur son aptitude à vivre la solitude et à pactiser avec une nature écrasante. Mais un rêve aussi longuement implanté résiste aux états d'âme et le jeune homme versa bientôt dans le sommeil non sans avoir repéré, haut dans le ciel, ses étoiles fraternelles : Orion et Cassiopée. Par habitude, il avait cherché les Pléiades, il savait pourtant qu'en cet automne elles n'allaient monter de l'horizon que bien plus tard, au milieu de la nuit.

La fraicheur de l'aube le réveilla ; il s'étira comme un chat, massa rapidement ses muscles contractés. Il attribua ses courbatures à l'oubli qu'il avait fait d'un bâton. Jeunes et vieux, il est vrai, ne se déplaçaient jamais dans la vallée, leur léger bagage porté en sautoir, sans maintenir de leurs bras recourbés vers l'avant, un solide bâton bien à plat dans le dos, au sommet des omoplates, qui leur donnait de loin l'apparence de grands oiseaux aux ailes rognées. Un bouquet d'ilbs d'assez belle venue, fournit au voyageur une branche bien droite, convenablement massuée à une extrémité. Le couteau se révéla un outil efficace et, bon fils, Ammis'ad eut une pensée chaleureuse pour son père. Dressé au respect de la nature, il balaya la place où il s'était étendu avec une touffe d'herbes sèches, bien que n'ayant troublé en rien l'état des lieux : il n'avait pas allumé de feu, ni élevé contre les vents dominants, particulièrement agressifs au ras du sol, une barrière de cailloutis haute d'un empan. Mais il avait, comme tous les siens, la crainte superstitieuse des sortilèges qu'un être malveillant peut tendre en utilisant la poussière des traces. Quelques bouchées de farine mélangée d'orge et de dattes consciencieusement mastiquées, trois gorgées d'eau et en marche !

De jour en jour, toujours en direction du sud-ouest, Ammis'ad imperturbablement abattait ses temps de marche, de l'aurore dépassée jusqu'au moment où le soleil se tient droit dans le ciel ; l'après-midi il reprenait sa course alors qu'il mesurait sur le sol quinze pieds d'ombre, environ. S'il se trouvait alors à proximité d'une maison ou d'un campement, dans l'ignorance où il était de l'origine tribale de leurs occupants, il se campait fièrement à la distance d'un jet de maillet, proclamait son nom et son ascendance et chaque fois il lui était fait accueil. Un adolescent de belle tournure et de bonnes façons ne pouvait être traité avec suspicion : comment refuser l'hospitalité à un homme, suffisamment courageux pour encourir les risques d'un voyage solitaire ? Ammis'ad connut ainsi l'asile d'une maison riche où il goûta du vin de palme, des raisins poudrés de cendres et de sable, des grenades d'arrière-saison, une bouillie de céréales nappée de beurre cuit et recuit couleur de soleil, mais il apprécia aussi dans un abri sous roche en lisière du désert des Beni Yamin une galette cuite dans le sol brûlant, qui craquait sous la dent, bris de charbons et de graviers mêlés. Comme le faisait quotidiennement sa mère, l'hôtesse avait roulé les céréales gonflées d'eau sur la meule de pierre, sous un fin broyeur cylindrique aminci aux extrémités, d'un mouvement rapide comme un battement d'ailes. La saveur particulière de cette nourriture le surprit et il lui fut expliqué que les jeunes bergers au pâturage avaient coutume de fouir les fourmilières pour s'emparer des réserves de graminées accumulées par les insectes. La récolte, exceptionnellement fructueuse, avait été mêlée aux céréales cultivées, enrichissant la mouture d'un goût sauvage particulièrement délectable.

Maintes fois le jeune garçon eut à croiser des traces qu'il identifiait parfaitement. Il déplorait parfois de ne pouvoir les suivre mais tout à son but attaché, il ne s'autorisait pas de divaguer. Des fumées toutes fraîches lui donnèrent le regret amer de ne pouvoir avec ses frères aller sur les passées d'une harde de bouquetins, mais il n'avait ni arc ni flèches, et s'il enviait l'art de certains chasseurs qui approchaient le gibier tout contre, sans se faire éventer jusqu'à pouvoir le poignarder, il était loin d'une telle science. Il dut se contenter, par amusement plus que par nécessité, de forcer dans les sables où ils s'étaient rencognés, deux scinques à l'habit de toile cirée qu'il grilla sur-le-champ sur un feu allumé, en frottant deux bâtons. Il se sentait de force à affronter panthères ou lions mais les seules traces de félin qu'il rencontra étaient celles d'un chat sauvage…

Il avait depuis longtemps quitté la vallée, puis le plateau inhospitalier où cependant des piétinements d'âne, continus, dévidaient un étroit ruban, plus clair que le cailloutis environnant. À l'horizon, vers le sud, une brume laiteuse marquait la rencontre encore lointaine du ciel et de l'eau. Ammis'ad, à ce signe, sut qu'il avait partie gagnée et qu'il avait fait, seul, une part difficile de la route. Après l'ascension des rudes contreforts, une pente implacable l'entraînait vers la mer.

Un groupe d'adolescents venus de l'ouest marchait à sa rencontre sans manifester la moindre hostilité. Au-delà des salutations, le langage de l'un parut bien vite assez obscur aux autres. Un mot faisait l'accord : Qana.

Lorsqu'ils abordèrent l'océan à l'est de Qana, la présence de compagnons de route apaisa grandement la stupéfaction du jeune Hadhrami. Il n'osa pas se rouler, comme eux qui en avaient une connaissance plus précise, dans les vagues déferlant au plus près du rivage mais il se demandait quelle pouvait être la profondeur et l'étendue de cette masse liquide qui paraissait sans limite. Bientôt des campements de pêcheurs ajoutèrent à son étonnement. Il connaissait les poissons grisâtres du wadi, les perches et les silures ; des colporteurs avaient bien apporté jusque dans sa lointaine vallée, du fretin séché, léger comme

Retour de pêche sur la rive de l'océan Indien. Au loin, le sombre volcan qui marque le site de Qana.

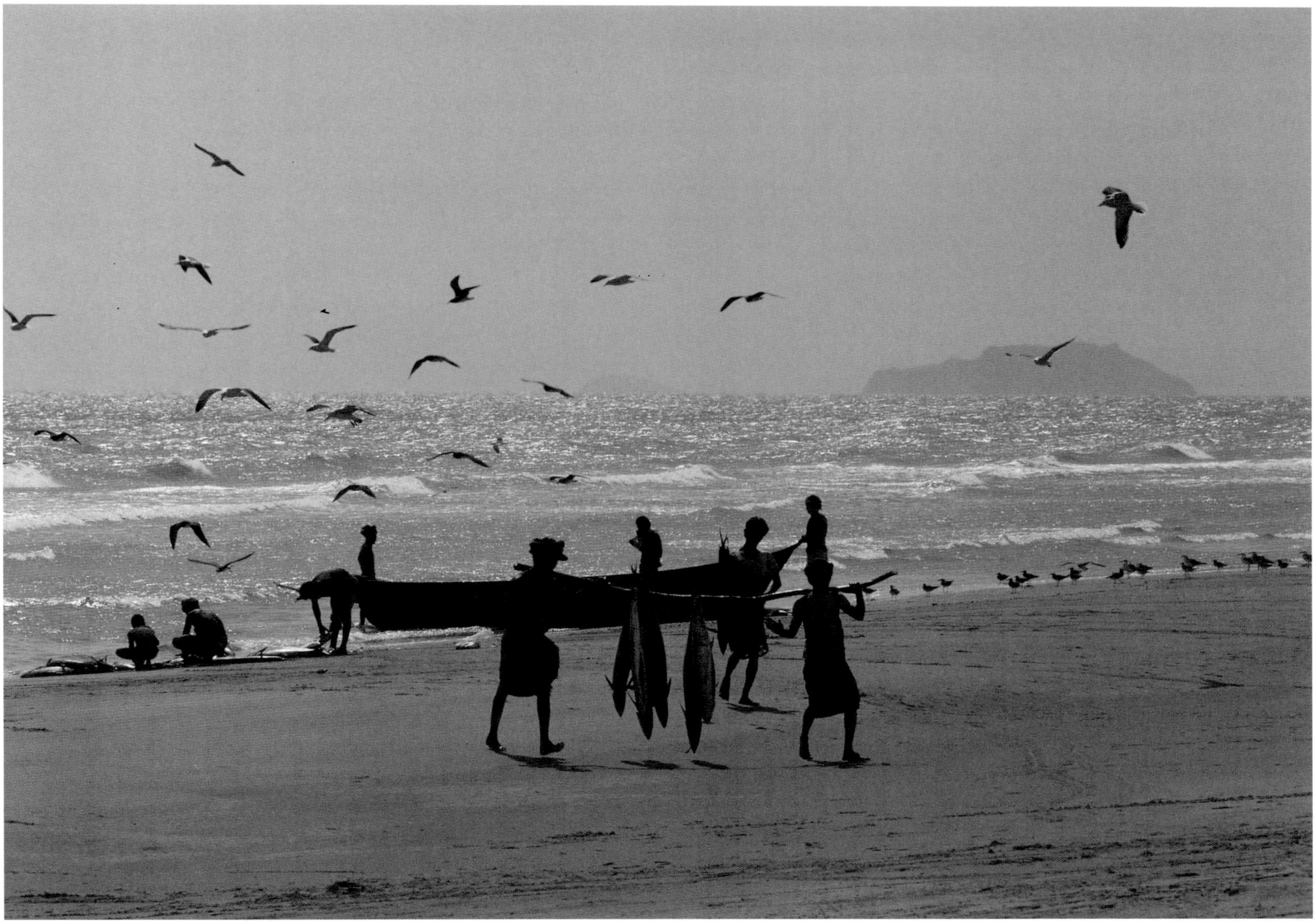

La cité ancienne de Seyoun. Hadhramawt.

balle d'orge et même des tronçons de requin salés et séchés. On disait que les requins hantaient la mer comme des dieux monstrueux capables de tuer, mais aussi qu'il était possible de récupérer un peu de leur force en consommant leur chair, rendue nauséabonde par la saumure, le séchage et le long transport.

Mais là, sous ses yeux, des poissons énormes, multiformes, frétillant encore, se débattaient dans les mailles des filets, se tordaient convulsivement sous la pointe du harpon dans des éclairs d'écailles et des couleurs d'arc-en-ciel et l'appétit le prenait d'embrasser un monde qu'il avait peine à imaginer aussi vaste et divers.

Par la côte volcanique et sinueuse, Qana fut bientôt atteint. Contenues par une enceinte, face à la mer, de hautes maisons de pisé, aveugles dans leurs parties basses, s'ouvraient sur des ruelles obscures par de lourdes portes de bois sculpté. Ammis'ad se mit en quête d'un ami dont le vieux marchand lui avait donné le nom : autant chercher une épine dans une dune, d'autant que la multiplicité des dialectes parlés dans la petite ville portuaire, expressions différentes d'une langue sud-arabique foisonnante, ne lui facilitait pas la tâche.

Malgré l'hospitalité rencontrée en chemin – celui qui voyage mérite la complaisance de ceux qui ont une attache sûre – ses provisions de route s'étaient épuisées. De gîte il pouvait se passer, de nourriture pas. À son pagne teint à l'indigo, un Hadhrami reconnut un « pays » et le prit en charge avec autorité. Tous deux se rendirent au port où il y avait chance de trouver une embauche. Ammis'ad admira quelques voiliers venus de l'Orient chassant sur leurs ancres de pierre mais plus encore les grands radeaux lestés par des outres gonflées qui venaient du pays de Punt. L'un d'eux était à décharger. Malgré la concurrence, Ammis'ad trouva à s'employer. Sa tâche consistait à transporter de lourds ballots enserrés dans des nattes (certaines étaient bitumées), du bord jusqu'à l'entrepôt, vaste salle sans lumière, occupant tout le rez-de-chaussée d'une haute maison. Le jour entrait chichement par la porte laissée entrouverte le temps du déchargement. De lourds piliers de bois, aux chapiteaux à double volute, soutenaient le plafond. Dans la chaleur dense stagnait une odeur fauve, entêtante, indéfinissable, à la fois âcre et sucrée, de bois, d'inflorescence mâle de palmier, de miel sauvage telle qu'Ammis'ad n'en avait jamais flairé. Les ballots, tous soigneusement fermés conservaient leur mystère et le gardien du lieu, un colosse noir, ne répondit à aucune question, que peut-être il ne comprit pas. Au coucher du soleil le salaire en nature fut compté aux travailleurs : une bouillie de mil arrosée d'un bouillon de poissons saumurés. L'Hadhrami apporta une bonne nouvelle : il avait pris langue avec le maître d'une caravane importante qui allait conduire de l'encens et des épices jusqu'à la mer septentrionale, en un lieu dit Gaza. La route était ardue et longue, il fallait pour la suivre des hommes endurcis et avisés, fins connaisseurs en tout ce qui concerne les dromadaires.

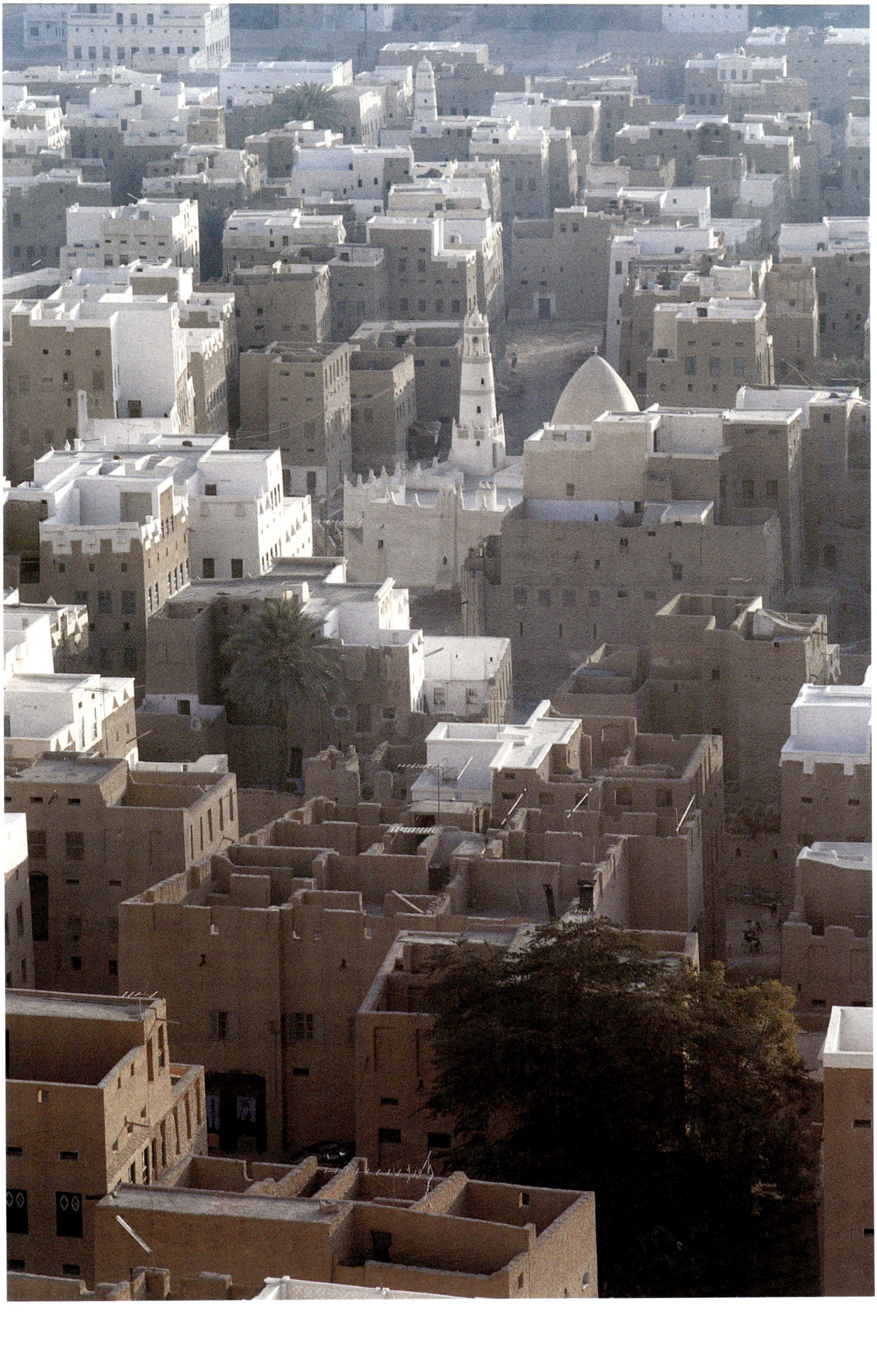

Rendez-vous était pris aux abords du port vers la troisième heure du matin. Bien que prié de passer la nuit dans la famille de son nouvel ami, hors les murs, Ammis'ad insista pour aller dormir seul sur la plage, avec le pressentiment qu'il n'aurait peut-être pas, avant longtemps, d'espace de liberté comparable. On lui représenta en vain qu'il risquait les coups de lune et les manigances des esprits parcourant dans les ténèbres les larges espaces.

Aspergé d'eau de mer, les cheveux à peine débroussaillés, le pagne soigneusement ajusté, le baluchon refait, Ammis'ad était prêt à se présenter au maître de la caravane. Expert en hommes, celui-ci eut vite jaugé l'ascétique vigueur du garçon, le regard qui ne cillait pas, la bouche aux coins relevés par une ordinaire gaieté. Il lui demanda de montrer son savoir-faire : rattraper au trot un animal en liberté au pâturage, lui passer une muserole de corde, une longe, le faire s'agenouiller et se relever, aux ordres, sauter en arrière de la bosse et se maintenir à cru... n'étaient que jeu pour Ammis'ad. Le maître lui enjoignit d'en venir aux choses sérieuses : bâter solidement l'animal en équilibrant les charges, l'entraver efficacement, suivre ses traces, traire les chamelles... toutes activités élémentaires pour un adolescent ayant vécu pendant plus de cinq ans dans l'intimité étroite des dromadaires, trésors de la famille... L'accord fut facilement conclu. Son désir de partir, en caravane de surcroît, était si vif qu'Ammis'ad négocia sans aucune âpreté ses conditions de travail et de rémunération. Il s'en tint aux vivres, à un très maigre salaire, à l'assurance d'un rapatriement, à la fin de la route et à la promesse d'une hypothétique récompense, si..., si les délais étaient respectés, si la marchandise arrivait intacte à bon port, si les chameaux ne souffraient pas du voyage...

Le départ était fixé à quelques jours de là, à la lune montante propice à toutes les entreprises. Il ne s'agissait que d'une caravane modeste d'une cinquantaine de chameaux : la plupart appartenaient au maître, les autres étaient la propriété de chameliers venus se louer avec leur monture. Chameaux et chameliers étaient placés sous l'autorité du maître assisté d'un guide, noueux comme une racine de tamarix, dont on disait qu'il avait fait plus de cent fois le voyage Qana-Gaza, Gaza-Qana : deux voyages annuels, aller et retour, pendant cinquante ans. L'assertion n'était jamais mise en doute tant l'expérience du vieillard était grande et paraissaient infaillibles sa science des étoiles et son habileté à lire les traces.

Il avait fallu réunir les provisions de route : de la farine pour ne pas perdre de temps à broyer les grains à l'étape, du sel, du requin séché, des dattes, du beurre clarifié de chèvre et de brebis, du miel du Hadhramawt et une substance comparable mais plus précieuse encore : un épais nectar brun, obtenu en entassant dans une chambrette obscure, des dattes en pleine maturité dans des emballages de folioles tressées, empilés les uns sur les autres. Un jus sirupeux s'en écoulait par gravité sur le sol en pente où il était collecté. Des pays les plus lointains du Levant extrême, on venait pour l'acquérir sur les lieux de production, aux rives du Golfe oriental et l'on disait que ce suc délicieux revigorait toutes les forces déclinantes.

Les outres en peau de bouc, certaines goudronnées, d'autres tannées au beurre et à la pâte de dattes, avaient été soigneusement visitées aux coutures, réparées aux endroits fatigués par l'usure. Les dromadaires eurent, eux aussi, droit à une inspection attentive, certains qui paraissaient maigres ou particulièrement rétifs furent renvoyés au pâturage. Des pieds en mauvais état reçurent cautères et pansements de goudron : une sole crevassée fut même proprement cousue à points serrés.

Chaque homme était armé d'un poignard, quelques-uns possédaient en outre un arc et un carquois de flèches, une pique. Le maître ne semblait d'ailleurs pas redouter un affrontement grave sur le trajet de la caravane : il avait depuis longtemps négocié des accords et des péages avec les tribus dont il fallait traverser le territoire, sans parler des libéralités en sous-main. Néanmoins il avait recruté un homme par dromadaire, ce qui pouvait paraître excessif, le même chamelier pouvant facilement en conduire plusieurs en les encordant, mais qui le rassurait sur la surveillance du chargement.

En vaquant aux préparatifs, Ammis'ad se lia avec un homme d'âge mûr, originaire du Hadhramawt : en quelques intants, sympathie spontanée, parenté de langue, firent de deux inconnus des compères. Le nouvel ami avait déjà suivi la route et il s'empressa de faire étalage de son expérience ; il connaissait tout du chargement, ou du moins le prétendait, alors que les ballots ne devaient être ouverts qu'à Shabwa. Il énumérait les gommes et les résines originaires du pays même où on les récoltait loin à l'est, mais aussi des bois, des écorces venus d'encore plus loin, de l'autre côté de l'océan.

Au matin du départ Ammis'ad se vit attribuer un dromadaire, hongre de sept à huit ans, et son harnachement : muserole, longe, bât et coussins de fibre végétale, sangles de cuir finement tressé, cordes. L'animal, robuste sur des aplombs assez lourds, semblait plus adapté à la montagne qu'au désert, mais sa bosse généreuse, témoignait d'une excellente condition physique. Il arborait au garrot une toison foncée particulièrement fournie qui, dans l'ignorance d'un autre nom, lui valut d'être appelé « le Noir ». Bâter « le Noir », équilibrer les fourches de bois de part et d'autre de la bosse, mettre la croupière, sangler, assurer le chargement désigné, contenu dans des filets de cordelettes, fixer sur chaque flanc les outres d'eau à la bonne hauteur pour que leur ballottement ne gêne en rien l'allure du chameau... Ammis'ad fut un des premiers à se présenter devant le maître, mais il dut attendre pour prendre rang que le guide et les anciens se soient mis en route à la queue leu leu, menant leur dromadaire à longe courte, et certains, de plus, une monture de réserve. Quatre lévriers, tout en pattes et en os, suivaient avec un flegme aristocratique.

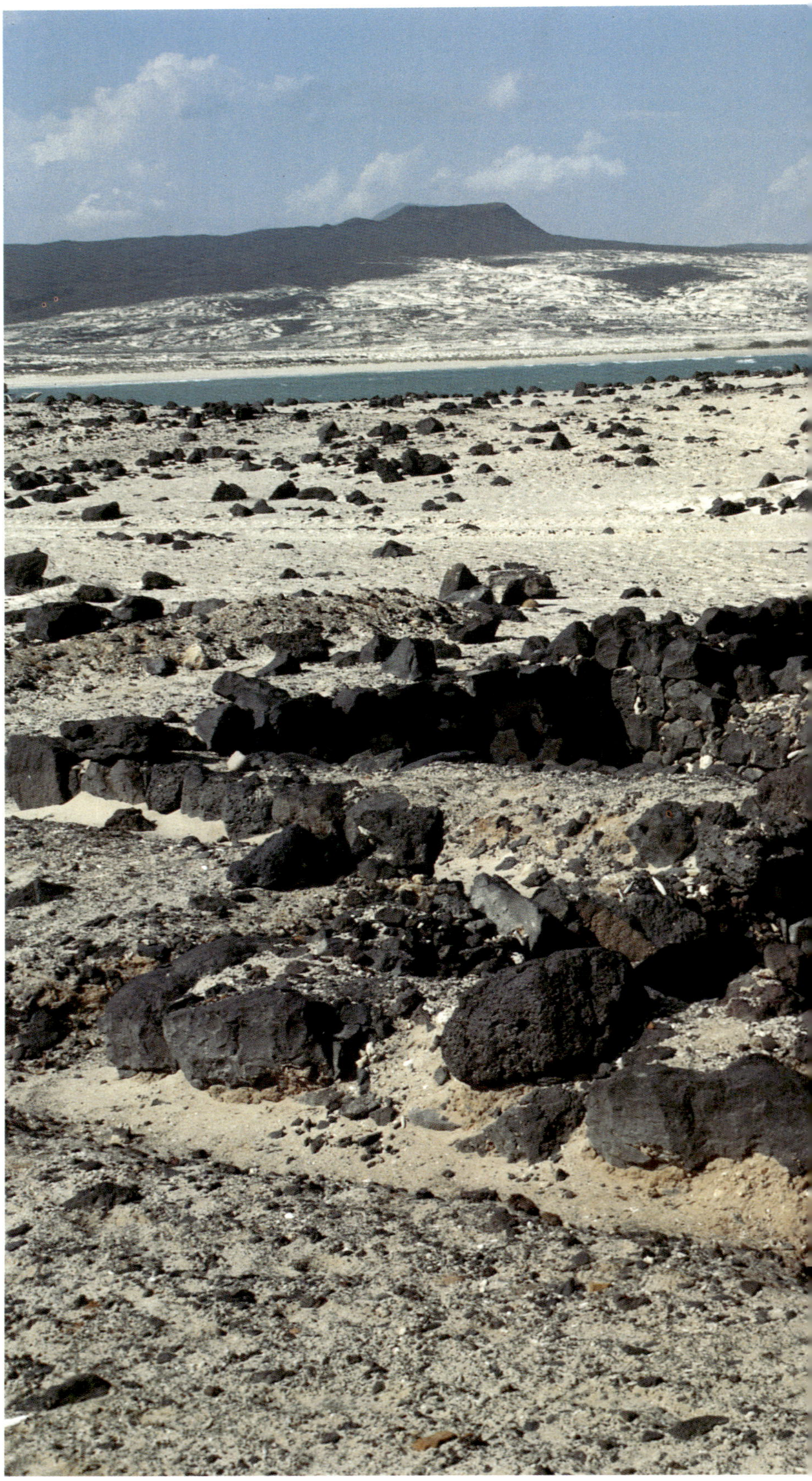

La côte de Bîr Ali, autrefois Qana *; laves et sables blancs coralliens.*

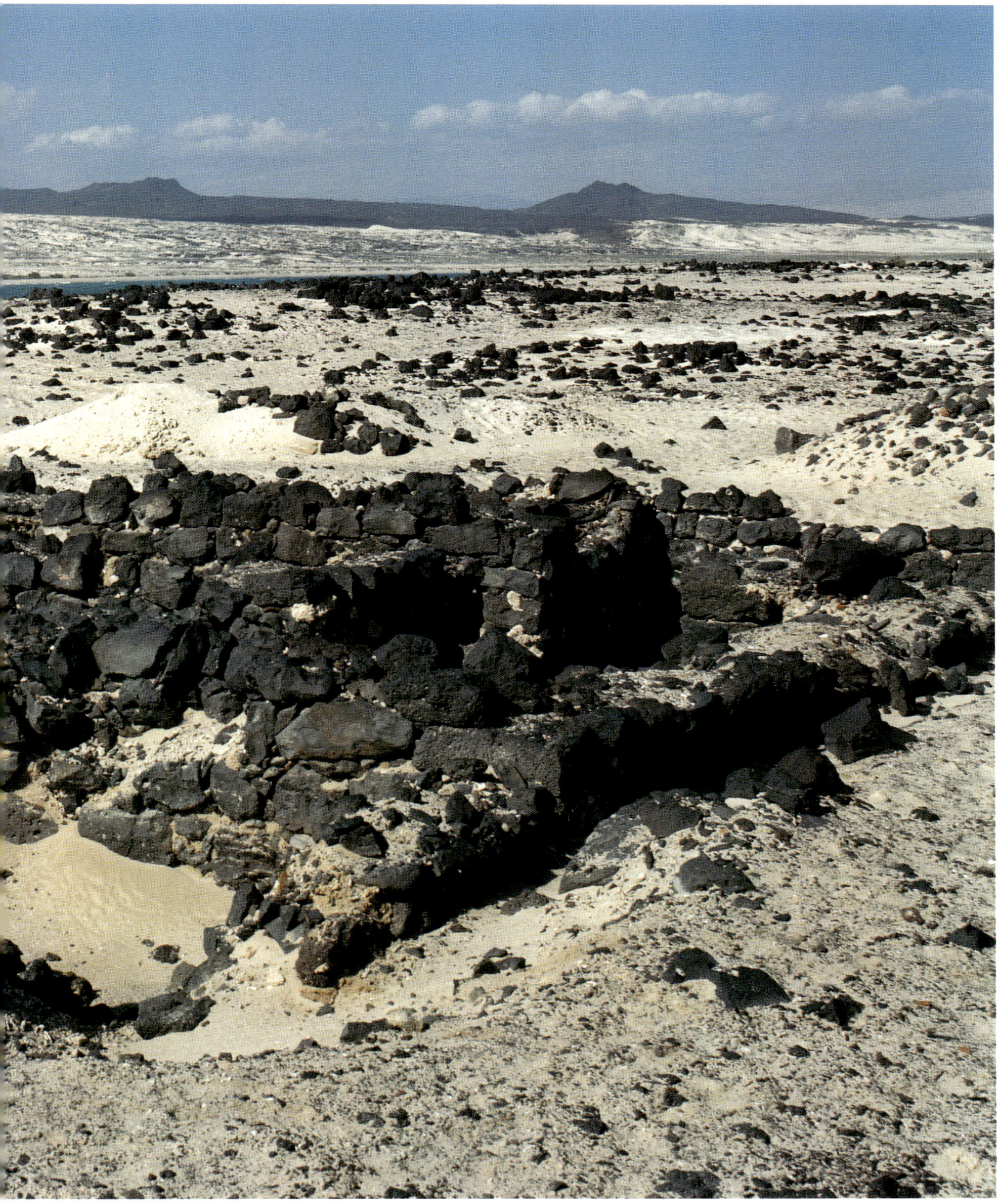

La caravane prit le cap sur le nord, nord-ouest, vers le wadi Hajr, laissant en arrière Qana aux quatre couleurs : bleu de l'océan, blanc lustré des sables coralliens, noir des volcans éteints, ocre des maisons et des terres environnantes. L'itinéraire choisi jusqu'à Shabwa la première et la plus importante des étapes, suivait le cours du wadi pendant deux jours, attaquait le plateau, franchissait le col de Kinafa et par le col de Futura, parvenait en amont du wadi Irmah dont la saignée flanque la ville.

Pendant deux mois lunaires et demi, soixante-dix jours, au mieux, la caravane allait progresser au pas égal des dromadaires berçant uniment leurs têtes ensommeillées sur des cous élastiques. En dehors des villes, la monotonie du chemin allait être interrompue par les haltes indispensables pour nourrir et reposer les corps, ceux des hommes et ceux des animaux. Les pâturages étaient abondants, pourtant tous les soirs, une fois débâtés les chameaux étaient entravés pour qu'ils n'aillent pas errer trop loin dans la nuit. Les hommes se regroupaient près des charges et se relayaient pour monter la garde autour d'un feu, possible repère pour d'éventuels voleurs, qui du moins éloignait les bêtes sauvages. Panthères, guépards, chats sauvages… déterminaient chez ces hommes intrépides une terreur irrépressible. Presque tous avaient eu affaire à l'un ou l'autre fauve qu'ils savaient et aimaient piéger, plus souvent qu'ils ne les abordaient à découvert. Ils gardaient parfois sur le corps l'empreinte de leurs griffes. Ils avaient le plus souvent à cœur de conserver la peau du félin vaincu, preuve manifeste de leur courage. Ils en faisaient une outre ou une sacoche, mais ils pensaient surtout qu'elle pouvait leur instiller force et courage.

Le soir seulement, arrivé à proximité du point d'eau où il se trouvait parfois des ressortissants de la tribu qui s'en proclamait responsable (tout se passait bien une fois le péage acquitté), on cuisait la galette, pour le seul véritable repas de la journée. Les fragments en étaient soigneusement conservés pour couper la faim du matin, avant le départ. Les plus habiles chasseurs se détournaient à l'occasion de la caravane pour partir sur les traces fraîches du gibier (autruches, antilopes, bouquetins…) les compagnons prenant en charge leurs montures. Bredouilles, ou la gazelle en sautoir, ils rejoignaient le campement et si le succès avait couronné leur traque, une étrange liesse s'emparait de tous, débordante et grave. Il arrivait, rarement, qu'il y eût pléthore de venaison. Mais alors, proprement découpés, les quartiers de viande étaient comprimés sous les fourches du bât et exsudant peu à peu tout leur sang, se conservaient quelques jours. Les quelques chamelles du groupe, bien que leurs petits soient depuis quelque temps séparés d'elles, sollicitées par des caresses insistantes, donnaient, bon jour, mauvais jour, une écuelle d'un lait moussu que se réservait en priorité leur propriétaire ou que le maître attribuait aux plus âgés ou aux plus faibles, et même aux lévriers en récompense d'une chasse fructueuse.

Structure d'un puits à traction animale.
La présence de l'eau, qui autorise la vie (ici, culture d'amandiers), mérite une gratitude toute particulière envers le « Très-Haut », manifestée ici par une sabil, *petite construction charitable où l'on tient de l'eau fraîche à la disposition du passant.* Jebel Lawz.

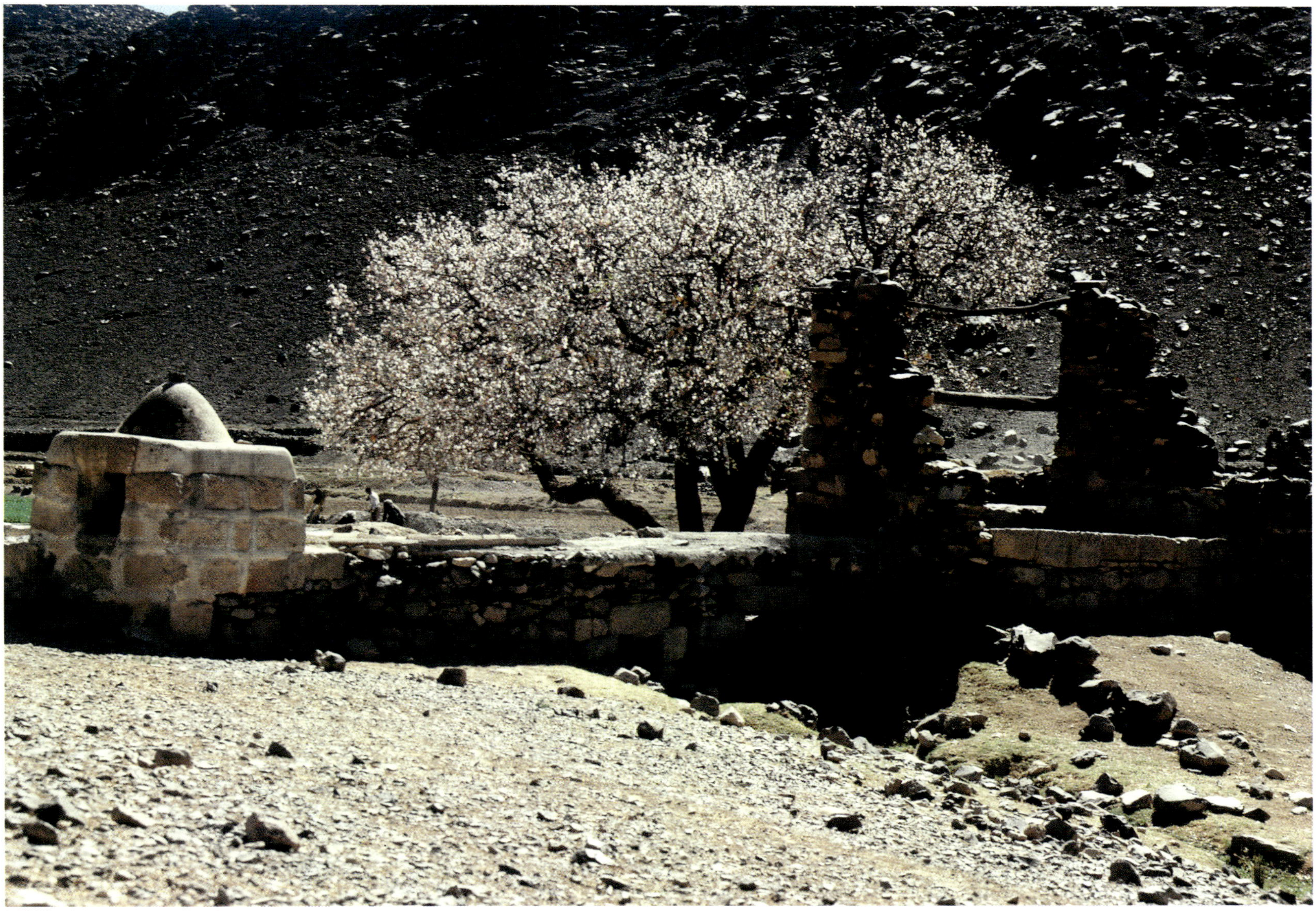

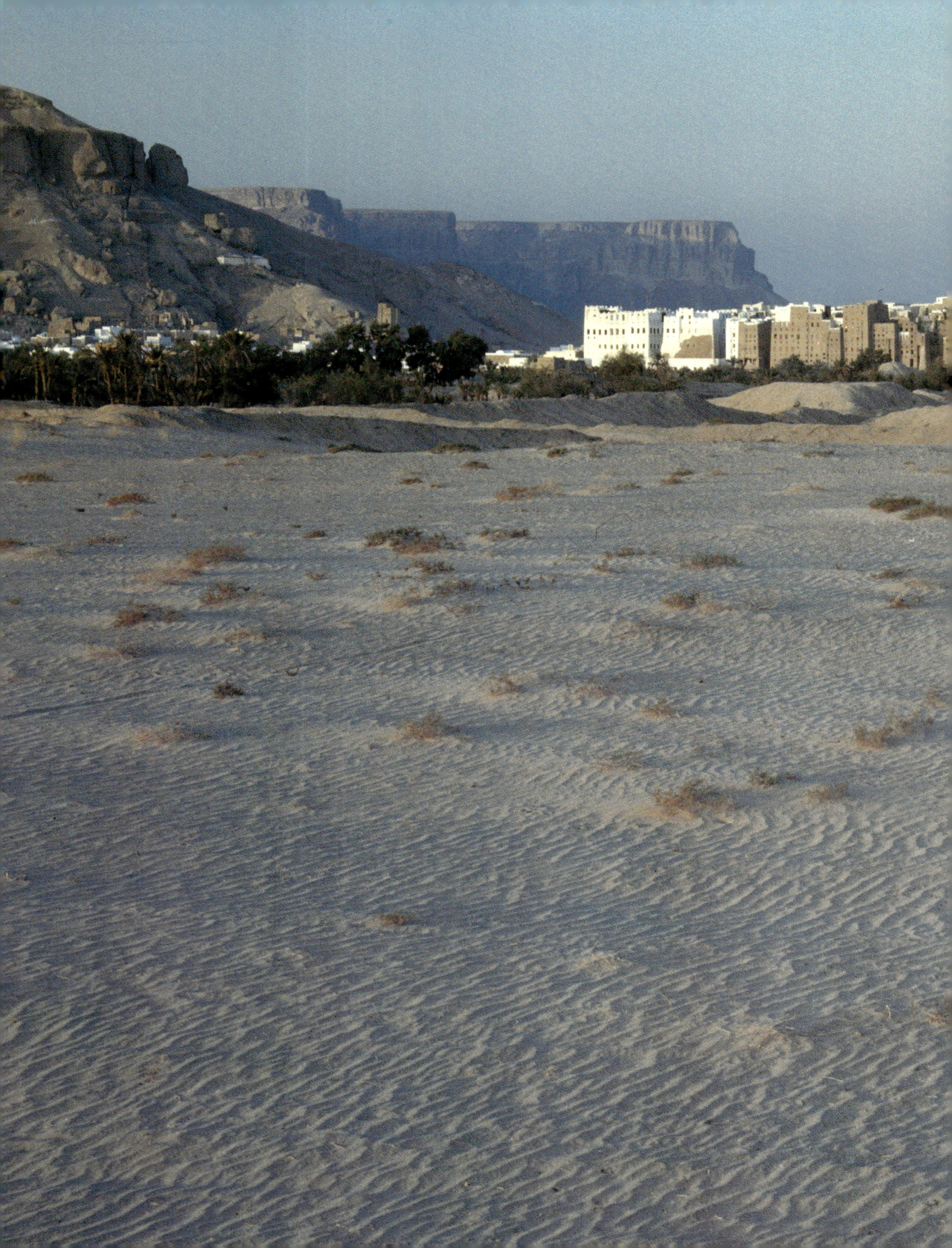

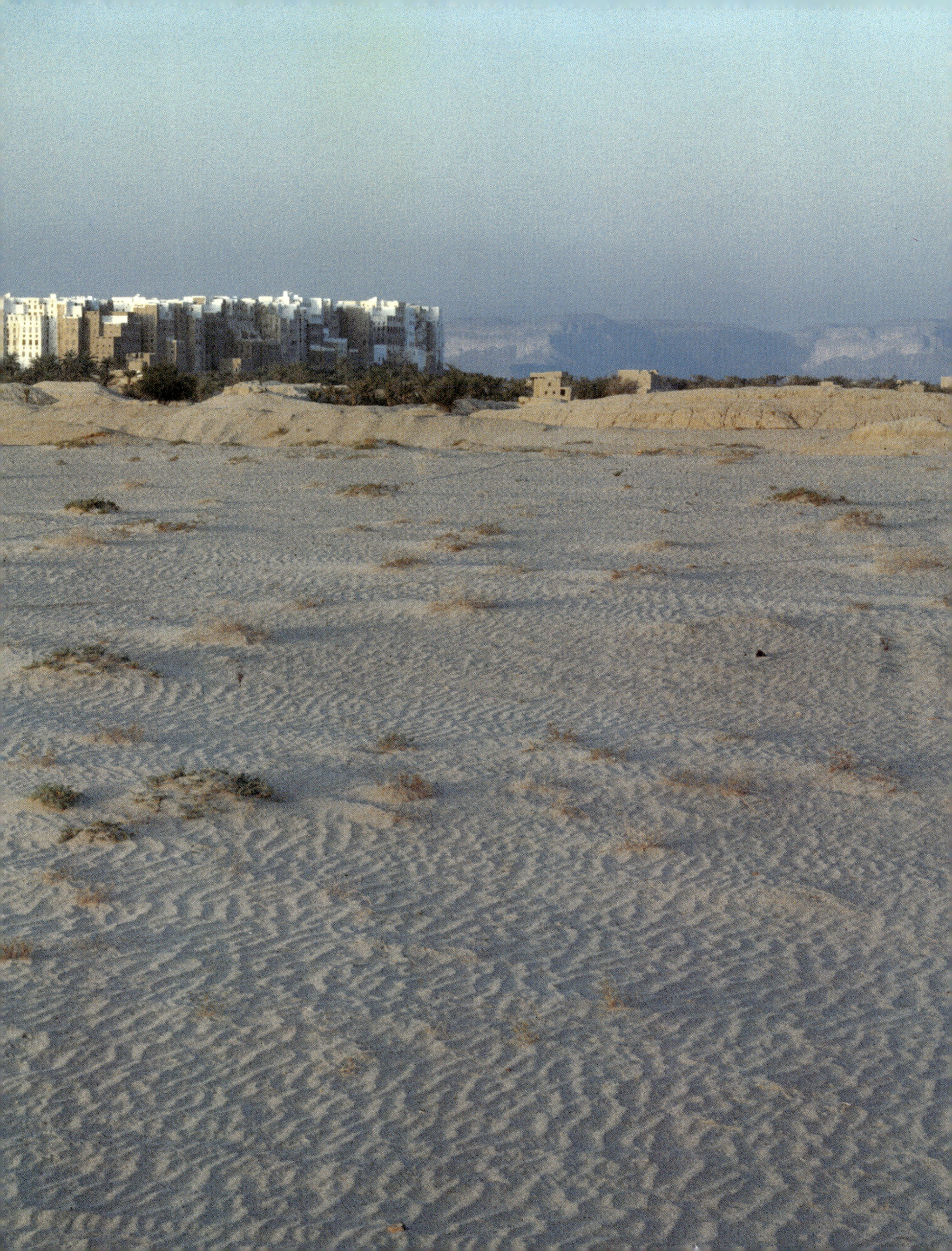

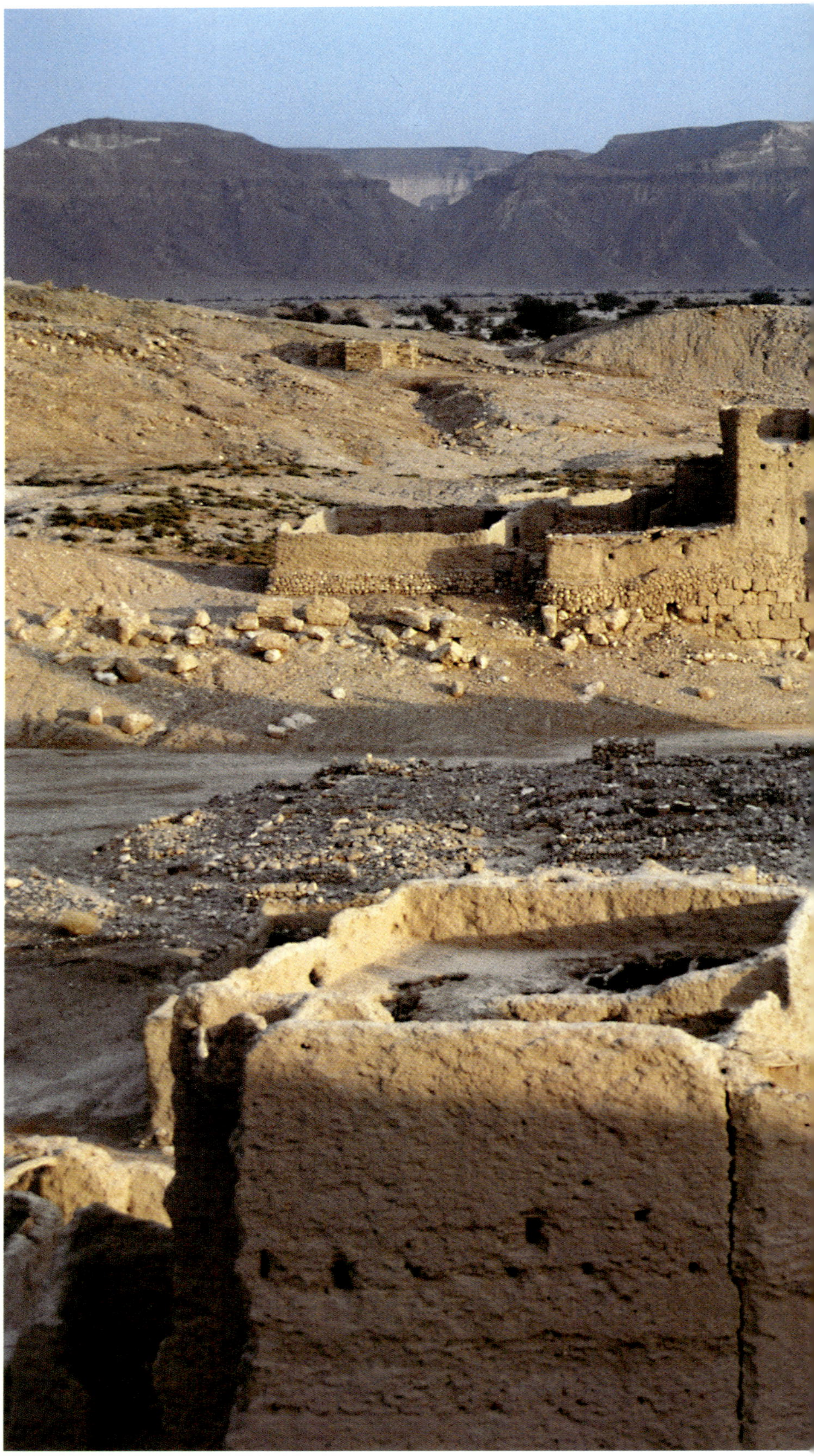

Le site de Shabwa.
La capitale du Hadhramawt avait le monopole du contrôle et de la première taxation de l'encens. Les vestiges de l'occupation ottomane y sont aujourd'hui les plus apparents mais les fouilles récentes annoncent d'intéressantes découvertes ; dès maintenant elles permettent de voir, dans le plan de la cité, l'archétype des villes antiques.

Pages 114-115 : *La masse compacte de la ville de Shibam établie depuis plus de deux millénaires sur un tell alluvial au-dessus du wadi Hadhramawt (vue de l'est).*

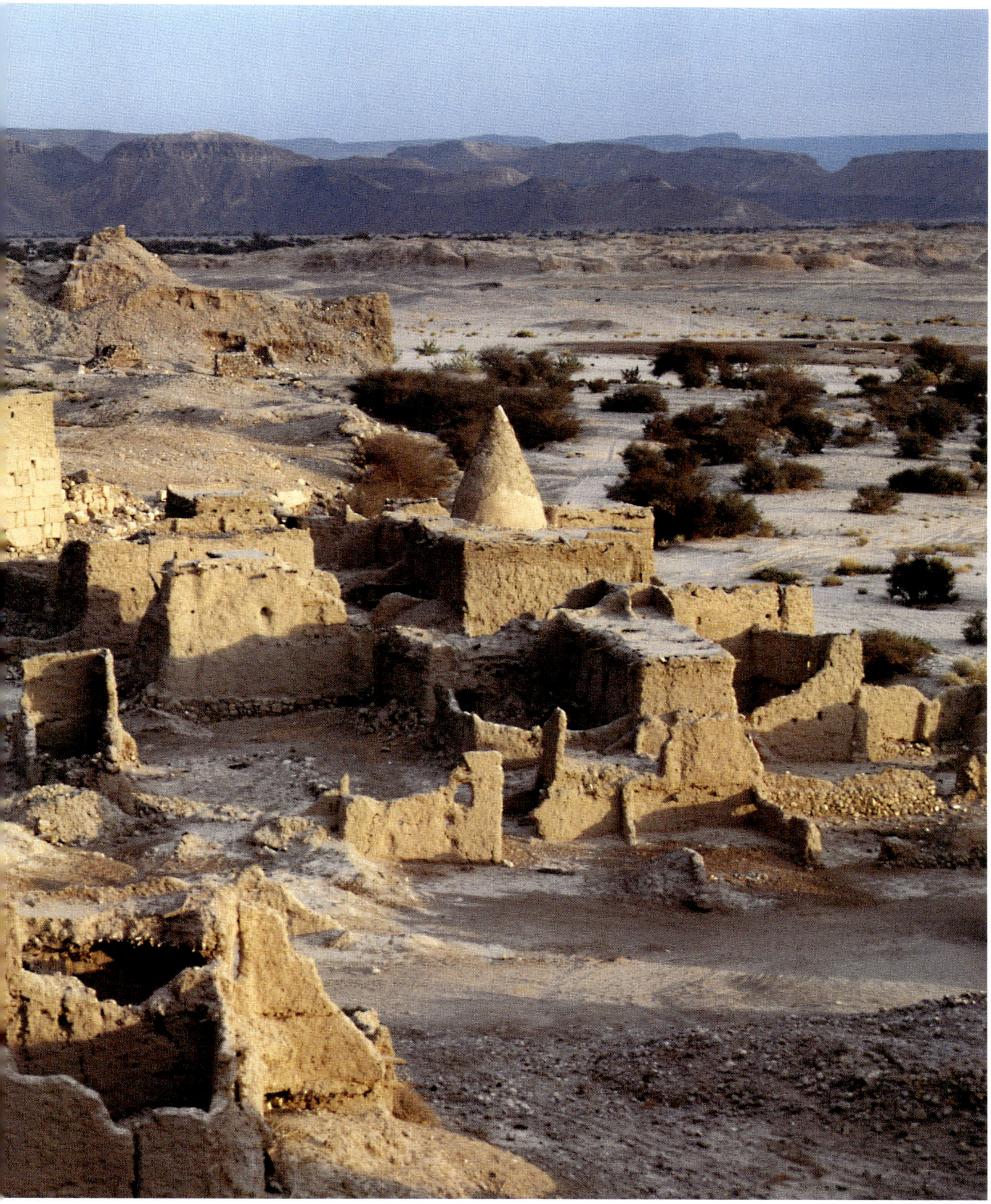

Dès les premiers jours, Ammis'ad s'était fait au rythme du long voyage. Accoutumé à marcher aussi longtemps que brillait le soleil, d'un pas régulier, sans hâte, les bras en anses sur le bâton qui barrait son dos, il se sentait capable d'aller au bout du monde. Le sentier, battu par des milliers de traces, l'emportait. Le paysage traversé lui était familier dans son alternance de plateaux de pierraille, de hautes falaises découpées par la main d'un géant, l'une s'effaçant devant l'autre à l'infini, avec la surprise de vallées verdoyantes, plongeant brusquement, où sinuait, après la crue, l'eau comme une couleuvre… et encore, des montagnes de sable aux couleurs changeant sous les nuages. Il s'étonnait un peu, si loin de ses êtres, de ne pas se sentir étranger mais de connaître une étrange jubilation. Lui qui ne s'était jamais étonné de la vie, il s'émerveillait de l'obéissance allègre de son corps. Il éprouvait quelque commisération pour certains, qui sans faire baraquer leur dromadaire, à grand renfort de sangles, se hissaient au faîte du chargement, et jambes croisées, plus ou moins bien calés, se laissaient aller à une somnolence cahotée.

La camaraderie sans débraillé des hommes de la caravane se teintait pour lui, le plus jeune, d'une bonhomie un peu bourrue qui l'aidait à se sentir leur égal.

Au sixième jour, à la halte du soir, le guide assura que Shabwa n'était plus qu'à une demi-journée de marche. Le nom de Shabwa était bien connu d'Ammis'ad. Dans sa lointaine vallée il était révéré comme celui d'une ancienne capitale ayant contrôlé tout le Hadhramawt et l'on savait que, par elle, tout le commerce de l'encens devait encore transiter. Nul ne semblait s'opposer à ce monopole qui pouvait paraître exorbitant, soit que des forces suffisantes aient pu le faire respecter, soit qu'une crainte révérencieuse entoure les dieux et les prêtres de Shabwa. Ammis'ad n'avait jamais parcouru d'autre ville que Qana où il n'avait guère eu le temps de goûter à la vie citadine. La surprise de la découverte du port, de l'animation des entrepôts, le souci de trouver au plus tôt un engagement pour convoyer l'encens l'avaient laissé dans l'ignorance de l'organisation de la cité : il n'avait entrevu ni temple ni château, seulement des maisons dont les étages lui étaient restés fermés, et des marins, des pêcheurs, des marchands, des agriculteurs venus proposer les fruits de la terre, des hommes peu différents de ceux qu'il côtoyait dans sa vallée, en nombre beaucoup plus réduit que dans son imagination. En effet, il avait rêvé les villes dont le vieux marchand lui avait parlé, comme des fourmilières à l'activité incessante où les hommes se pressaient pour entrer et sortir. Sa déception oubliée, il attendait de Shabwa l'émerveillement.

Ce soir-là, les hommes, surtout les habitués de la route, furent plus bavards que de coutume, exagérant leurs souvenirs, la beauté de la ville et leurs bonnes fortunes. Ammis'ad eut du mal à s'endormir et réveillé par le premier blatèrement du matin, il fut sur pieds avec l'impression d'avoir passé une nuit blanche.

Arrivée dans le large lit du wadi, la caravane se sentait tout naturellement acheminée par une voie royale vers Shabwa que la barrière de la falaise, verticale comme un rempart, et le bord rectiligne du plateau lui dérobaient encore. Bientôt apparut la muraille de la ville, percée d'une porte monumentale. Au poste de garde le guide se fit reconnaître et il fallut se rendre au temple pour l'expertise du chargement. Les ruelles étaient bordées de maisons, sans ordre, à un ou deux étages, aux murs de terre lissée, au rez-de-chaussée s'ouvrant par une unique porte de bois. Des temples et des châteaux tranchaient sur l'uniformité des demeures modestes. Bâtis sur des socles de pierres parfaitement équarris, accessibles par des escaliers, les plus riches d'entre eux s'ouvraient par des portiques. Ammis'ad n'eut guère le temps d'accéder à l'intérieur du temple de Sin qu'il se fit désigner : il fallait amener aux marches d'un édifice consacré, tous les ballots amenés de Qana, les ouvrir et en faire contrôler le volume (et non le poids) par des prêtres qui prélevaient sur chacun une dîme, aussitôt engloutie, par les soins de serviteurs empressés, dans la profondeur de magasins encombrés. Ammis'ad attendait patiemment que son tour vienne de déballer le chargement qu'il avait dû coltiner, après avoir fait baraquer et entravé son chameau sur une large place cernée de caravansérails. Cela risquait d'être long. En effet deux autres caravanes, d'une trentaine de dromadaires chacune, venaient de se présenter simultanément devant les murailles. Elles arrivaient directement du Zafâr par le Hadhramawt et ne transportaient que de la myrrhe et de l'encens et non la multiplicité des aromates et épices venus du bout du monde, drainés par Qana.

La nuit tombait, quand, toutes les charges visitées, les chameliers avaient pu rejoindre le caravansérail. Là, les marchandises et les hommes étaient assurés de passer la nuit en toute sécurité en vertu d'un pacte séculaire qui accordait le droit d'asile au voyageur. L'animation du lieu, la bonne odeur d'un ragoût collectif cuisant à gros bouillons dans des marmites de stéatite, la fumée qui s'échappait des fours cylindriques avant que ne soient plaqués les pains sur leurs parois, donnaient au jeune garçon un merveilleux sentiment d'euphorie où entrait l'orgueil de s'être montré, en matière d'endurance, l'égal des plus expérimentés.

Un jour de repos était prévu à Shabwa. Au matin, Ammis'ad s'en alla flâner vers le nord, admirer le château qui lui parut gigantesque avec ses enceintes et ses escaliers. Il évalua à cent cinquante pas de longueur le côté le plus proche. Des hommes en nombre s'affairaient dans la cour, mais aucun ne s'intéressa à lui et il n'osa pas approcher. Plus loin, des temples à portique, ne présentaient d'autre ornement que leurs belles pierres blondes, assemblées à joints vifs, bouchardées dans un encadrement soigneusement poli ; certains arboraient en façade une belle inscription sculptée que malheureusement le garçon ne savait pas lire ; en voyant quelques hommes présenter à un prêtre un bouc pour le sacrifice, il se promit, à son retour, si les dieux lui avaient été favorables, d'immoler une victime. Il n'osa pas se

Porte traditionnelle récente, équipée de logettes latérales, l'une factice, l'autre donnant accès au système de fermeture en usage en Méditerranée orientale dès la plus haute Antiquité : verrou à chevilles mobiles, manœuvré par une clef dentée. Seyoun.

mêler au groupe, mais il apercevait dans la cour la table d'offrande ornée d'une tête de taureau en ronde bosse ; il vit l'égorgement et le sang couler, rapide, dans le large sillon creusé dans la pierre. Portée par une fumée capricieuse une odeur forte venait jusqu'à ses narines : sans la reconnaître, il sut avec certitude que l'on brûlait le meilleur encens, de la qualité sans doute de celui que l'on était allé chercher si loin et que l'on transportait aux rives d'une mer encore plus lointaine.

Il sortit des murs et s'intéressa aux cultures irriguées dans de beaux jardins où l'orge commençait à verdir, où les cannes de sorgho montraient haut leurs épis mûrs, ronds comme des balles ; ces jardins lui rappelaient ceux de son père, en plus grand, en plus riche. Il s'intéressa aux retenues d'eau, aux dérivations, au réseau finement ramifié des rigoles et conclut que tout cela ne différait pas vraiment de sa vallée. Il s'arrêta pour regarder de très jeunes enfants jouer aux osselets et ne résista pas à les éblouir de son adresse ; chez lui aussi, quand il y avait bombance et qu'un agneau était sacrifié, la mère en gardait les os qui pouvaient amuser les enfants : osselets ou pions pour des jeux de damier, âme pour servir de poupée, aux cheveux, aux sourcils et aux yeux marqués d'un trait de charbon. Il traîna dans la ville, solitaire ; ses compagnons de route connaissaient déjà Shabwa et sans y avoir leurs habitudes, y avaient des relations ; beaucoup étaient aussi moins désargentés qu'Ammis'ad, pratiquant non sans risque, un très petit commerce parallèle, à leur profit. Ammis'ad aurait aimé entrer dans une maison, être accueilli comme un cousin ou un neveu et connaître comment la richesse pouvait transformer la vie de tous les jours. En longeant les maisons, il entendait mugir des vaches ou des taureaux du fond de l'étable obscure où ils étaient nourris à la main ; il constatait qu'à Shabwa comme chez lui, le premier niveau de la maison était occupé par le bétail, la paille, les réserves de fourrage, et le combustible pour la cuisine : bois, bouses pétries. Dans le quartier des artisans, il put flâner comme il n'avait pu le faire à Qana et découvrir tour à tour les tailleurs de pierre, les charpentiers, les forgerons… Au marché il s'amusa de voir que le marchand de légumes avait en montre de minuscules poissons séchés, réputés excellents pour la santé des dromadaires et des gens, tels qu'il en avait vus, amoncelés sur le rivage près de Qana. Au caravansérail, il retrouva certains de ses compagnons de route, partagea avec eux la bouillie. Un chamelier, venu du Hadhramawt, le moqua d'avoir fait plus de chemin qu'il ne paraissait indispensable : au lieu d'aller à Qana et remonter vers Shabwa, il eût pu prendre la route transverse et venir directement ; à cela l'adolescent répliqua que, du moins, à Qana il n'avait pas attendu son engagement…

Le maître avait accepté de faire route commune le lendemain avec les caravanes venues du Hadhramawt. La traversée du Ramlat as-Sabatayn vers Marib pouvait présenter des dangers qu'il valait mieux affronter en nombre. Des tribus pillardes profitaient parfois de

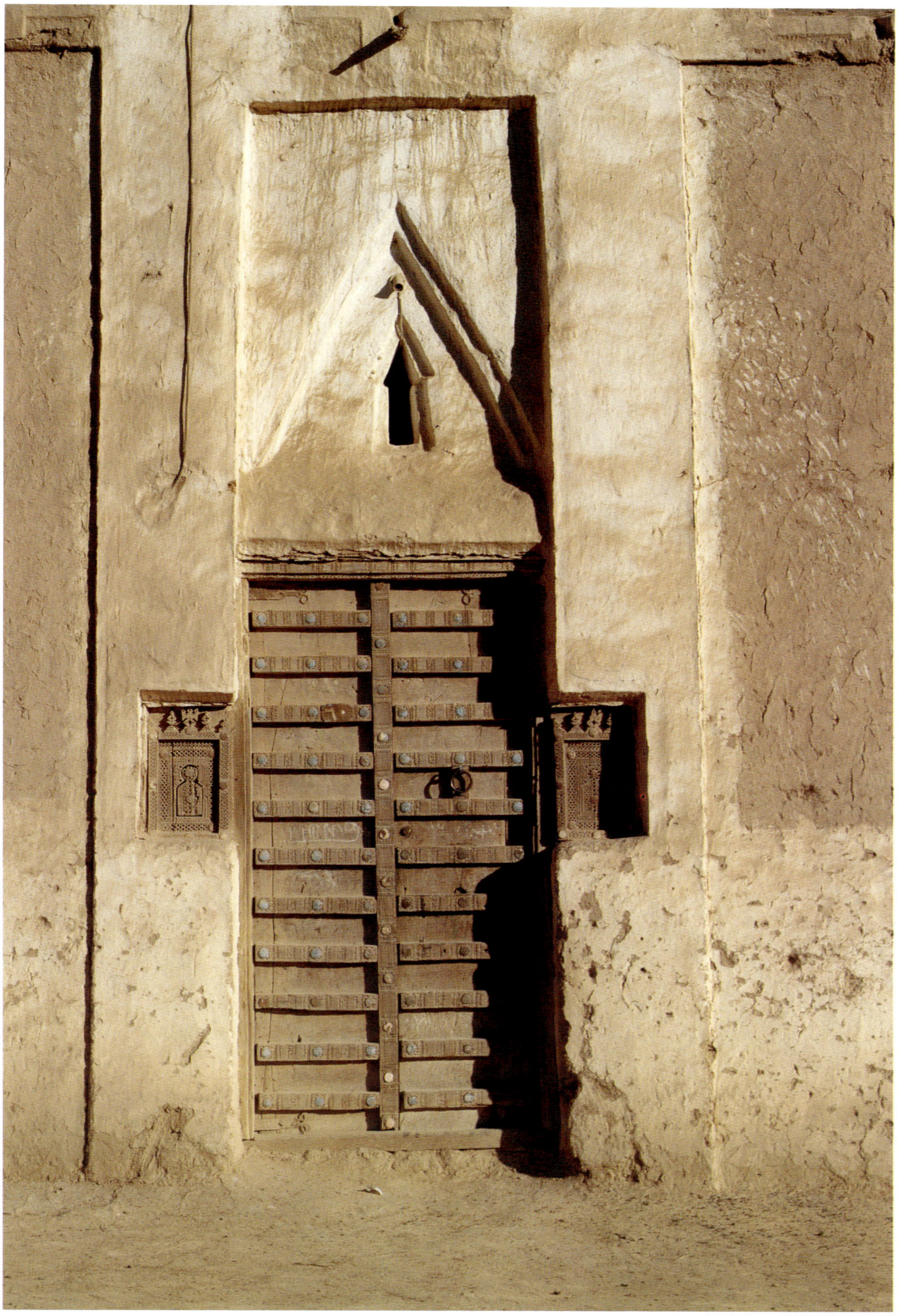

Sana'a, *Souk el Melh.*
Marchand d'épices.

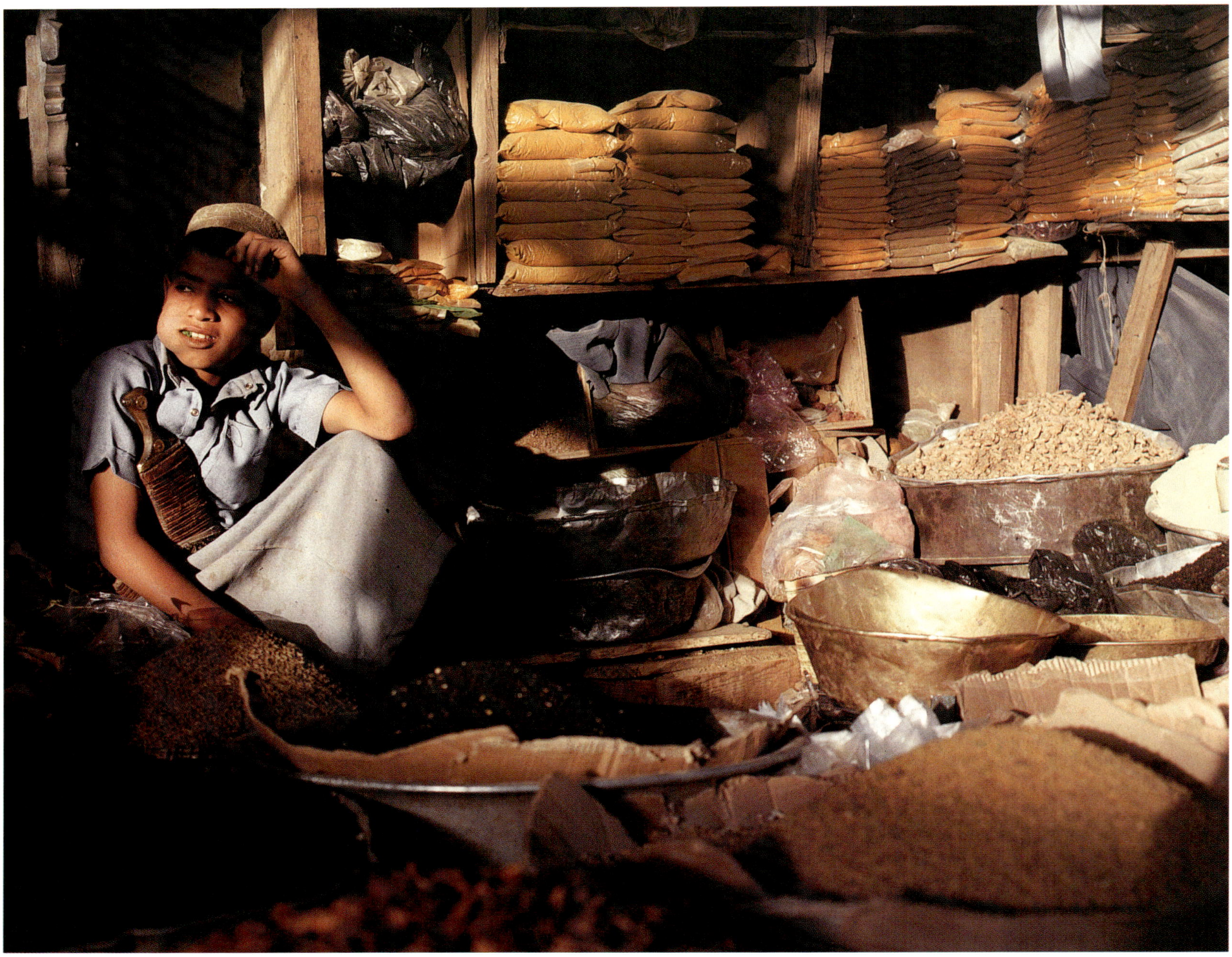

Al Hajjar.
Bijoutier juif.

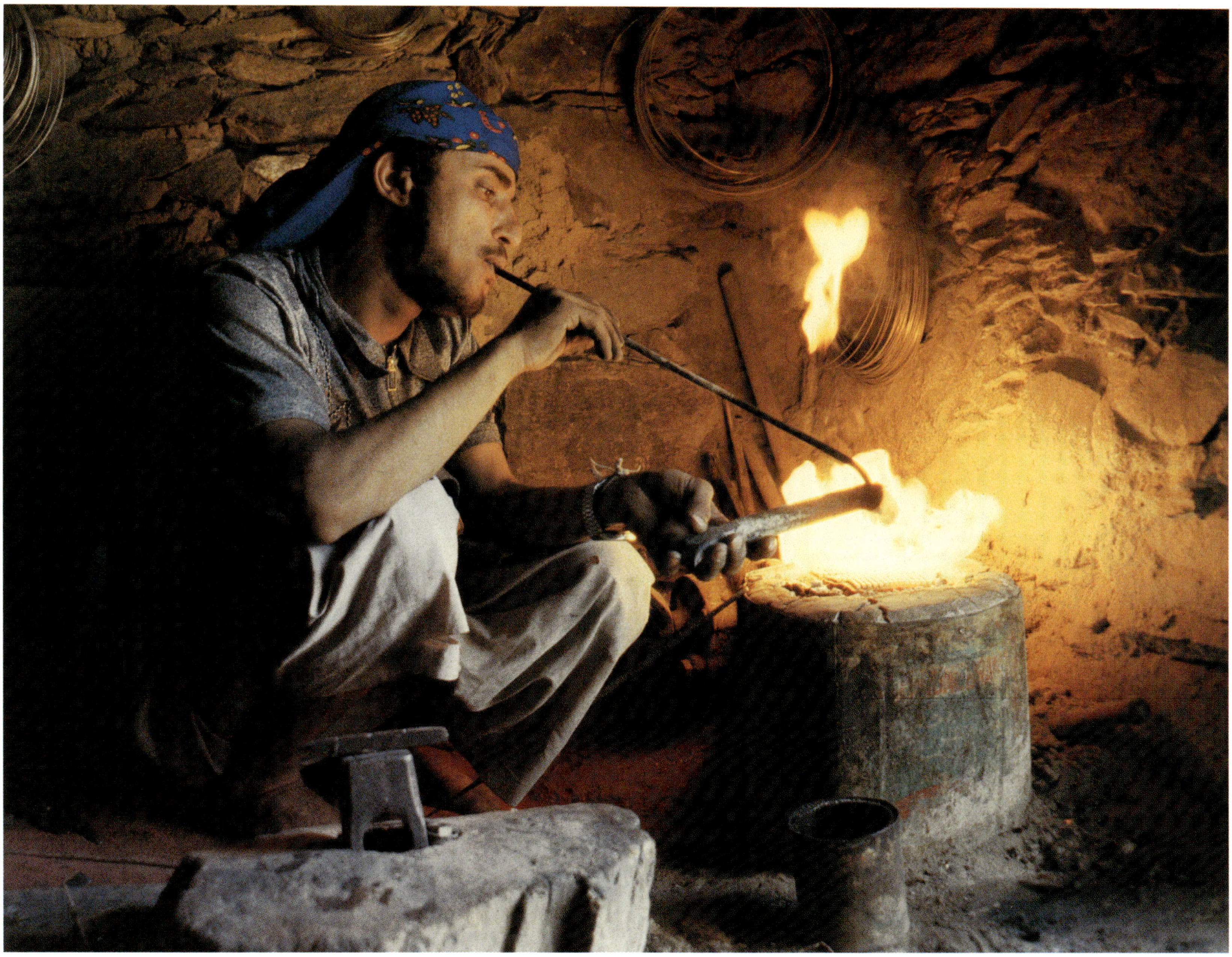

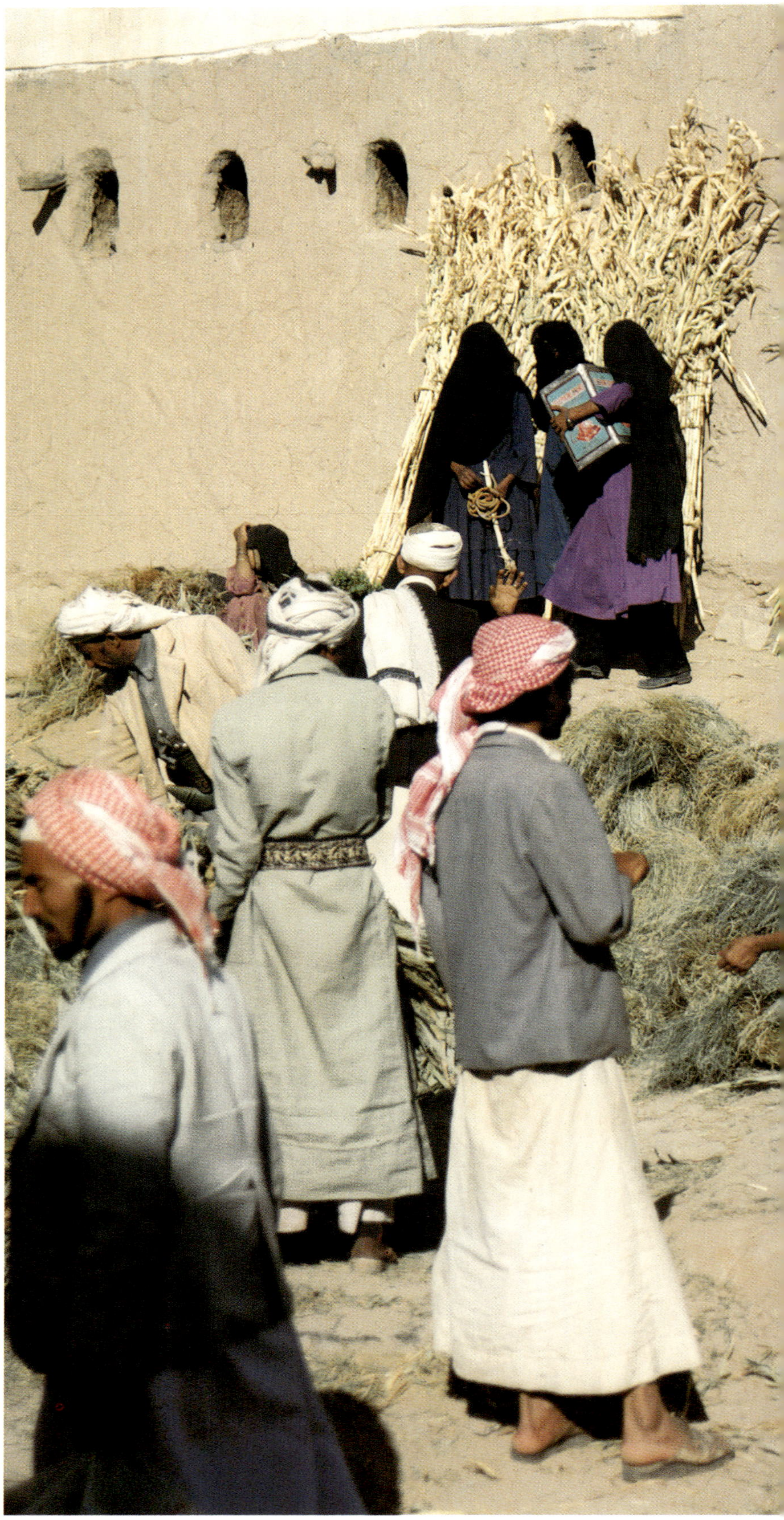

Depuis toujours étape inévitable, le marché s'organise en secteurs spécialisés ; les cannes de sorgho réunies ici sont utilisées comme combustible et aliment du bétail ; les vendeuses sont des femmes âgées ou veuves, les acheteurs des hommes. Les marchés du Yémen fonctionnent en majorité comme des lieux d'asile où l'on peut aller et venir sans encourir danger ni vengeance.
Sadah.

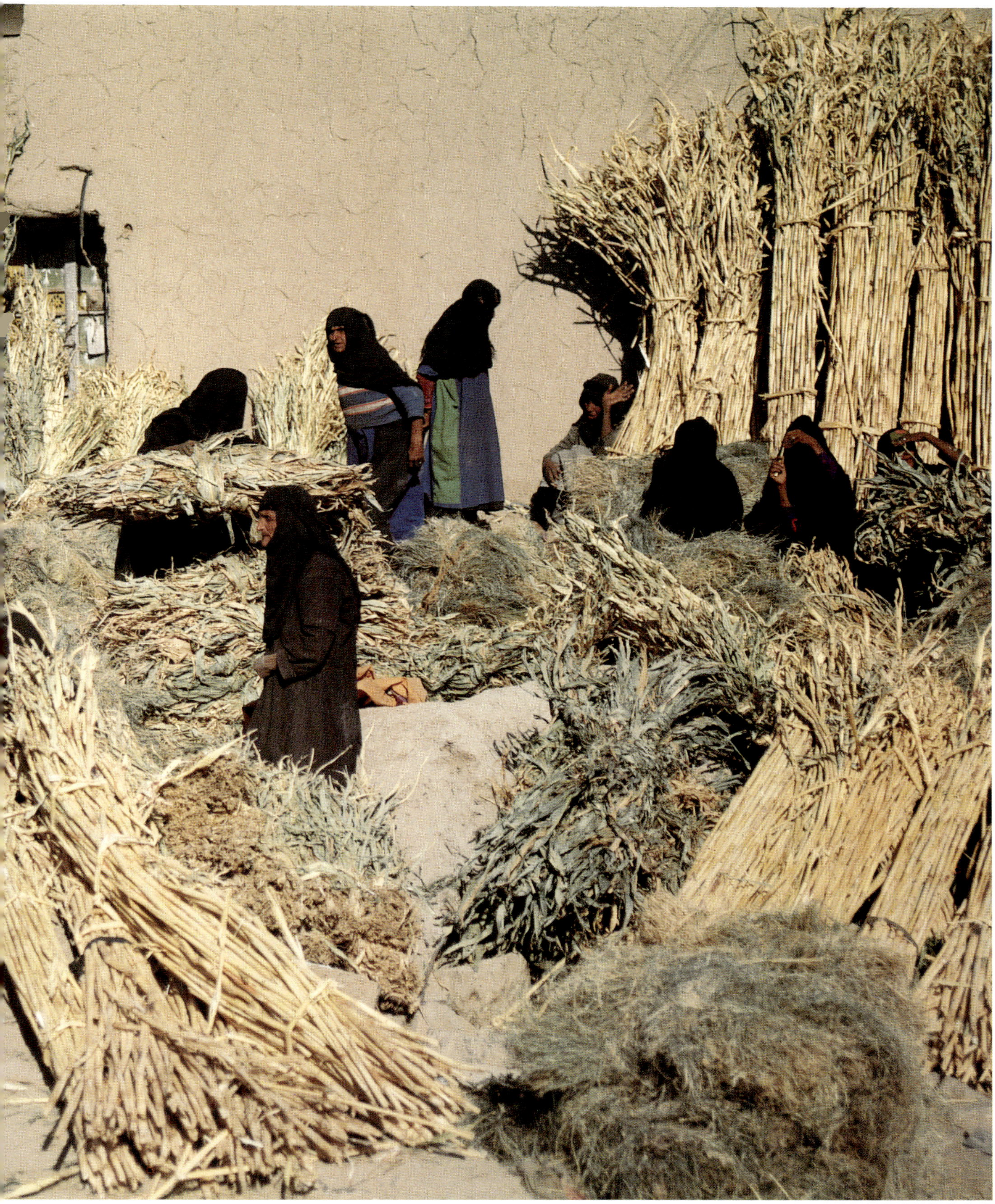

l'évolution malaisée des caravanes dans les sables. Les dromadaires affrétés pour la longue route étaient pour la plupart, de l'espèce habituée à la marche sur des espaces caillouteux, dont les pieds étaient pourvus de soles assez étroites et compactes, alors que le sable demande des soles plus larges, plus élastiques. Ils étaient aussi plus lourds que les élégants coursiers du désert et se déplaçaient plus lentement. En revanche, leur grande rusticité les rendait particulièrement aptes à une entreprise échelonnée sur trois lunes, sur des terrains de nature très diverse et sous des températures extrêmes : des nuits glacées de l'erg à la touffeur qui pèse dans les ravinements des wadis, de la sécheresse brûlante des plateaux à l'humidité charriée par les queues de mousson.

Neuf ou dix journées de marche séparaient Shabwa de Marib. Dans l'esprit d'Ammis'ad, ce temps n'était qu'un mince prix à payer pour aller d'une métropole maintenant connue à une ville fastueuse, rien moins que la capitale de Saba, et son pouvoir d'émerveillement demeurait intact.

Jamais encore il n'avait longuement progressé dans les sables : il apprit que les plus hautes dunes devaient être franchies tôt le matin alors que le froid de la nuit les a rendues plus denses, que les chargements n'y supportaient pas l'à-peu-près : un dromadaire s'étant brusquement agenouillé dans un sable mouvant, une partie des ballots mal amarrés avait basculé sur le sol. Il découvrit aussi une vie pour lui nouvelle, des fleurs inconnues qu'une pluie récente avait fait éclore et des animaux dont il ignorait tout : les traces et l'apparence. Les fines gazelles blondes avaient remplacé les bouquetins : certains chameliers prétendaient connaître des chasseurs étonnants qui venaient à bout de ces animaux particulièrement soupçonneux, en se couvrant de peaux pour que l'odeur de l'homme ne puisse être flairée : ils parvenaient à suivre leurs traces et à les approcher, assez pour les égorger. Toute une faune se révélait : les renards de sable aux oreilles triangulaires, des rats étranges dont on disait qu'ils entendaient l'appel du rut à des distances incroyables, la gent qui avance sur le ventre avec ses bons et ses mauvais sujets, différents par la taille et la couleur de ceux du wadi originel : les varans dont on disait qu'un méchant coup de queue pouvait couper une patte de dromadaire, les lézards d'aspect repoussant, succulents une fois bien grillés, les serpents fascinants, rarement agressifs mais dont la morsure pouvait être mortelle… Cette « co-naissance » à un nouveau monde emportait Ammis'ad dans une sorte d'ivresse : le tiers du voyage n'était pas atteint et il venait d'ensiler dans son esprit, lui semblait-il, plus de savoirs et d'émotions que dans toute sa jeune vie.

Tous les soirs au bivouac, il accomplissait ses corvées avec l'indifférence d'un routier chevronné et puis se glissait dans les cercles des meilleurs conteurs : il pouvait participer ainsi à une aventure fantastique mêlant bêtes, hommes et dieux, à la quête éperdue d'une femme

Tout bédouin veille soigneusement sur le harnachement de son dromadaire.

Ce Khatiri range sous la tente un bât et une outre de cuir.

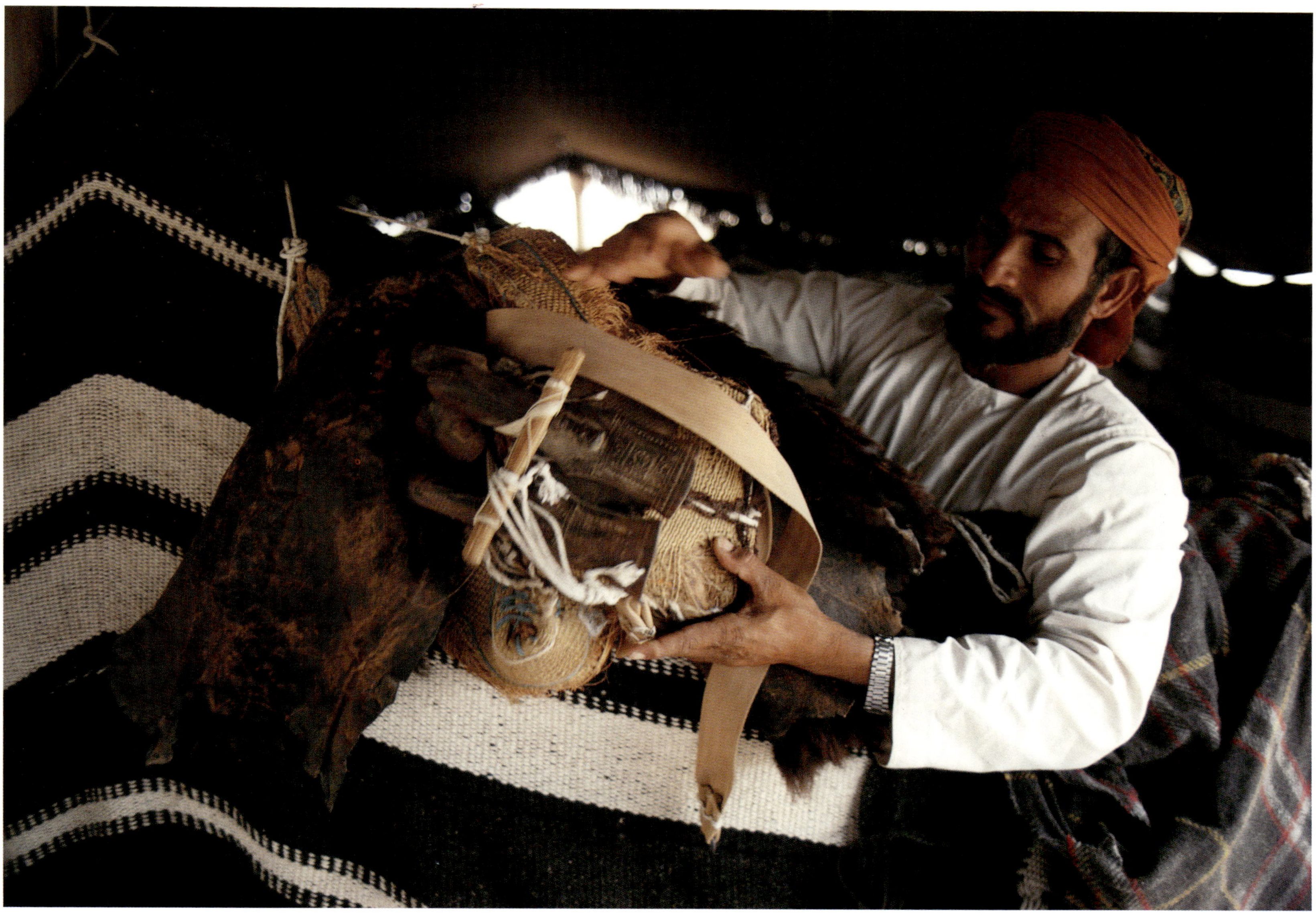

merveilleuse et puissante, à la recherche d'une arme invincible ou, tout simplement, de la source de l'immortalité, autant de thèmes qui auraient pu nourrir ses rêves, s'il avait rêvé. Sa fine couverture, l'indigo dont sa peau était si anciennement imprégnée ne le protégeaient pas vraiment du froid piquant de la nuit ; mais la fatigue liée à une longue pratique du sommeil à la belle étoile lui assuraient un sommeil minéral ; il en sortait le matin, plein de vaillance.

Le maître de la caravane, depuis le départ de Shabwa, faisait doubler la garde de nuit, envoyait des éclaireurs avant d'accéder aux puits : en dépit d'accords circonstanciés avec les tribus dominantes, l'initiative de groupuscules était toujours à redouter en matière de pillage. La technique des brigands consistait à se poster en embuscade, à bondir sur les dromadaires pour leur couper brutalement les jarrets : le butin était alors à portée de main. L'escorte de la caravane n'avait rien de mieux à faire, que de laisser faire, en espérant la vie sauve. Le vol des chameaux, eux-mêmes, était à redouter tout autant : un dromadaire en bon état représentait une véritable richesse et il valait mieux ne pas le laisser vagabonder loin d'une surveillance attentive.

Depuis les siècles que durait le commerce de l'encens, une relative sécurité s'était installée ; la demande n'était d'ailleurs plus aussi importante que dans le passé et les cours commençaient à sérieusement baisser. Ammis'ad, au fond de lui-même souhaitait quelque escarmouche qui lui permette de se mesurer avec un véritable danger et de montrer son courage. Pour faire face à toute éventualité, il avait même troqué ce qui lui restait du délicieux miel hadhrami, remis par sa mère, contre une fronde en poils de chèvre parfaitement tressés, élastique, bien à sa main. Sans doute il ne disposait pas de balles de plomb ou de pierre, parfaitement ovoïdes, comme on savait qu'en utilisaient les soldats de pays étrangers, mais il se faisait fort de toucher son objectif, avec de vulgaires cailloux. Petit garçon, au pâturage, il atteignait, d'un seul jet, l'animal indiscipliné qui s'égaillait du troupeau ; pour tromper l'ennui durant les longues journées de garde, les enfants-bergers ne disposaient que des ressources de la cueillette, du piégeage de petits animaux immédiatement comestibles et de jeux plus ou moins solitaires : jeux de damiers, tir à la cible... Avec ou sans fronde, à force d'entraînement, ils étaient capables de percuter d'une seule pierre le but fixé, à des distances assez considérables.

La route, rythmée pourtant par l'alternance de paysages grandioses, devenait chaque jour un peu plus monotone : une exceptionnelle saison des pluies avait éloigné des esprits le tourment de l'eau et du pâturage ; les chameaux avaient sauvegardé, sinon amélioré, leurs bosses ; dans les puits l'eau abondait, et une profusion de crottes alentour témoignait d'une fréquentation importante d'ânes et de dromadaires. Les écarts tolérés par le maître pour la chasse, la recherche des truffes blanches poussant leur muffle bosselé dans les dépressions humides au voisinage des armoises, la scrutation permanente des quatre coins de l'horizon pour y déceler des présences inquiétantes, ne suffisaient pas à rompre l'ennui d'une marche obstinée. Aux meilleurs moments, quand le chemin était aisé, deux ou trois chameliers allaient de front et parlaient des autres plus que d'eux-mêmes, avec la retenue des taciturnes. Dans la journée, deux jeunes hommes sortaient parfois de leur ceinture des flûtiaux rudimentaires dont ils tiraient une musique acidulée : des sons pointus, déclaraient-ils, empêchaient les dromadaires de s'affaisser, brusquement endormis ! À la halte du soir, si les hasards de la chasse avaient permis un repas plus copieux, il arrivait qu'un vieillard, habitué de la route, joue de la clarinette double qu'il prétendait avoir acquise aux rives de la mer Boréale. Ammis'ad s'amusait à voir apparaître dans cette face ravinée deux balles rondes gonflées d'air qui semblaient ne pouvoir s'épuiser. Quand le vieux était en veine, il plaçait sur ses joues, pour canaliser son souffle, une double ligature de cuir et il exécutait alors le meilleur de son répertoire : des mélodies chromatiques, tristes à pleurer, qui traçaient pour chacun un chemin dans la nuit.

Bâter, charger, marcher, marcher, décharger, débâter... l'usure du voyage se montrait, mais après neuf jours, l'on approchait de Marib...

Pour celui qui, sans connaître les extrêmes du désert, avait toujours dû compter avec les caprices de la pluie et des crues, parvenir à Marib, c'était atteindre un paradis d'eau douce : un wadi chargé de tous les ruissellements des montagnes traversées venant buter contre un barrage invincible (?), des dérivations, des rigoles où l'eau bondissait comme un cabri, si fraîche, si rapide. Le paysan, le chamelier avaient bien saisi quelque écho de la grandeur de Saba, de la splendeur de ses princes, de ses palais et de ses temples mais ce qui parlait le plus à leur âme c'était le bruissement de l'eau, de cette eau maîtrisée, appropriée, docile, conduite à fleur de terre pour donner vie aux grains et aux fruits.

En arrivant du sud-est, par la piste du djebel Balaq, la caravane avait laissé derrière elle le barrage sur le wadi Adhana, mais elle découvrait plein nord, la ville contractée dans ses murailles. N'était la régularité de ses contours, la pâleur des pierres lui aurait donné l'apparence d'un lac asséché, miroitant dans le lointain. Mais en approchant, l'œil, entraîné par la hauteur des murs, la régularité de l'assemblage des matériaux et leur qualité, se faisait admiratif. Comme à chaque étape dans les villes, il fallut se faire reconnaître, acquitter le péage des marchandises, et se rendre au caravansérail où, là aussi, il convenait de payer la nuitée des gens, la place des bêtes et leur nourriture. Peu habitué à voir manier des espèces sonnantes, Ammis'ad commençait à penser que le transport de l'encens devait être bien lucratif pour que le maître pût aussi souvent puiser dans sa sacoche sans récrimination excessive. Il trouvait aussi que la capitale des Sabéens si fameuse dans le discours de ses compagnons de route donnait quelques signes de fatigue. Derrière les remparts, des murs

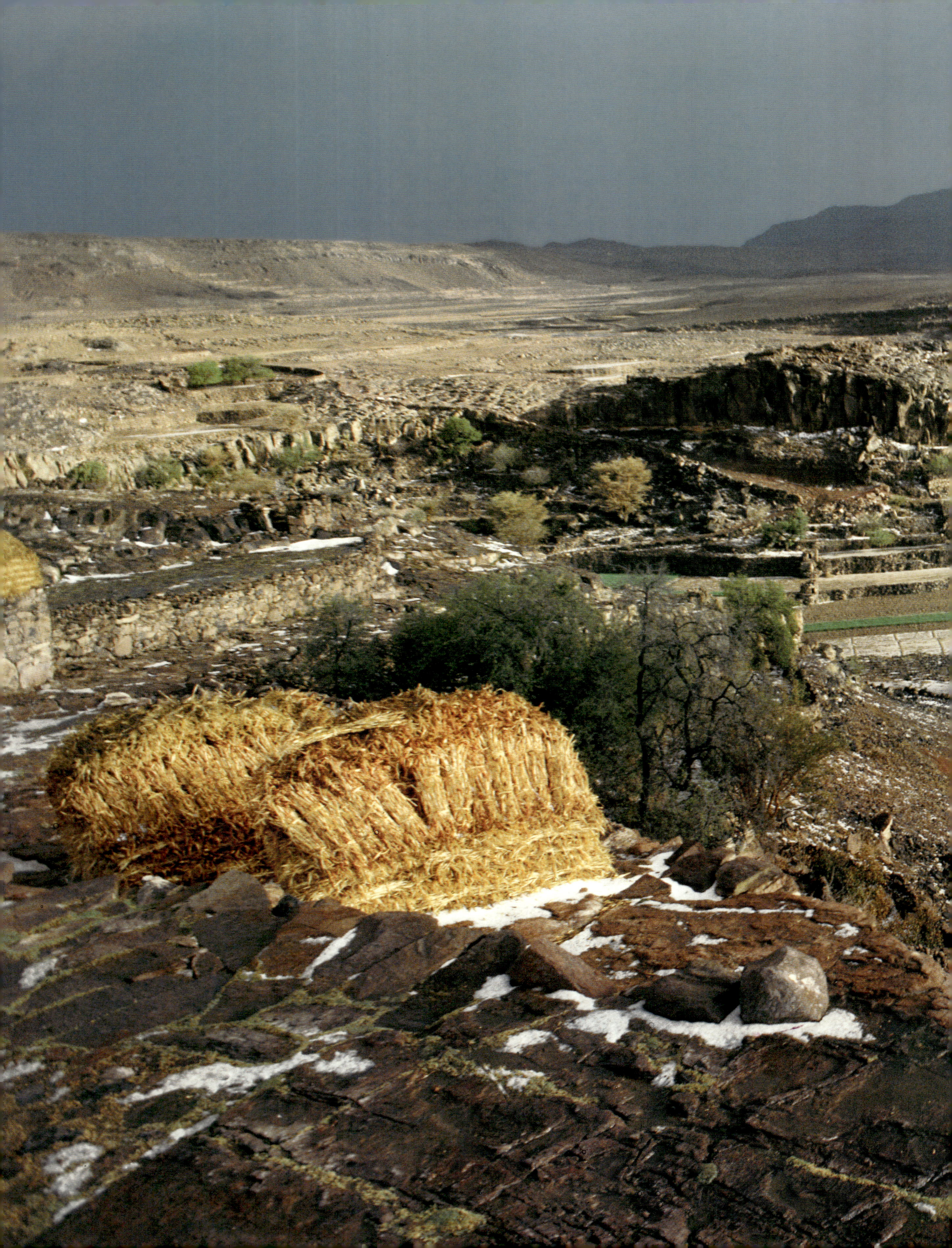

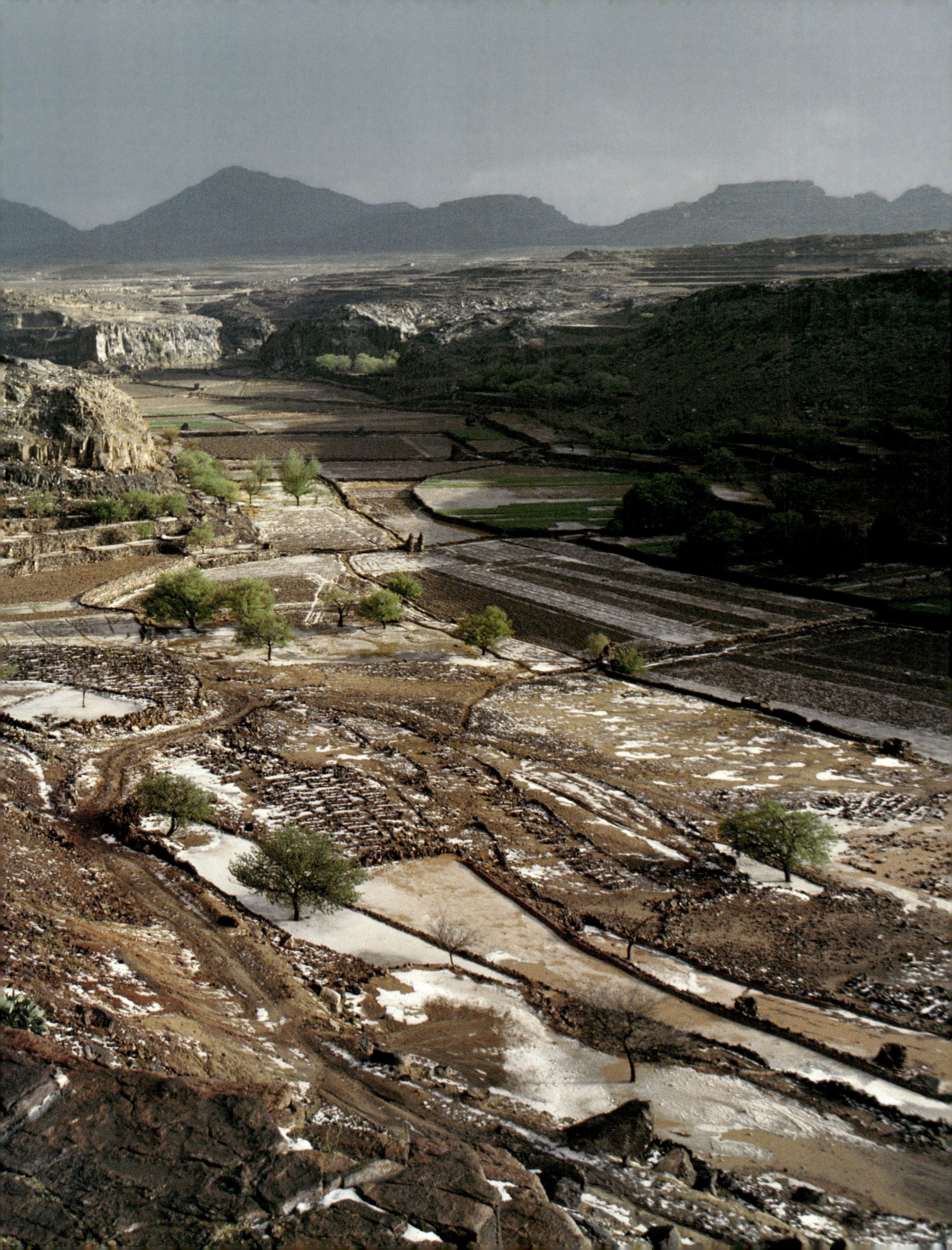

de pisé couronnaient les bases de pierre des maisons : visiblement mal entretenus, ils portaient les stigmates des dernières pluies, et la boue avait séché dans les rues. Si, quelques siècles plus tôt, une femme avait exercé le pouvoir dans Marib, y avait-elle fait régner plus d'ordre ?

Les jardins, en revanche, approchaient la perfection : l'eau du barrage était sagement distribuée par les écluses et un système de canaux de plus en plus fins l'amenait dans les carrés de culture, chacun délimité par de petites digues dressées dans le sol, que l'on ouvrait pour abreuver la terre et refermait à la main. La régularité du quadrillage et des butées faisait du jardin une véritable tapisserie composée en camaïeu : les bruns de la terre sablonneuse plus ou moins mouillée, les verts des légumes et des céréales à des degrés de maturité différents. La chaleur des marges du désert, l'irrigation constante permettaient au bon agriculteur de faire deux récoltes. La volonté des dieux qui envoient la pluie était indispensable pour remplir le barrage : encore fallait-il que ce bon vouloir soit mesuré à l'exact besoin des hommes.

La mémoire avait enregistré dans le passé des crues dévastatrices, balayant devant elles tous les obstacles élevés de main d'homme : les barrages, les canaux, les jardins, les maisons. Les gens, les animaux ne pouvaient se sauver eux-mêmes devant la masse liquide charriant des pierrailles et des arbres déracinés. Mais la vie reprenait toujours ; on consolidait, on reconstruisait, on plantait à nouveau, et la renommée des jardins de Saba s'étendait loin par-dessus les déserts, jusque dans des contrées pourtant aussi fertiles. Ces crues inoubliables ne survenaient que rarement. La sécheresse ne se manifestait pas dans une terreur grondante mais elle se faisait tout autant redouter ; insidieusement, elle affamait toute la région : les barrages à sec, les puits taris, comment irriguer une terre insatiable ? Sans doute l'administration modèle secrétée par les Sabéens pour l'organisation et l'entretien du système hydraulique sur lequel reposait la prospérité, avait-elle prévu la mise en réserve de biens de consommation essentiels, mais il n'y a pas de provisions qui puissent parer à des années de disette successives. Dans ces périodes difficiles, il était fait appel aux prêtres qui savaient les moyens d'action sur le ciel, les mots et les gestes capables d'attirer les nuages. Les sacrifices de taureaux étaient réputés d'une grande efficacité, le sang répandu à grands flots devant amorcer la coulée de la pluie. Au plus près du barrage de retenue des eaux du fleuve Adhana, la piété des gens de Marib avait élevé un temple, sur le contrefort de la montagne, tout contre l'écluse du sud, comme si la proximité de l'eau nourricière avait besoin de l'assurance des dieux : de larges tables de sacrifice marquées de strates de sang séché témoignaient de la permanence et de la fréquence des immolations.

Le barrage, le lac, les jardins de Marib frappaient d'étonnement le jeune rural accoutumé à des réalisations combien plus modestes. La richesse visiblement tirée de ce paradis de

Le môle sud d'ancrage de la digue antique de Marib et un canal de dérivation.

Pages 130-131 : *Orage de grêle sur les Hauts Plateaux où le climat, souvent imprévisible, fait alterner soleil implacable et morsure du froid.* Maharada.

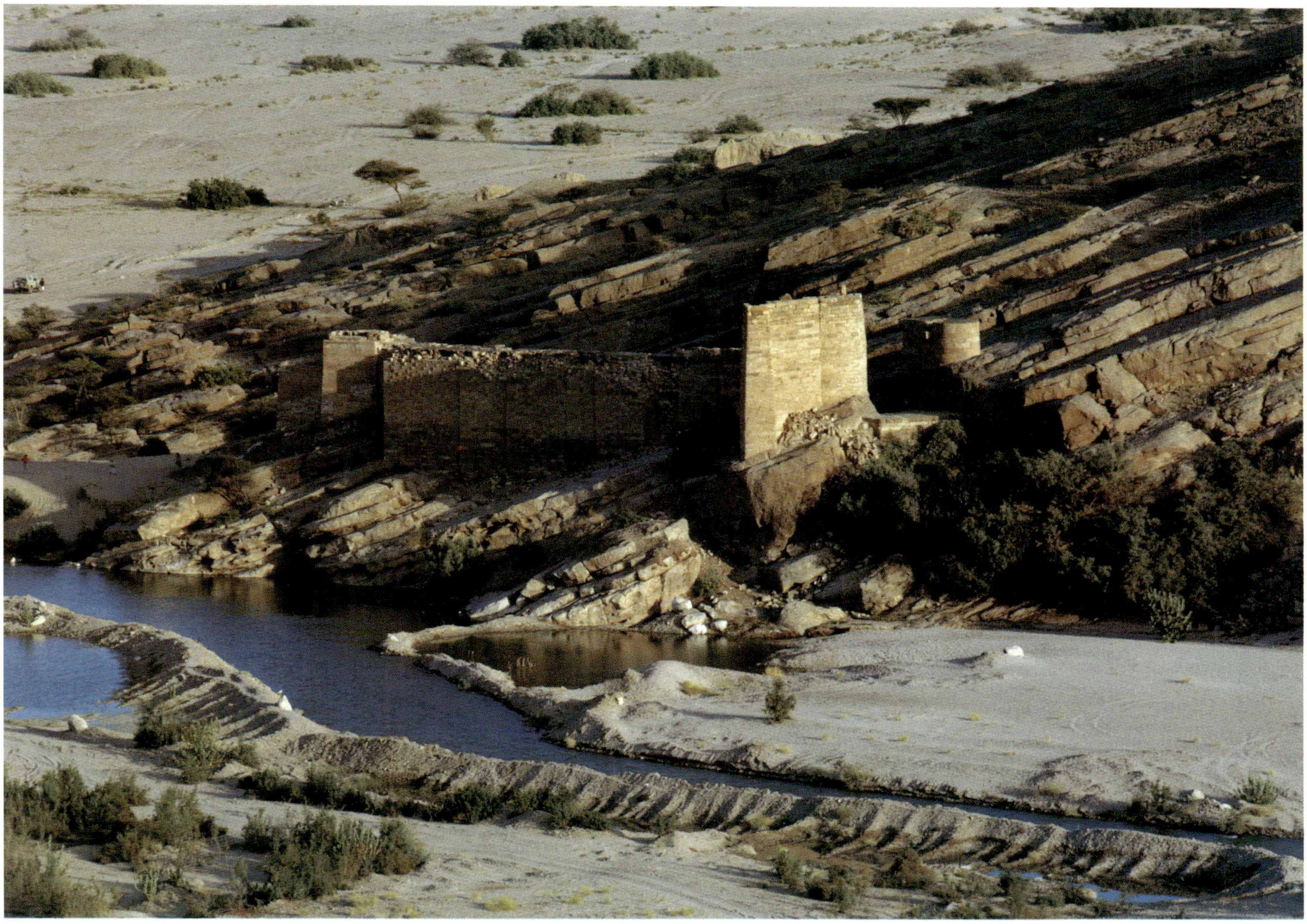

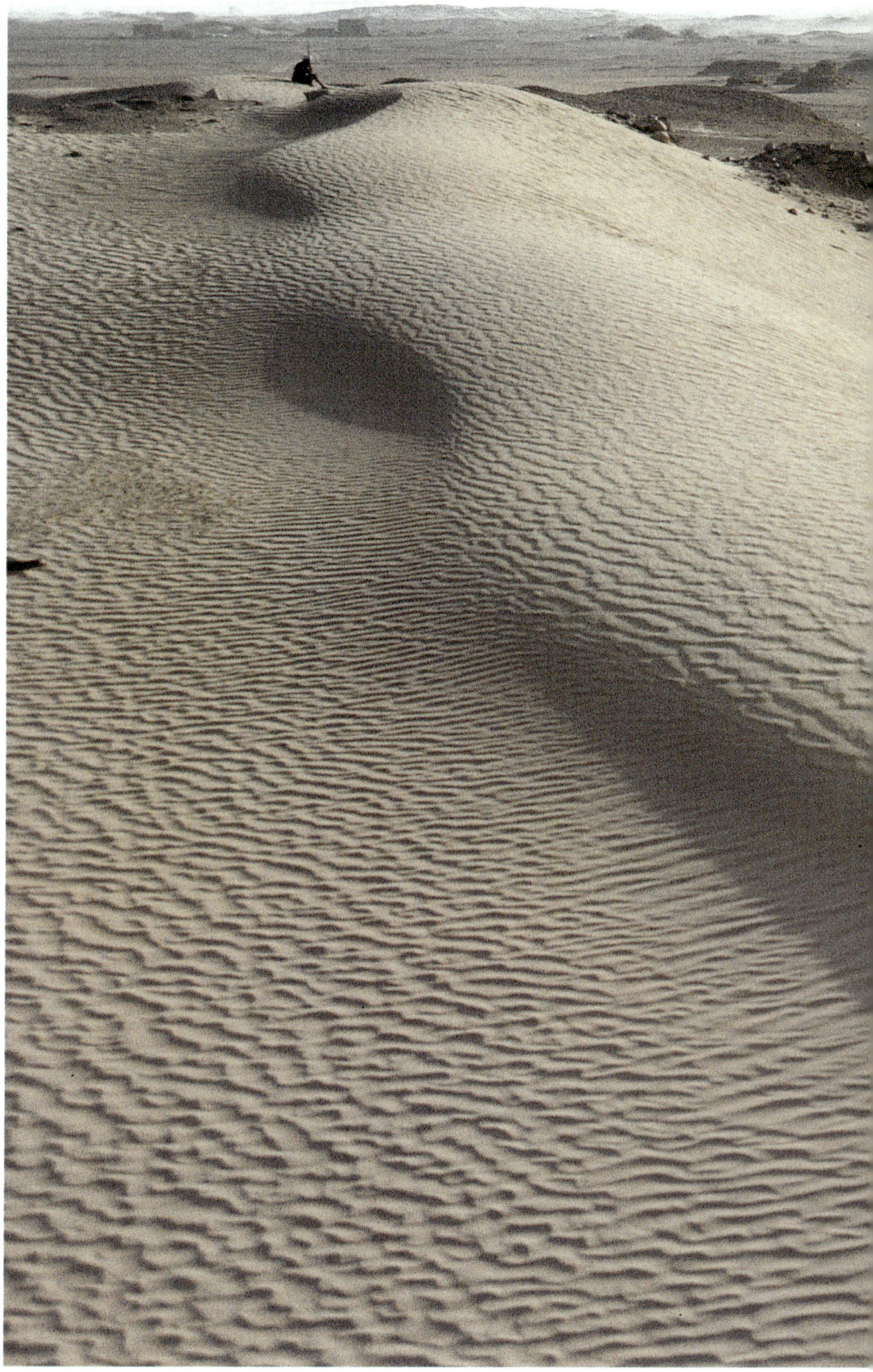

Marib. *Temple d'Almaqah élevé aux environs du* VIIe *siècle avant notre ère. Ruines du péristyle.*

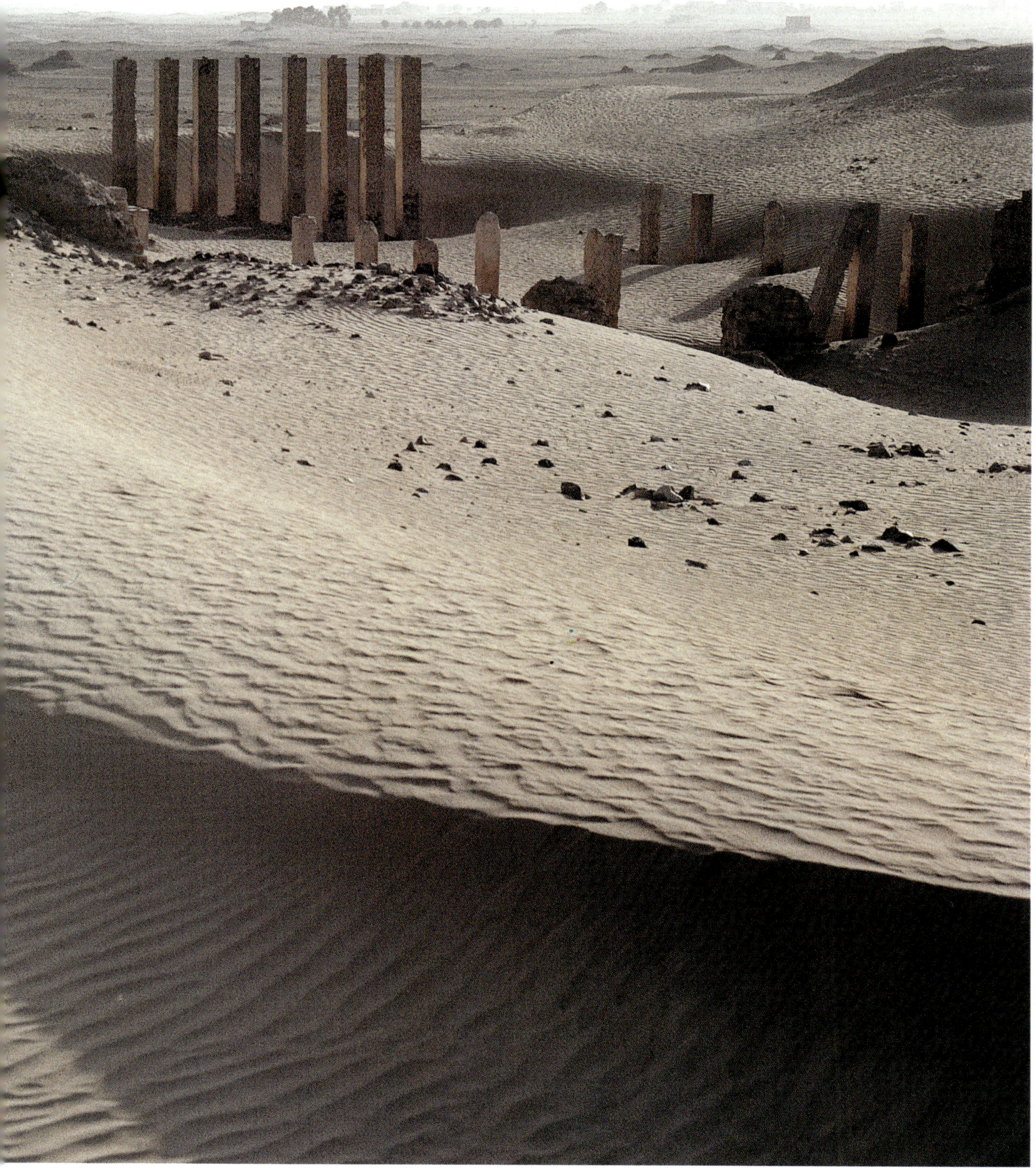

Immuable moulin où l'on presse toujours dans une haute cuve monolithe, graines de sésame, de moutarde ou noyaux d'abricots pour obtenir des huiles aux usages multiples : alimentation, pharmacopée et cosmétique. Le dromadaire aveuglé entraîne le long bras d'un pivot lié à l'axe de bois où, pour la régularité du mouvement giratoire, enfants et jeunes femmes viennent peser de tout leur poids.
Jawf.

verdure et d'eau le laissait assez indifférent : les vêtements des passants lui paraissaient d'une inutile sophistication, leurs sandales superflues. Invité à partager le repas d'une famille alliée à l'un de ses compagnons de route, la maison lui sembla la version multipliée de sa demeure familiale, encombrée de tapis et de nattes, là où deux ou trois aurait suffi à la couche de ses parents et des enfants. La chambre principale était ornée d'une frise d'œufs d'autruche suspendus par des liens de cuir. La vaisselle ne différait pas de celle qu'il connaissait, sinon par le nombre : marmites et plats de pierre ollaire, pots et écuelles en poterie à peine décorés de guillochures, grands plateaux de vannerie spiralée où des folioles teintes inscrivaient un décor compliqué. Après les collations hâtives du voyage, les bouillies trop pâteuses, les galettes mi-brûlées et mi-crues, la nourriture lui sembla délectable. À de petits détails de présentation, de raffinement d'herbes et d'aromates, on sentait la main des femmes. Une grande rasade d'hydromel acheva de donner à Ammis'ad la conscience que le monde qui s'ouvrait devant lui était beau et bon. Dans cette humeur heureuse, il se dirigea hors les murs vers les deux temples les plus fameux de la région. En chemin il croisa un moulin à huile : dans un énorme mortier de pierre les grains de sésame, ou de moutarde, étaient broyés par un pilon mû par un dromadaire aveuglé ; l'axe et le bras tournant de bois étaient assemblés de manière très primitive mais le résultat donnait satisfaction aux clients.

Bientôt il découvrit les temples, l'un presque carré, avec son péristyle de hautes colonnes monolithes et un peu plus distant vers l'est, sur la rive droite du wadi, le splendide Awwam, dédié au dieu Ilmaqah protecteur de Saba. Franchie l'enceinte ovale qui en délimitait le territoire sacré, une cour rectangulaire, bordée d'un portique aux trente-deux piliers monolithiques donnait sur l'extérieur par une triple porte, alors que l'accès au temple se faisait par une étroite ouverture. Ammis'ad admirait les parements du péristyle, en pierre soigneusement choisie et travaillée, la succession de fausses fenêtres et de motifs architecturaux, mais personne ne l'y conviant, il n'osa se présenter à la porte étroite ; son âme était religieuse et il avait un grand souci d'être en harmonie avec l'univers mais il ignorait presque tout du panthéon sud-arabique. Son père, esprit libre, lui avait appris la crainte des dieux mais il lui avait insufflé aussi, envers les prêtres, la suspicion du pauvre à l'égard du nanti.

Le garçon savait cependant que le temple d'Awwam avait joui et jouissait encore du statut d'asile. Quiconque, même criminel, pouvait, en tout temps, venir se réfugier dans ce lieu inviolable sans crainte d'être poursuivi, aussi longtemps que la loi coutumière n'aurait pas statué sur son sort. Cette disposition n'était pas exceptionnelle, elle était bien connue dans le Hadhramawt où l'on révérait un groupe d'acacia, des pierres levées, naturelles ou de main d'homme, comme de véritables temples-refuges. Les femmes laissaient un peu d'elles-mêmes en souvenir de leur visite : elles nouaient quelques effilochures, prises à leur

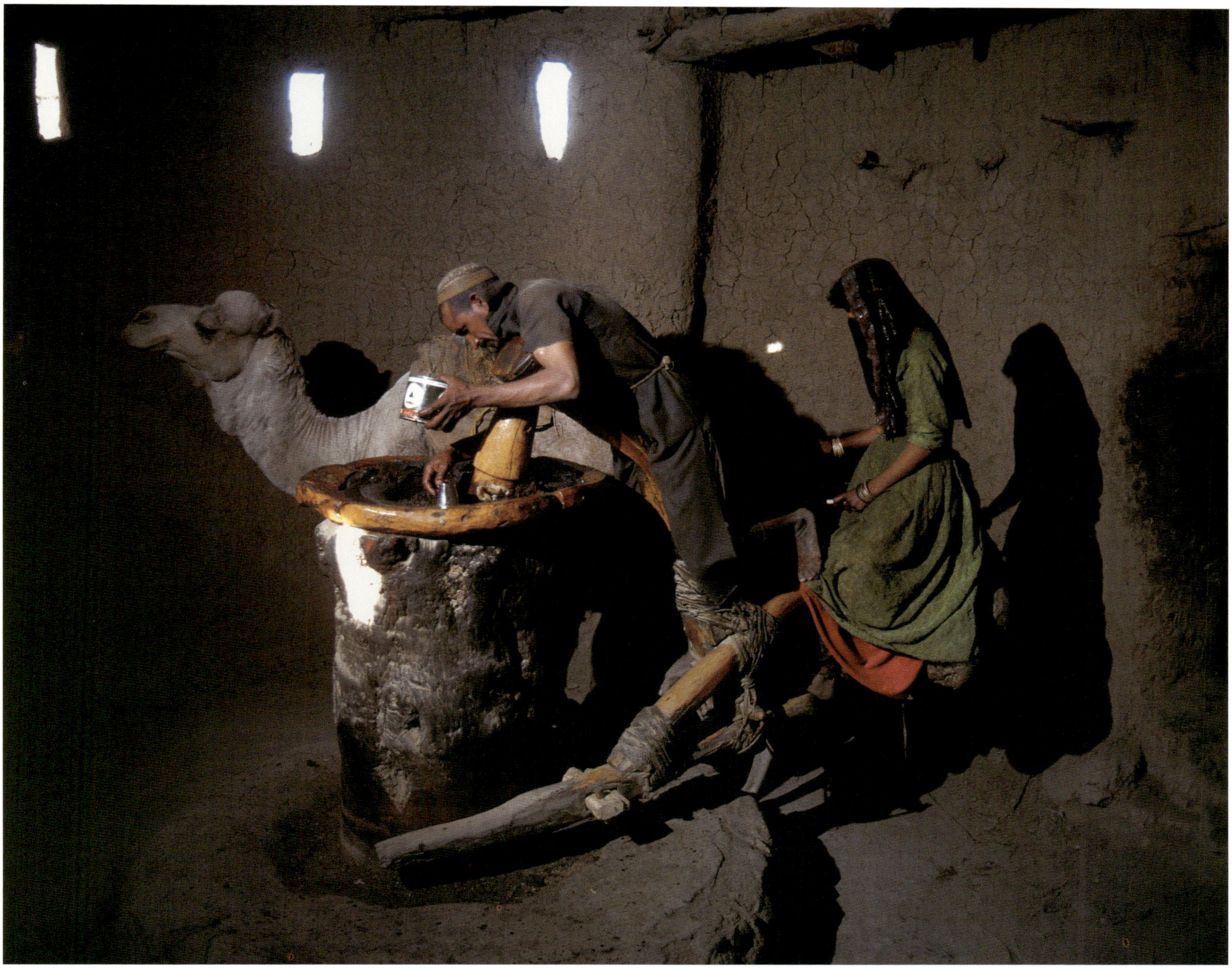

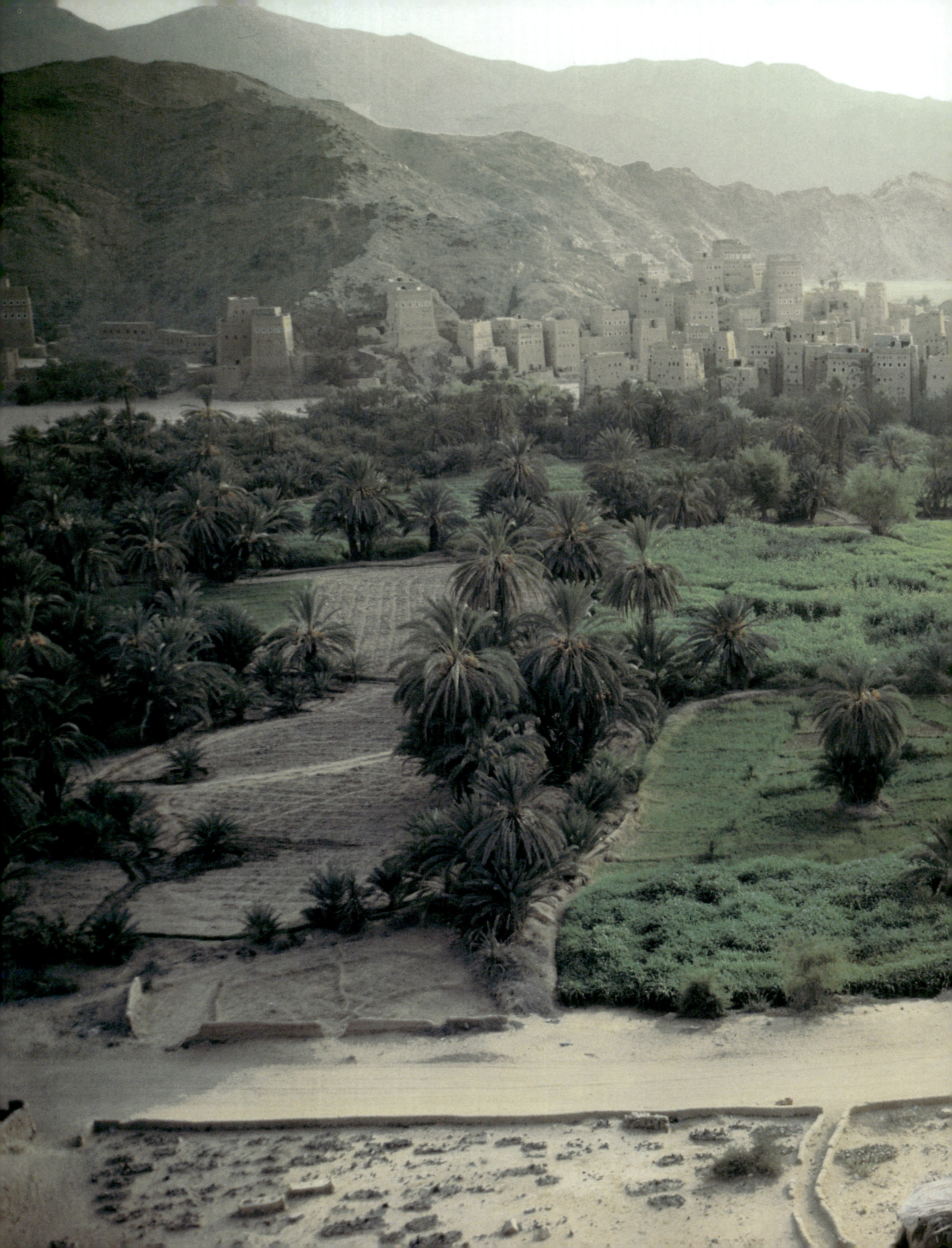

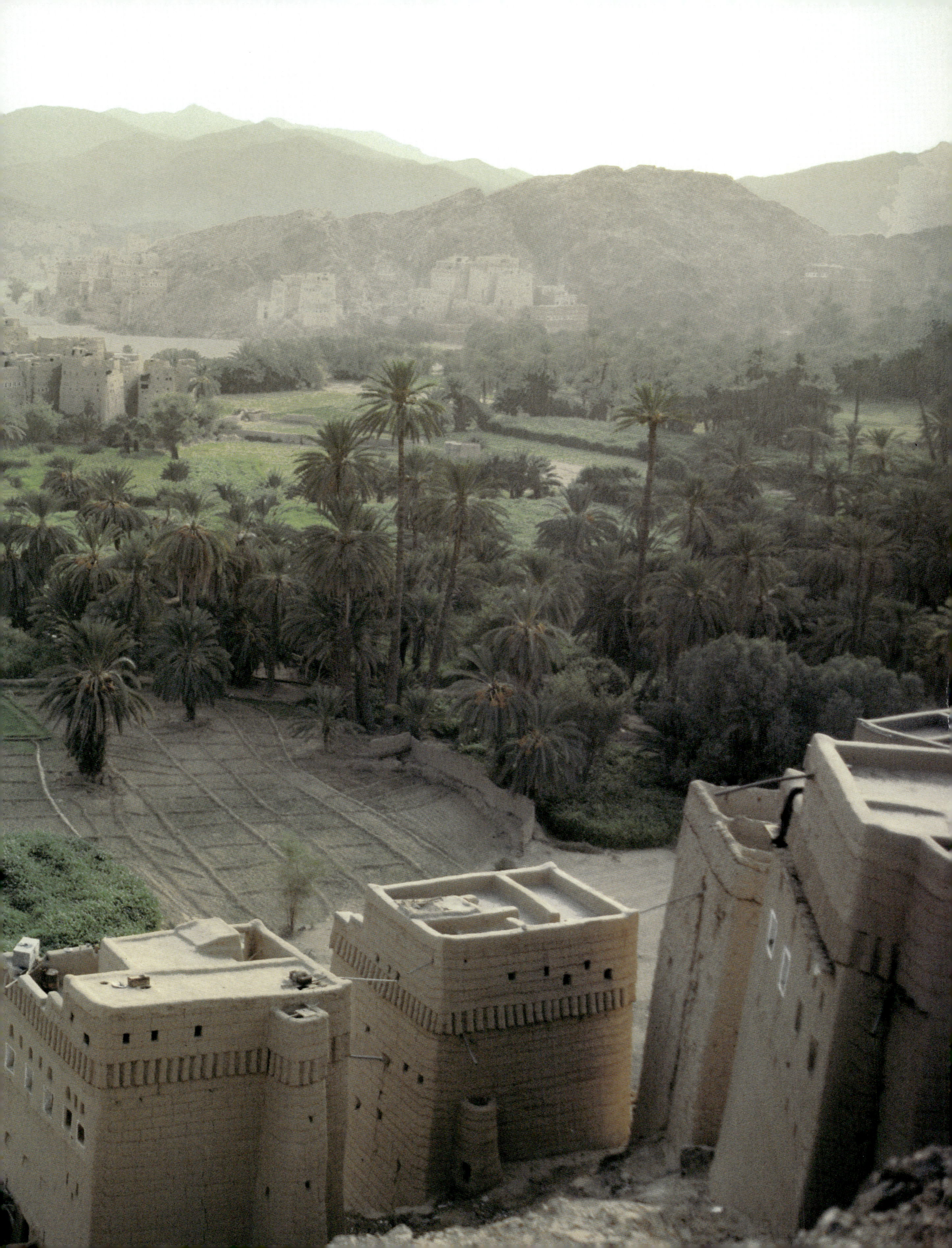

Pages 138-139 : *En lisière du désert, les oasis bénéficient des précipitations que reçoivent les montagnes environnantes. Au cœur d'une nature de pierre ou de sable, l'oasis représente toujours un havre de bien-être où l'on peut goûter la fraîcheur et l'abondance des fruits de la terre.*
Wadi Khabb.

vêtement, aux épines des arbres, raclaient le sol de leurs mains pour réunir un petit tas de cailloux ; les hommes marquaient les blocs de pierres d'un sillon qui se creusait un peu plus à chaque visite, rares ceux qui, sachant écrire, y calligraphiaient une courte inscription pour matérialiser leur passage.

La place du marché alignait des boutiques minuscules où l'on trouvait non seulement les produits du terroir : céréales, fruits, légumes mais aussi des articles exotiques rapportés par les caravanes au retour de la Méditerranée : seuls les riches habitants de la ville pouvaient s'offrir des poteries, régulièrement tournées, aux parois minces, au décor compliqué où l'on pouvait lire des scènes de chevaux et de chars, de femmes et d'hommes tournoyant dans une danse éternelle. Il y avait aussi des tapis fleuris comme des jardins, des tissus de toutes matières et de toutes couleurs, légers, glissant sous la main ou plus lourds que des grains mûrs. Une échoppe vendait des objets de bronze : des lampes à huile et quelques miroirs, polis et calmes comme la surface du lac, où passaient des visages. Ammis'ad se promit, d'en acquérir un pour sa mère, s'il plaisait aux dieux qu'il soit un jour, en fonds. Le marchand, bon enfant, le voyant démuni, lui assura qu'il trouverait un meilleur choix sur la côte du nord où commerçaient les habiles Romains et les Hellènes.

Comme à chaque départ, la caravane se reforma à l'aube, dans le même concert de blatèrements des chameaux qui refusent le bât. Des bruits inquiétants s'étant répandus à Marib sur la sécurité de la piste directe vers Qarnaw, il fut décidé de faire un crochet par Yathill, où le maître avait l'intention de recruter une escorte auprès des nomades arabes, qui peu à peu grignotaient le territoire et le pouvoir minéens. De très loin, Yathill se montrait imposante : une barrière de pierre inexpugnable, festonnée régulièrement de cinquante-sept bastions. À ses pieds, un immense jardin arrosé par un large wadi et par les ruissellements des montagnes voisines. En moins grandiose, le système d'irrigation était tout à fait comparable à celui de Marib : les mêmes carrés de culture alimentés par des canaux de grandeur croissante, régulés par des vannes de pierre. À défaut d'un grand barrage comme celui qui coupait le lit du wadi Adhana, une digue et une écluse orientaient les eaux du wadi Majzir. Ammis'ad béait d'admiration devant l'œuvre des tailleurs de pierre capables de monter, sans mortier, des murs de plus de 43 pieds de haut, en blocs réguliers parfaitement parés. Le nombre d'inscriptions calligraphiées l'étonna tout autant : il apprit qu'il pouvait s'agir de louanges pour des actions d'éclat, de commémorations de fondations ou de dédicaces faites en hommage aux dieux par des fidèles reconnaissants. Certaines, lui dit-on, dataient du vieux vieux temps, plusieurs fois cent ans, quand Yathill commandait sur toutes les pistes, que les caravanes étaient toutes affrétées par les Minéens, que pas une charge d'encens ne circulait sans leur aval,... au vieux vieux temps où la richesse courait les rues de la cité...

Le garçon pensait qu'il y avait bien de l'astuce à faire parler des signes gravés si longtemps après que la voix se soit tue et que les scribes duraient plus longtemps que les rois.

Les provisions de céréales et d'eau refaites, il fallait traverser le Jawf par Qarnaw pour repartir plein nord vers Najrân. D'abord une étendue monotone que des pluies, exceptionnelles, disaient les chameliers, avaient verdie, des maisons disséminées construites en pisé, rondes comme des tours de guet et loin vers l'est, comme des corbeaux picorant dans un champ, de petits carrés noirs : des tentes de nomades. La caravane resserrait ses rangs, les chameliers faisaient jouer les poignards dans leur gaine, l'escorte de quelques hommes récemment recrutée prit position sur le flanc droit : aucun signe ne vint, ni d'agressivité, ni d'accueil. Avant d'arriver à Qarnaw un compagnon, habitué du voyage, signala le beau temple d'Athar. Ammis'ad, comme tous les bergers, avait une prédilection pour cette déesse – « étoile », la première que l'on voit après le coucher du soleil, celle qui décide de la nuit et du repos.

Il était maintenant intégré dans le groupe comme un vieux routier. Sa résistance physique et sa belle humeur emportaient la sympathie. Il avait pris le rythme des marches (trop lentes à son gré), le goût de la galette cuite sous le sable après un grand feu (en quantité pour lui insuffisante), et un penchant certain pour l'éloquence contracté aux haltes du soir quand tous faisaient assaut de verve, chantant, déclamant des poèmes ou contant des billevesées. Il s'essayait à l'improvisation avec bonheur ; son sens de l'observation traduisait en satire les travers de chacun quand il ne touchait pas au lyrisme le plus conventionnel. La monotonie des jours venait se briser contre le cercle d'une entente, provisoire sans doute, mais dans l'instant, idéale : alors que le tiers du voyage n'était pas encore couvert, cela laissait bien augurer de l'harmonie qui allait régner entre ces hommes, si différents par l'âge et l'origine ethnique.

Après avoir suivi la frange du Jawf, la piste frôlait les hauts plateaux et devenait assez malaisée. Les dromadaires, impavides derrière le « menon », se suivaient, toujours à la même place dans la file, de l'allure égale des chenilles processionnaires. Ils avaient leur content de pâture fraîche et de l'eau plus qu'il ne leur était nécessaire. Leur charge, programmée pour une longue marche, était exactement proportionnée à leur force et à l'exception d'une demi-douzaine d'étalons particulièrement vifs, ils ne montraient pas la moindre velléité d'indépendance. Il arrivait, que des sédentaires isolés prévenus par le bouche à oreille du passage possible de la caravane, amènent sur certains puits leur chamelle pour la faire saillir. S'il n'y avait pas de retard dans l'itinéraire, il était d'usage de ne point refuser cette « bonne manière ». L'étalon désigné, besogne faite, rejoignait le groupe en accélérant le pas. Ammis'ad se rappelait ses terreurs d'enfant quand il avait assisté pour la première fois à la montée du rut : l'érection du voile du palais déformant la gueule du

Pages 142-143 :
Sentinelle avancée vers le sud, Najrân, enjeu d'influence et de pouvoir, connut des occupations de durée variable : juifs, Romains, chrétiens d'Éthiopie. Elle se maintient jusqu'à nos jours, comme marché particulièrement vivace entre le nord et le sud.

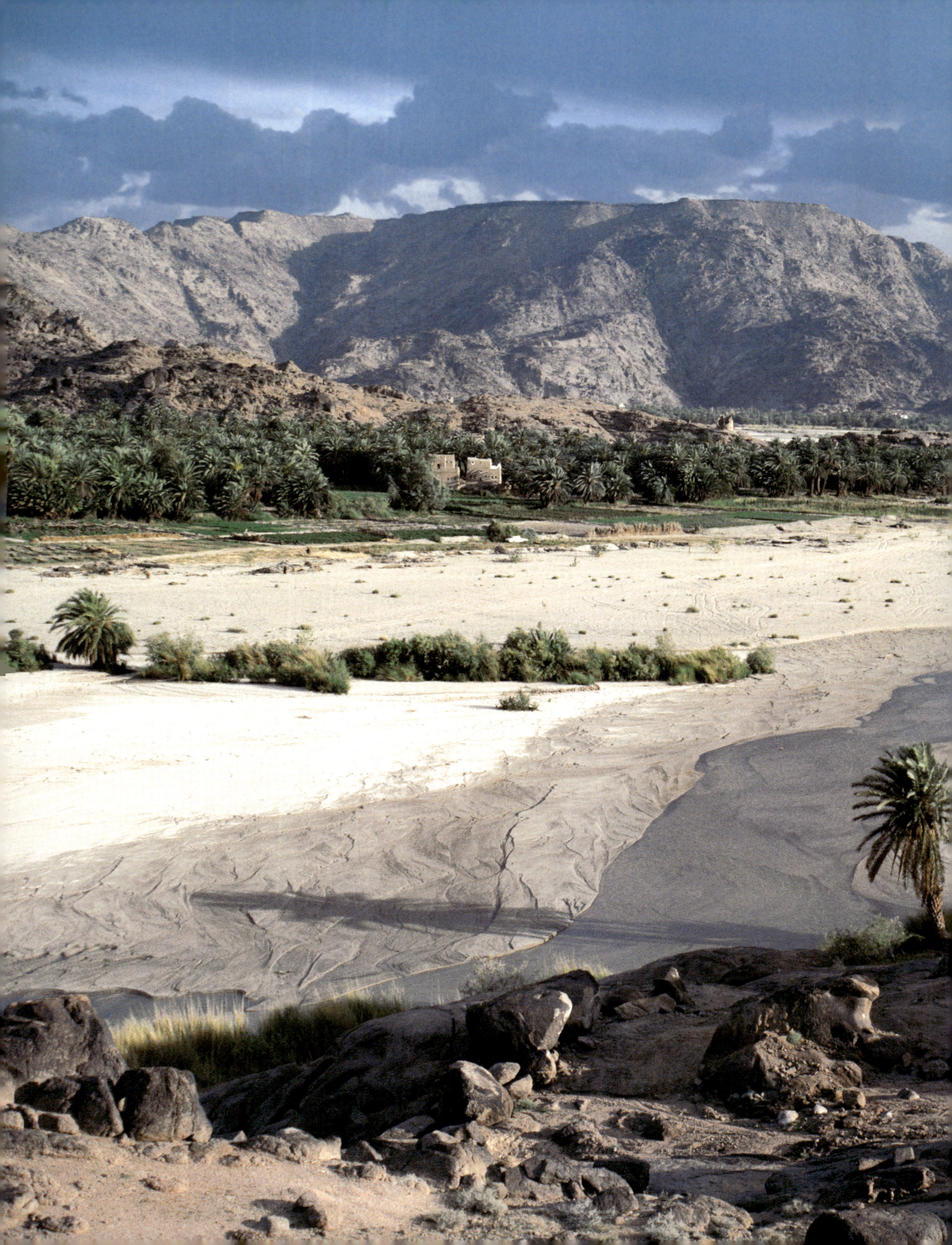

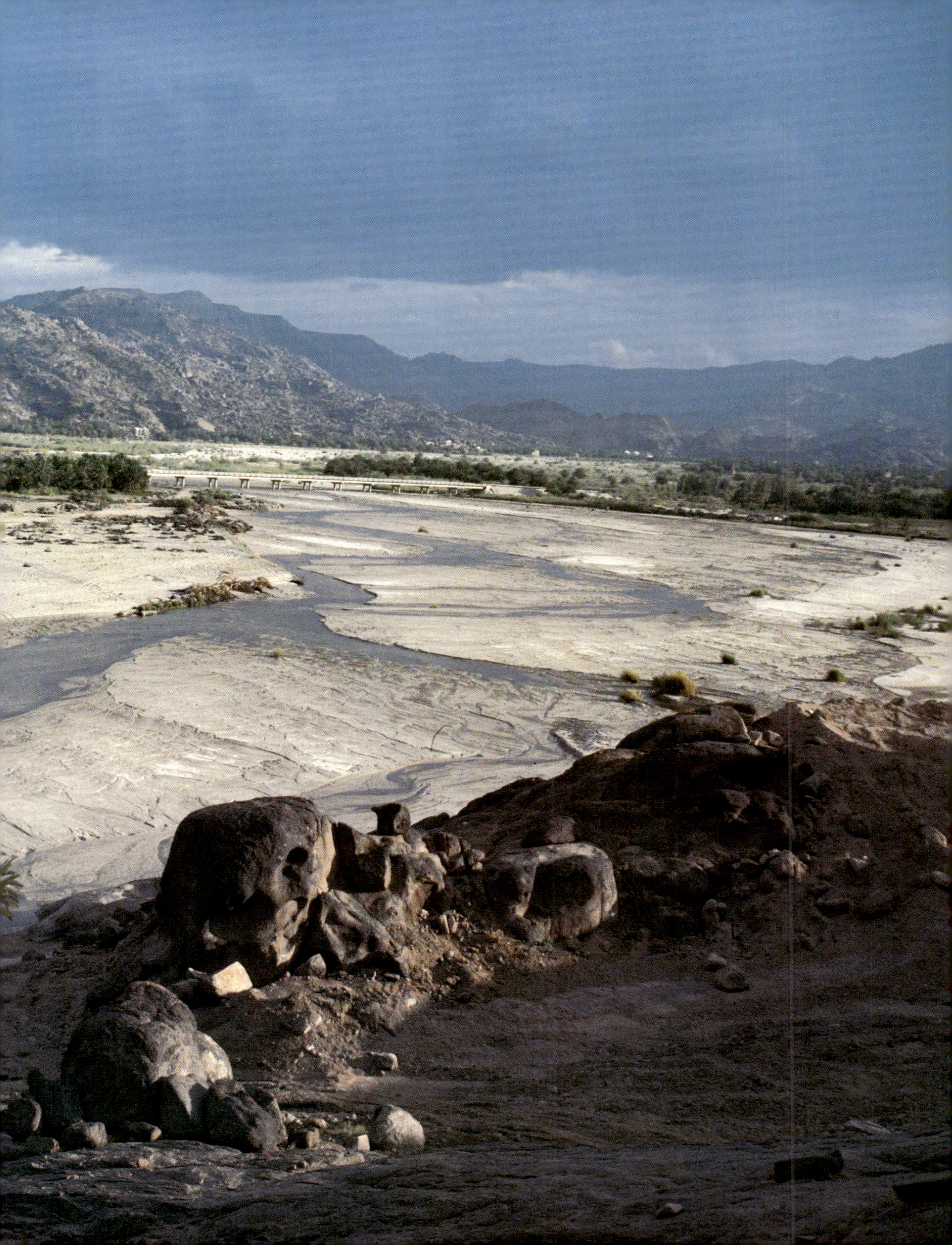

Nid d'aigle, citadelle de corbeaux. Les implantations de l'habitat yéménite tiennent d'un vertigineux défi. De ces hautes positions stratégiques il est facile de surveiller le monde alentour, de contrôler les déplacements et de faire face. Laqamat.

chameau pour en faire un dragon mythologique, les blatèrements dénaturés, assourdissants, la charge sauvagement désordonnée que les hommes devaient maîtriser, lui avaient laissé un souvenir de violence ineffaçable qu'il rejetait et savourait à la fois.

Soudain, dans une zone de collines irrégulières, un désordre dans l'alignement imperturbable, des piétinements, certains chameliers faisant baraquer leurs bêtes impromptu, éveillèrent l'inquiétude de l'arrière-garde. L'on apprit bien vite l'accident : un dromadaire avait trébuché sur un cailloutis instable. L'homme somnolant au faîte du chargement, n'ayant pas conscience du faux pas, n'avait pu s'assurer et avait été lourdement précipité sur un bloc de grès aux arêtes aiguës. Une large plaie s'ouvrait à la tempe, un peu de sang dégouttait de l'oreille : il était mort. Ses compagnons essayèrent de lui masser le torse, d'étirer ses bras et ses jambes, en vain. Nul ne s'avisa de se répandre en lamentations et sous la direction du maître, quatre bénévoles s'activèrent à creuser dans les graviers une fosse profonde : il ne fallait pas que les chacals et autres hyènes puissent venir déterrer le cadavre. On y déposa le corps face au soleil levant, à son côté, la petite écuelle où l'homme avait coutume de boire et qui, dans son étui de vannerie, ne le quittait pas. Pour le recouvrir, un dôme de pierres assez compact fut élevé à mi-hauteur d'homme.

Ammis'ad avait déjà quelque expérience de la mort, mais jusque-là il s'agissait du départ de gens âgés qui avaient vu plus de quarante saisons reverdir, d'hommes blessés à la chasse dans des affrontements avec des fauves ou même avec des bouquetins capables de faire face et d'encorner leur agresseur pour protéger la fuite de leur femelle et des petits, ou encore de femmes en couches. Cette mort aussi brutale, et bête – combien de fois n'était-il pas tombé de chameau lui-même pour se relever sans la moindre écorchure ? – le touchait sans doute, mais sans excès : quand on ne s'étonne pas du commencement, comment s'étonner de la fin ? Il avait si souvent entendu répéter que la mort est dans l'homme, comme le noyau dans la datte, qu'il ne parvenait pas à s'attarder sur l'inévitable. À peine songeait-il qu'il ne connaissait pratiquement rien du mort, de ses origines, de sa vie familiale, il ne resterait de lui dans son esprit que des boutades et des énigmes distillées le soir par un bon vivant. Cette propension à rechercher dans la vie ce qu'elle a de facile fut d'ailleurs, à la veillée suivante, vigoureusement attaquée par le maître : si le défunt avait marché, comme il se devait, au lieu d'aller paresseusement s'affaler sur le dos du dromadaire comme un vulgaire ballot, il serait encore là, vivant, à déguster les délicieuses outardes, grillées dans leurs plumes, chassées dans les parages par les plus habiles archers de la caravane. En matière d'oraison funèbre il eût été difficile de faire plus court.

La route se déroulait à l'infini, chaque pas semblait l'allonger au lieu de la réduire et Ammis'ad se rappelait la devinette de sa petite enfance : *des petits plats, des petits plats jusqu'au maître du ciel, qu'est-ce ?* Il fallait répondre : la piste chamelière, la trace cordiforme

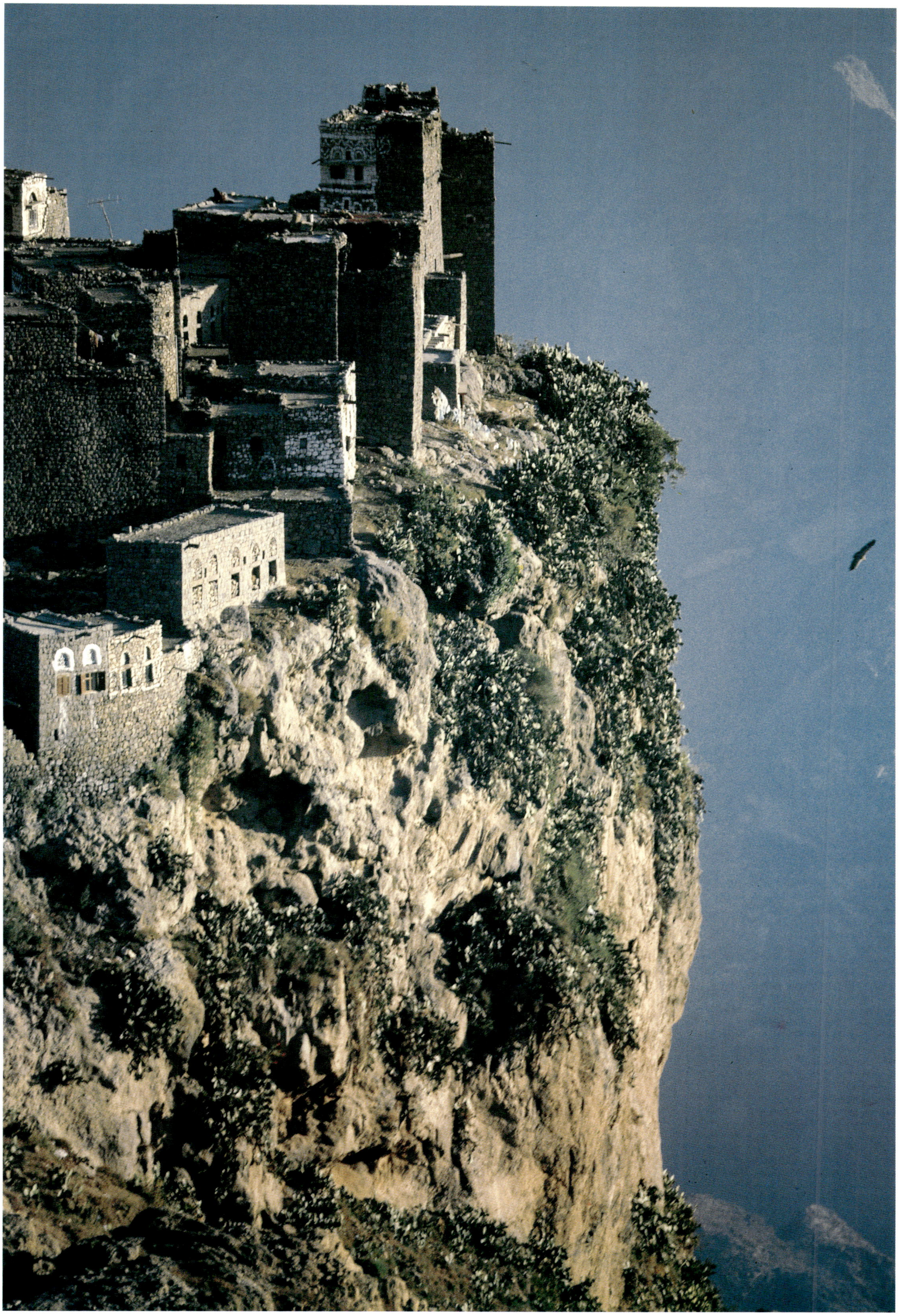

L'homme du désert a longtemps dû sa survie au dromadaire. Dans le monde actuel une complicité assez tendre unit encore le chamelier à sa monture et la domestication la plus accomplie demeure l'idéal de l'éleveur.

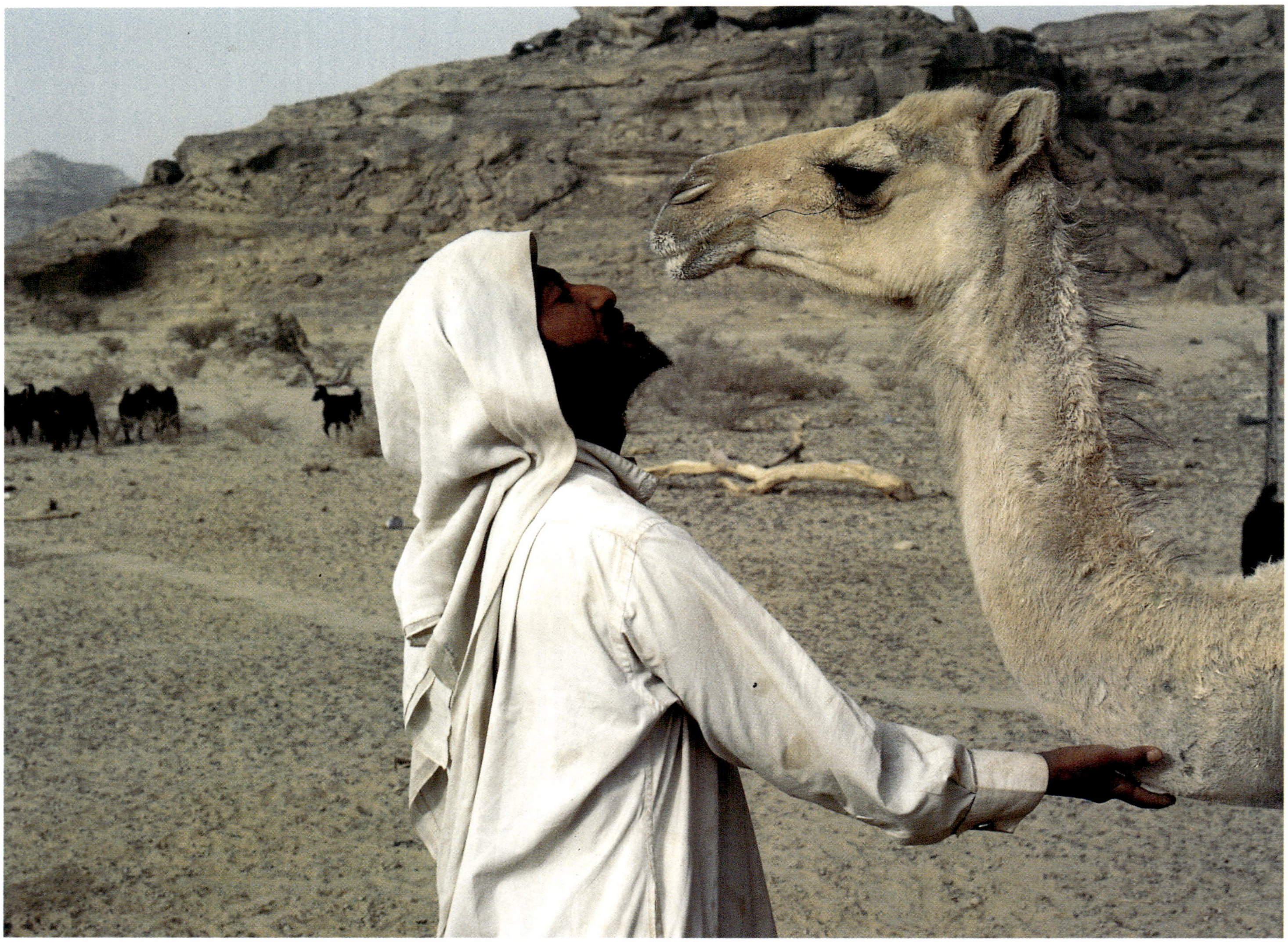

des pieds des dromadaires évoquant de petits plats. Pour célébrer la conquête de l'espace terrestre par ces auxiliaires irremplaçables, dont les cheminements avaient définitivement marqué le sol, pourquoi ne pas les faire voyager jusqu'au ciel ?

Le ciel restait hors d'atteinte mais Najrân fut en vue neuf jours après le départ de Marib. C'était une belle palmeraie dans une vallée fertile où frayaient des étrangers, rencontrés là pour la première fois : des Nabatéens, quelques Romains qui semblaient mis avec un luxe recherché et inutile. Les dromadaires des Nabatéens, ossus, imposants étaient réputés pour leur résistance. Le maître essaya de troquer contre eux quelques-uns des siens qui, pour la grande traversée, lui semblaient manquer d'endurance ; il ne parvint pas à traiter l'affaire. Il décida de faire halte deux jours dans l'oasis pour que gens et bêtes, bien reposés, soient d'attaque pour la cinquantaine de jours à venir.

Tous appréhendaient la longue marche vers le nord. La piste, suivie sans détour depuis des siècles, serpentait à l'est de l'Asîr et traversait, pour l'essentiel, un territoire tenu par des nomades dont les caprices étaient toujours à redouter. L'allure de la caravane, heureusement, n'était freinée ni par une condition médiocre des animaux, ni par l'inexpérience des hommes. Le pied des dromadaires demeurait inlassablement sûr : il adhérait parfaitement aux roches lissées par l'usure comme aux cailloutis des plateaux, il enfonçait mais ne s'enlisait pas dans les sols spongieux des dunes et la croûte craquante des anciens lacs salés.

Ammis'ad s'était pris d'amitié pour le Noir. Parfois le matin, allant le reprendre après le pâturage nocturne, il le débarrassait de l'entrave qui limitait son errance et sautait à cru sur son dos : à grand renfort de clics, de chuintements, de râlements, il parvenait parfois à le mettre au galop mais plus souvent à lui faire trotter un amble rapide. Le maître n'encourageait certes pas ce genre d'exercices, il ne convenait pas de fatiguer le dromadaire avant l'étape, mais si le garçon avait été pris en flagrant délit d'amusement, nul doute qu'il eût trouvé indulgence. Le Noir en effet était remarquablement pansé, parfois bouchonné, ses pieds régulièrement surveillés, et son cuir massé à l'emplacement du bât, avec un onguent goudronné fourni par un des compagnons.

Ammis'ad se prenait parfois à songer : si le maître était satisfait, pas d'incidents, voyage rapide, forte demande d'encens et d'aromates à Gaza, cours élevés,... peut être donnerait-il une grosse récompense ? suffisante pour acquérir le Noir ?

Dans son lointain wadi un dromadaire, un chamelon le plus souvent, s'échangeait contre une multitude de prestations en nature : des céréales, des dattes mais aussi des corvées dans les jardins, des fournitures de chaux, de briques de pisé, tout cela en quantité exorbitante pour des pauvres. Ses yeux d'oiseau de proie lui permettaient d'anticiper les accidents du chemin et rien ne venait troubler sa rêverie. Il se voyait déjà entrepreneur de caravanes,

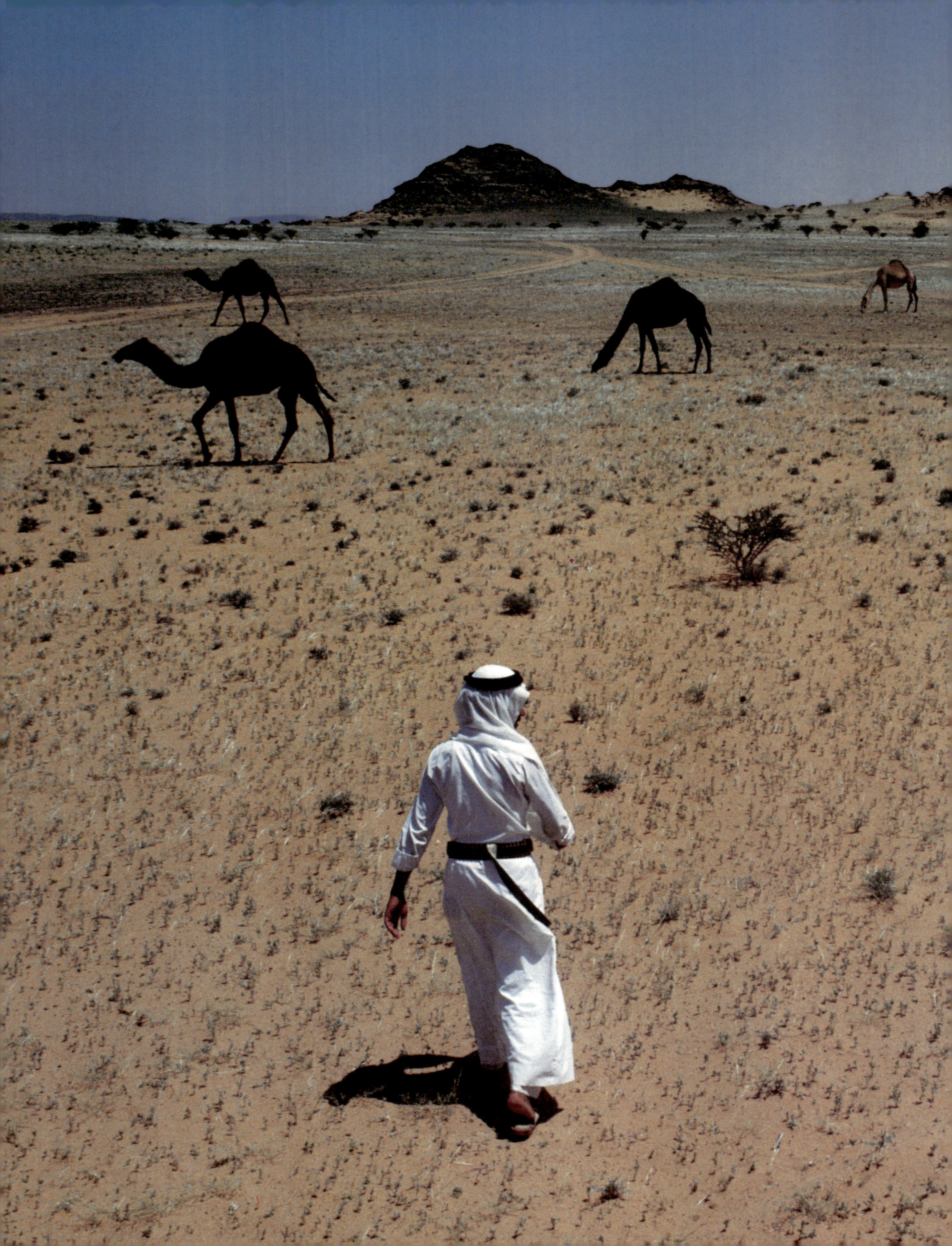

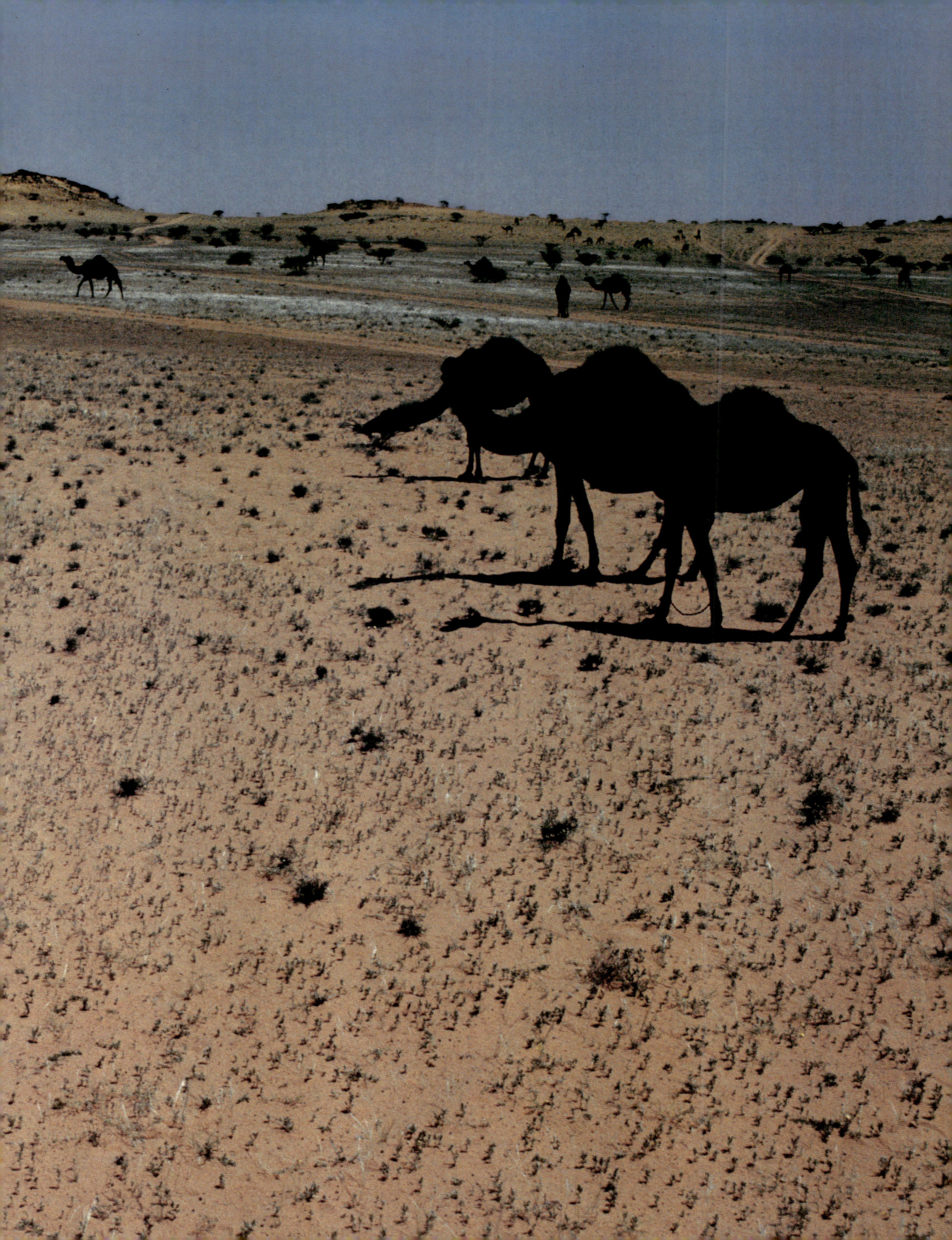

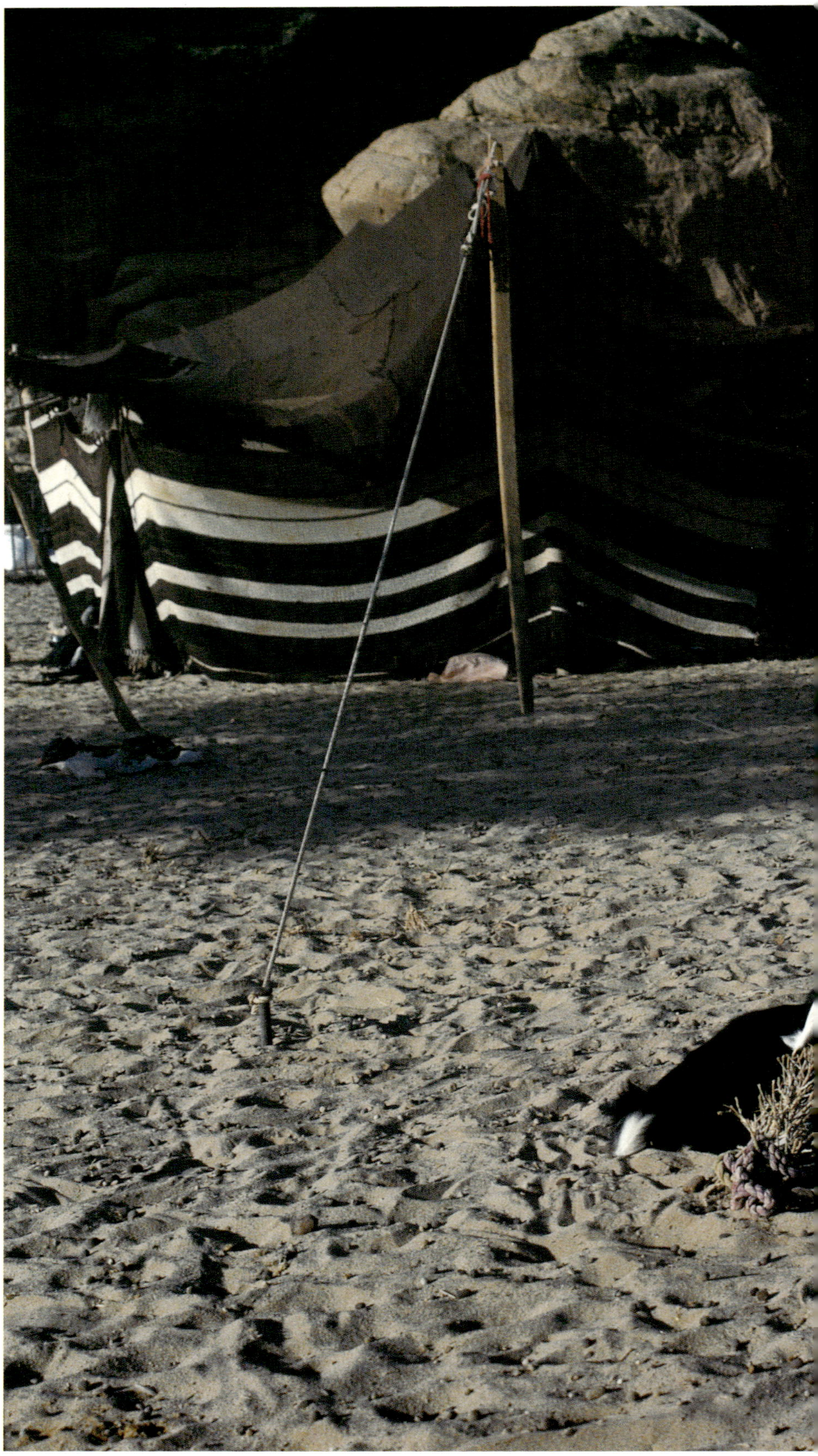

Bébé au côté dans son sac de cuir, la maîtresse de la tente ramène les agneaux au campement pour les soustraire à la dent des prédateurs. Yam.

Pages 148-149 : *L'image du désert à la saison « herbeuse », riche de couleurs et de senteurs, n'est pas uniquement un leitmotiv pour poètes antéislamiques. L'explosion de la végétation surprend les nomades eux-mêmes ; pour quelques semaines ils vont connaître l'abondance, l'eau, le lait, parfois le miel.*

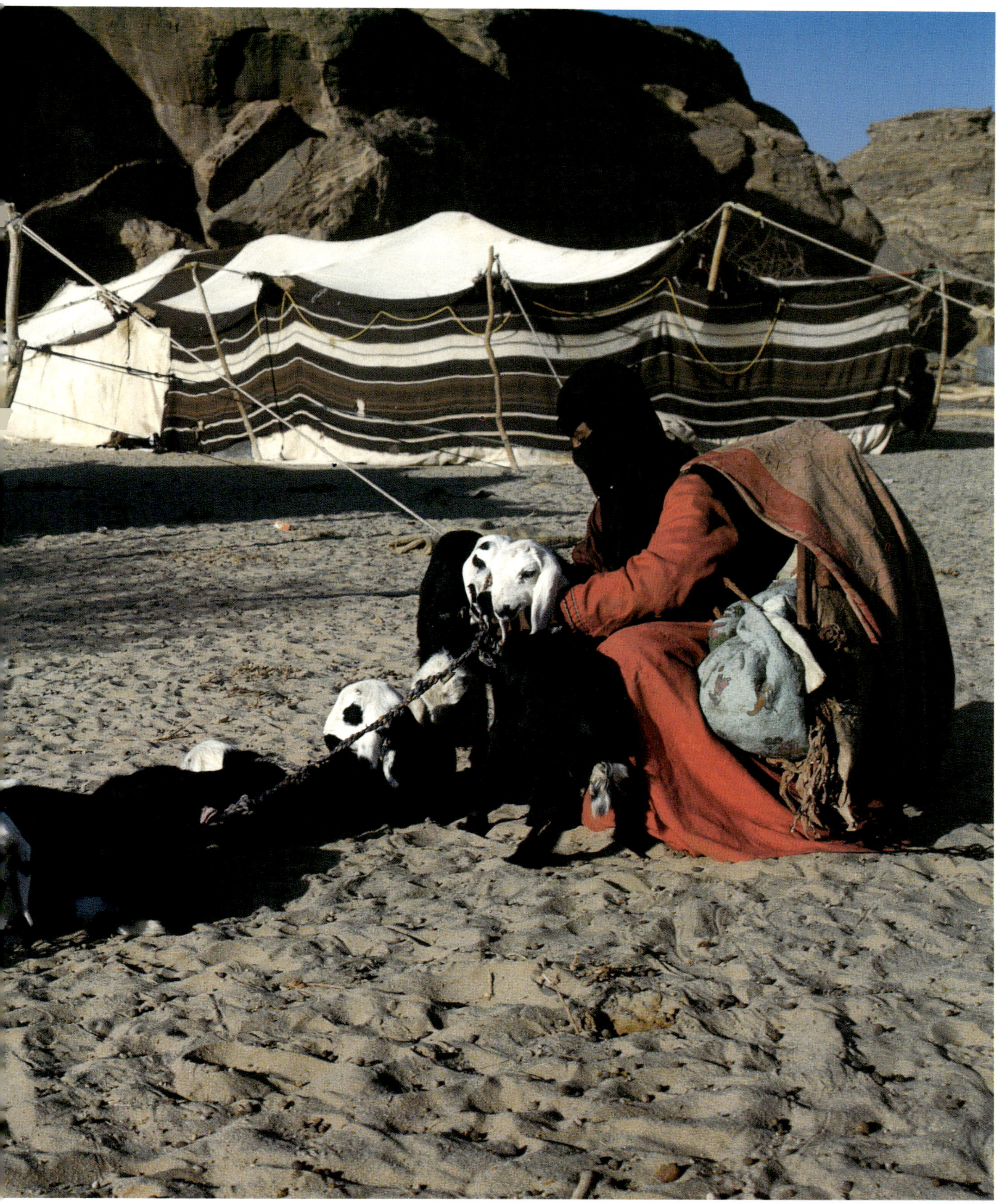

Schiste et calcaire alternant, la façade de la maison reflète en miroir les sols environnants.

faisant de la modeste maison familiale une riche demeure, comparable à celles de Shabwa ou de Marib, emplie d'enfants et de troupeaux.

De temps à autre, quelques jeunes garçons venaient à la rencontre de la caravane, sans agressivité mais au contraire portant une écuelle de lait de chèvre fraîchement trait, des jujubes ou autres fruits sauvages. Ils étaient pratiquement nus, couronnés de fleurs, les yeux étincelants entre des cils poudrés de noir, la bouche pulpeuse ouvrant sur des dents de fauve. Leur beauté rayonnait. Ils ne demandaient rien, jacassaient entre eux dans une langue étrangère et, sans raison, disparaissaient comme absorbés par la nature ambiante. Un des compagnons de route s'empressa de raconter des histoires effrayantes sur les pratiques de purification en usage dans certaines régions des montagnes traversées : à l'âge adulte, les garçons se laissaient arracher la peau du pénis, sans émettre un cri, pour manifester qu'ils étaient dignes d'appartenir à la tribu ; certains d'entre eux ne survivaient pas à l'opération mais tous avaient à cœur de la subir.

Au nord de Najrân la piste s'insinuait entre montagnes de pierre à l'ouest et montagnes de sable à l'est. Les compagnons chuchotaient qu'autrefois les risques y étaient grands, mais qu'aujourd'hui ils semblaient réduits à néant : attaquer une caravane n'était rien pour des gens de tribu décidés, mais que faire d'un butin qui ne prendrait sa valeur que livré à plus de quarante jours de marche et qu'entre-temps il eût fallu défendre des convoitises des tribus concurrentes. Il était plus sage de se contenter d'indemnités modestes mais sûres.

Jebel al-Qara, Tathlith, Thumala, jour après jour la caravane grignotait la route. Les nuits, toujours fraîches, redonnaient force et courage ; le maître avait dû sacrifier aux dieux les plus attentifs puisque l'avance se faisait, régulière, sans accidents tragiques. Tout compte fait, la mort d'un homme n'est que vétille. Il advint plus grave. Deux dromadaires, pour avoir brouté au pâturage de nuit, une plante toxique non identifiée par les chameliers, furent retrouvés au matin, l'un mort, l'autre agonisant... Sans retard, le maître décida de répartir leur chargement sur quatre des bêtes les plus solides et en route. Le Noir avait échappé à la surcharge, son conducteur l'ayant faussement gratifié d'une boiterie intermittente.

À Turabah, le maître choisit un de ses fidèles comme responsable d'une livraison à Mekka de dix charges d'encens et d'aromates. Mekka était un centre de pèlerinage important, réputé dans l'Arabie du nord et du centre. Des bétyles, pierres habitées par les dieux, y étaient vénérés. Le culte qui leur était rendu depuis des siècles, très strictement codifié, ne pouvait se concevoir sans les fumées purificatrices de l'encens. Ammis'ad vit s'éloigner vers l'ouest le modeste convoi avec une pointe de regret ; il avait une amitié particulière pour un des chameliers désignés, un homme âgé qui savait tout de la nature : les pierres, les

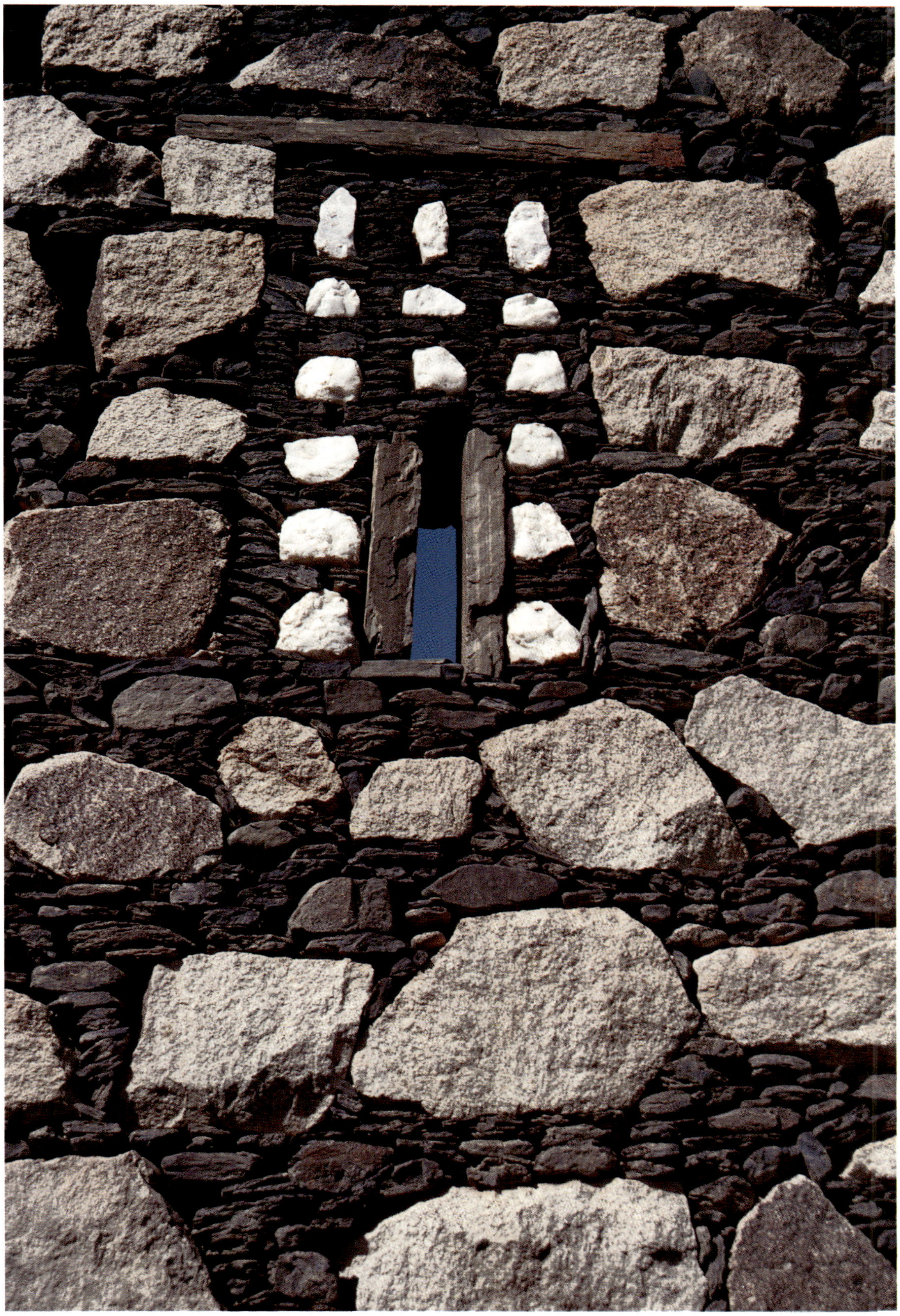

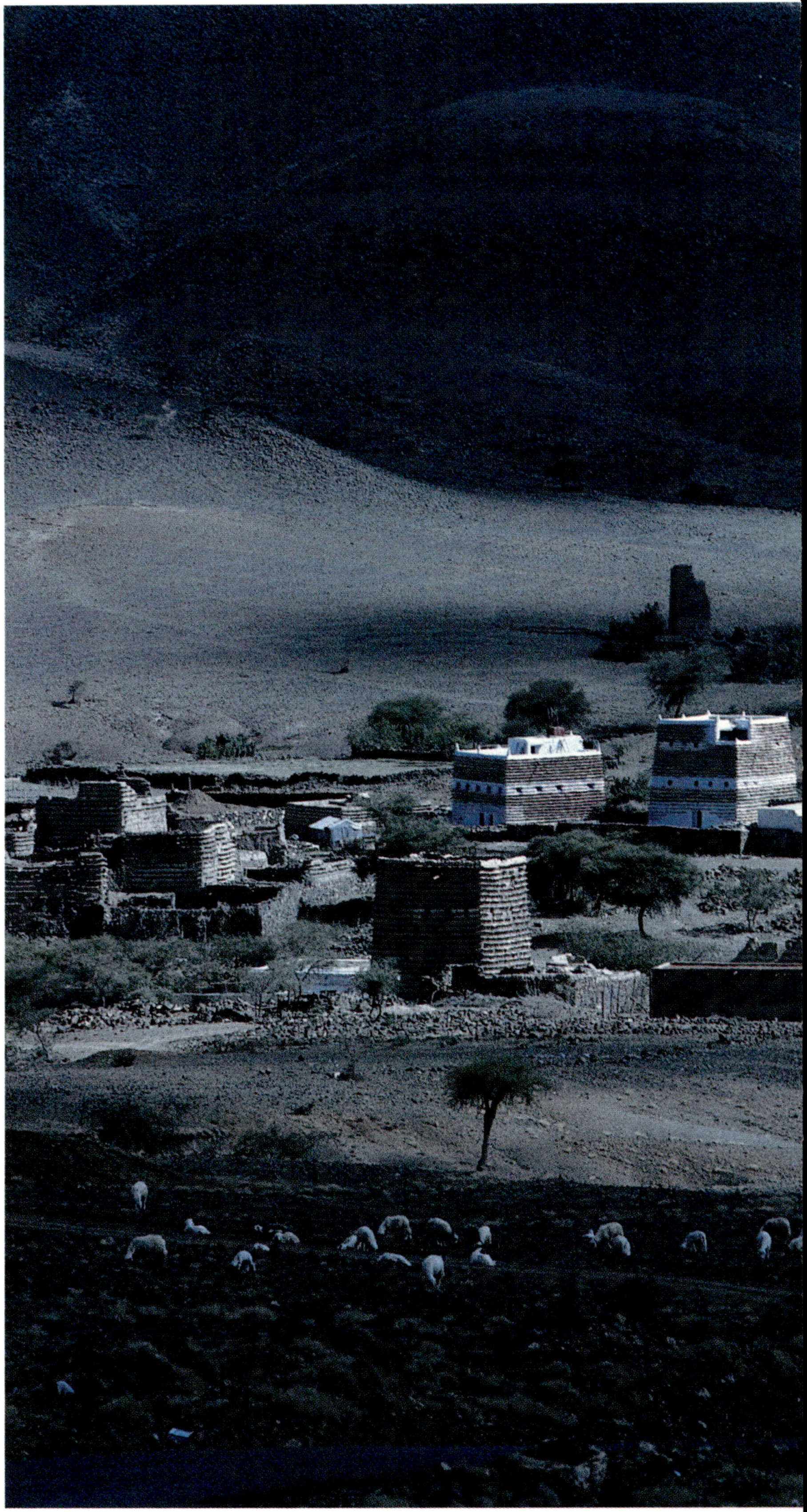

Asir, *village de la région de* Dharan al Janub. *Les murs, faits de lits de terre superposés, sont protégés des pluies violentes par des plaques de schiste en ressaut.*

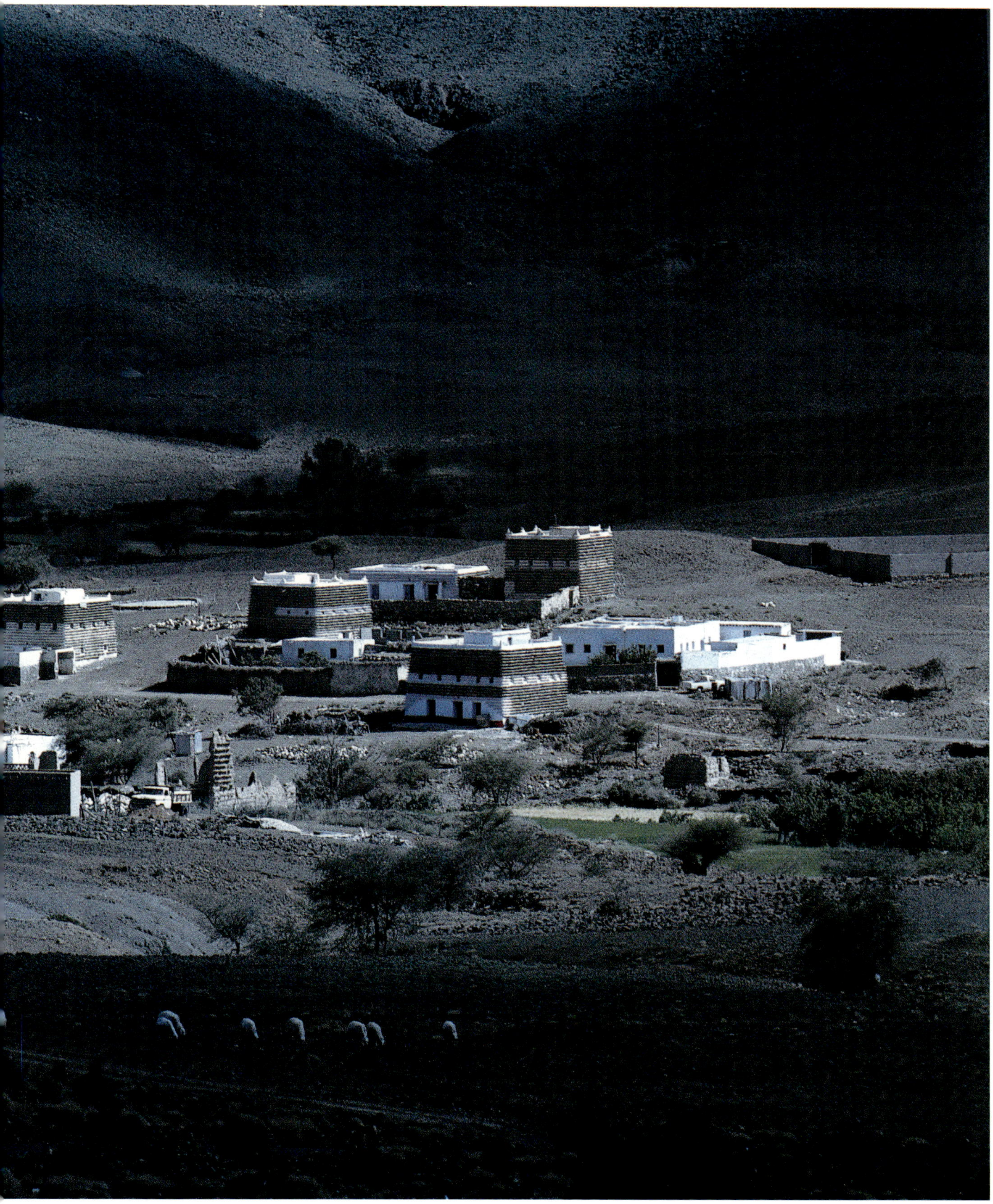

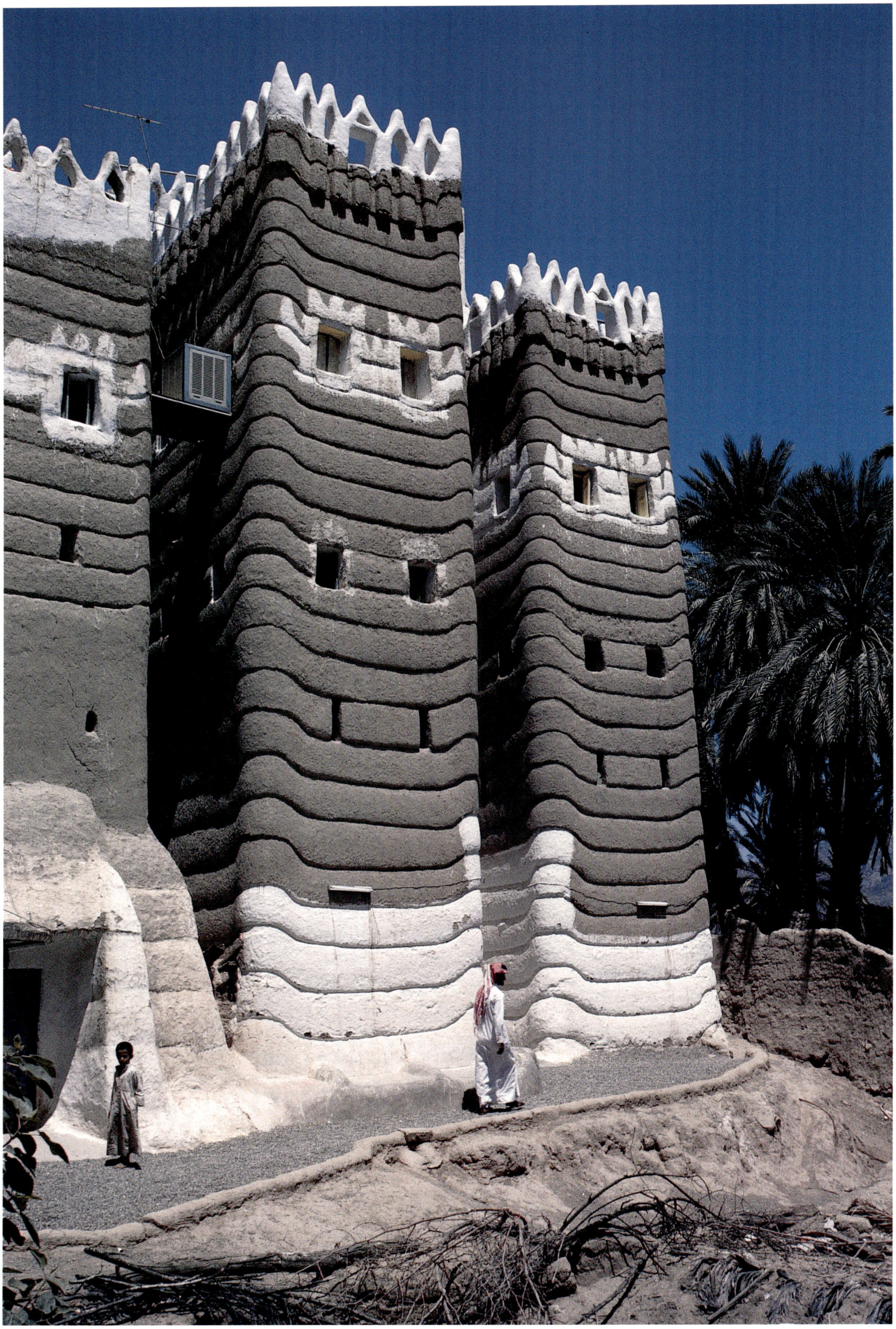

plantes, les bêtes et ne se faisait pas prier pour les nommer et en conter les histoires. Mais à tout prendre, il préférait abattre la longue distance vers Gaza qu'on ne pourrait atteindre qu'après deux lunaisons.

De Turabah à Yathrib, il fallait, de temps à autre, traverser d'immenses champs de laves veillés par de petits volcans noirs au cratère ensablé. Tous savaient que cette terre-là avait été malmenée, triturée par un feu d'enfer dont les volcans n'étaient que les cheminées plus ou moins bien obturées. Pendant quinze nuits, il allait falloir se coucher avec l'appréhension des mille tours que les génies souterrains peuvent jouer aux mortels pendant leur sommeil. Un compagnon conseilla au jeune garçon de planter avant de dormir son poignard dans le sol, à côté de sa tête : la pointe aiguë ferait reculer toute créature malfaisante sortant du sol. La recette se révéla efficace et la caravane se présenta à Yathrib en bon ordre et au complet.

Ammis'ad possédait désormais une certaine expérience des « grandes villes » et Yathrib ne le surprit d'aucune façon. Abandonnées les maisons-tours prestigieuses, les murailles de pierre comme des boucliers. Le caravansérail, retrouvé après la succession des nuits à la belle étoile, la promiscuité des étroites cellules, le brouhaha des ruelles lui faisaient regretter les étendues désertes, le sable et la terre vierges qui lavent le corps, la fraîcheur nocturne qui dilate la poitrine et les bruits si divers de l'espace, à la fois ténus et isolément perceptibles : de la coulée de sable qui déferle spontanément d'une haute dune, au râclement discret du bousier qui roule sa crotte, des braiements lointains des ânes sauvages au ricanement des hyènes. Un vent de sud-est chargé de sable que l'on retrouvait partout, collé à la peau, crissant sous les dents, noyait en outre la cité dans une pénombre rosâtre. Le départ vers Hijra, décidé sans délai, n'attrista personne ; chacun se promettait les délices de Pétra ou celles de Gaza, et Yathrib ne fut plus qu'une étape utilitaire.

À nouveau, la routine ; le maître ne pressait pas le rythme – qui va lentement, va sûrement – après la marche du matin jusqu'à ce que le soleil se tienne droit dans le ciel, une halte, sans débâter ; des broutilles en guise de déjeûner, une sieste dans l'ombre rase du chameau et à nouveau, marche, jusqu'au moment d'établir le campement de nuit avant le coucher du soleil : déchargement soigneux ; inspection des cordages et autres sangles ; pose des entraves aux dromadaires (une seule patte repliée pour les plus dociles, les deux antérieurs couplés pour les intrépides) ; repas en commun ; assemblée du soir. Cette existence réglée comme le débit d'un canal d'irrigation ne semblait peser ni aux uns, ni aux autres. Les plus fins chasseurs, aux dépens de leurs jarrets, pouvaient rompre l'uniforme progression mais le maître, quel que soit son goût pour la chair fraîche, n'encourageait pas leurs initiatives qui pouvaient mettre en péril, au-delà de leur sécurité propre, celle de l'entreprise. Les tribus nomades montraient pour l'instant un total désintérêt pour la caravane et son

Wadi Najran.
Maison tour.
Les pierres angulaires des fondations impriment le mouvement des strates successives de terre battue et assurent un meilleur contreventement.

Tombeau, cénotaphe, mémorial ? Taillé dans le roc, l'un des plus célèbres des monuments de Pétra vu du sommet de la gorge du Siq.

Pages 160-161 : *Le wadi Rum, trait d'union entre le Hijaz et le bassin méditerranéen.*

chargement : l'exceptionnelle saison des pluies ne s'était pas cantonnée au sud et les troupeaux trouvant abondance de pâturage ne se déplaçaient que dans un rayon étroit. Comme au meilleur printemps, le velum noir de la tente de poil de chèvre blanchissait sous l'accumulation des fromages que l'on y mettait à sécher.

Enfin Hijra fut en vue. Longtemps auparavant, quand le monopole minéen présidait au commerce de l'encens, un accord avec les Nabatéens spécifiait que là devait s'opérer le transbordement des charges sur le dos de dromadaires de leur cru. Aucune obligation de cette sorte ne subsistait et le maître, une fois les taxes diverses acquittées, fut autorisé à continuer sur Pétra. Tout au plus, fit-il une transaction portant sur l'échange d'une demi-douzaine de bêtes qu'il jugeait trop fatiguées pour le dernier effort et qu'on s'engageait à lui rendre, requinquées, à son retour, contre de lourdes montures à la robe laineuse, tellement soumises qu'elles acceptaient bât et charge sans blatèrement, ni sursaut d'indépendance.

La ville paraissait belle ; habituée à la paix, elle n'était défendue par aucune muraille. Les hommes revêtaient un simple pagne et des sandales, le roi allait dans le même appareil mais son pagne teint à la pourpre le distinguait de ses sujets. Les Nabatéens honoraient le soleil, lui dressaient des autels sur leurs terrasses et brûlaient pour lui de l'encens. Leurs voisins s'étonnaient de l'attitude méprisante qu'ils affectaient devant la mort en enterrant les cadavres au contact du fumier.

Au voisinage de Hijra s'étendaient encore des champs de lave. La nature calcinée évoquait un châtiment divin. Çà et là, d'énormes blocs erratiques, survivant à des montagnes disparues, parlaient de mystère, de géants pétrifiés. Un roi avait désigné pour son tombeau une de ces sentinelles minérales et l'on commençait à élever de belles pierres fauves au revers de la face brute. Fumier ou impérissable demeure… Ammis'ad trouvait qu'il y avait grande différence entre les morts.

Douze jours encore avant de parvenir à Pétra ; certains des compagnons marchaient pieds nus en tout terrain, d'autres portaient de rustiques sandales. Presque tous avaient des talons crevassés, des orteils écorchés. À la halte du soir, les plus atteints avaient recours au goudron et au beurre fondu, d'autres enveloppaient leurs pieds dans une peau de bête fraîchement dépouillée. Aucun ne se plaignait et n'envisageait de terminer le voyage au faîte du chargement.

Il courait sur Pétra nombre d'informations : les Nabatéens y vivaient en troglodytes, ils ne cultivaient pas de céréales mais pratiquaient l'élevage et surtout le commerce. Depuis leur soumission aux Romains leur activité avait pris de l'ampleur et ils vivaient maintenant dans l'abondance. La capitale devait son nom (Pierre) à l'enceinte naturelle de rochers, abrupts

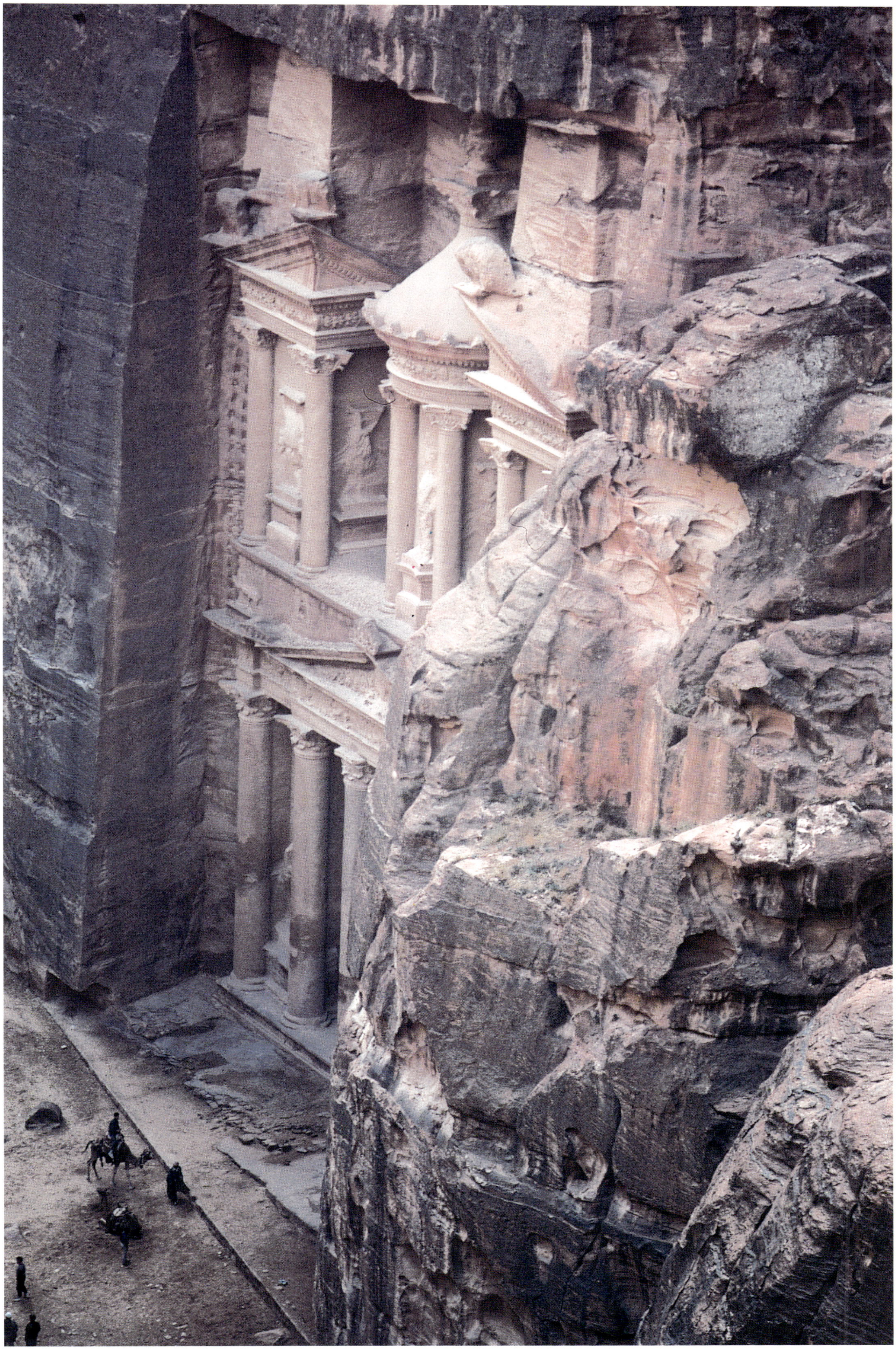

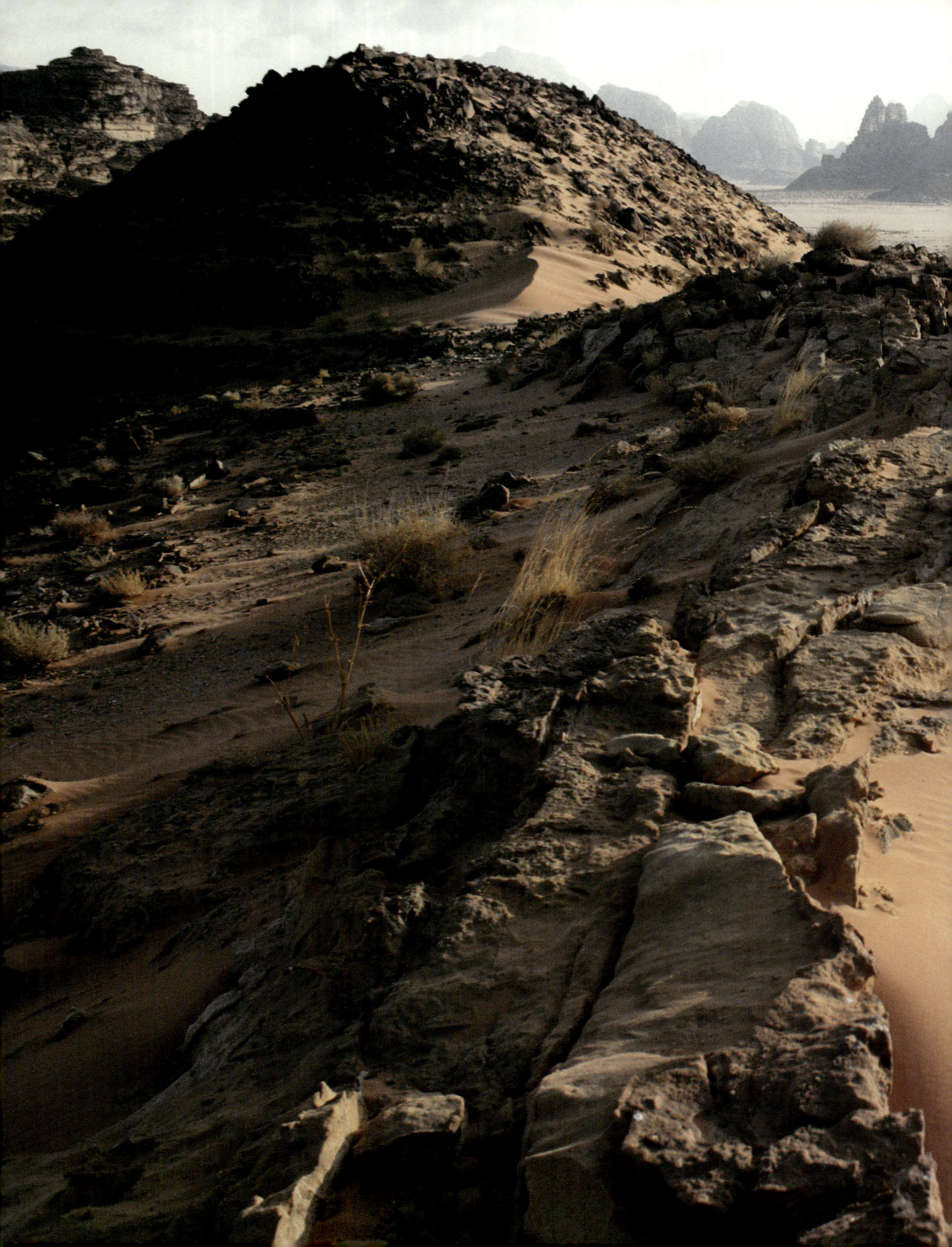

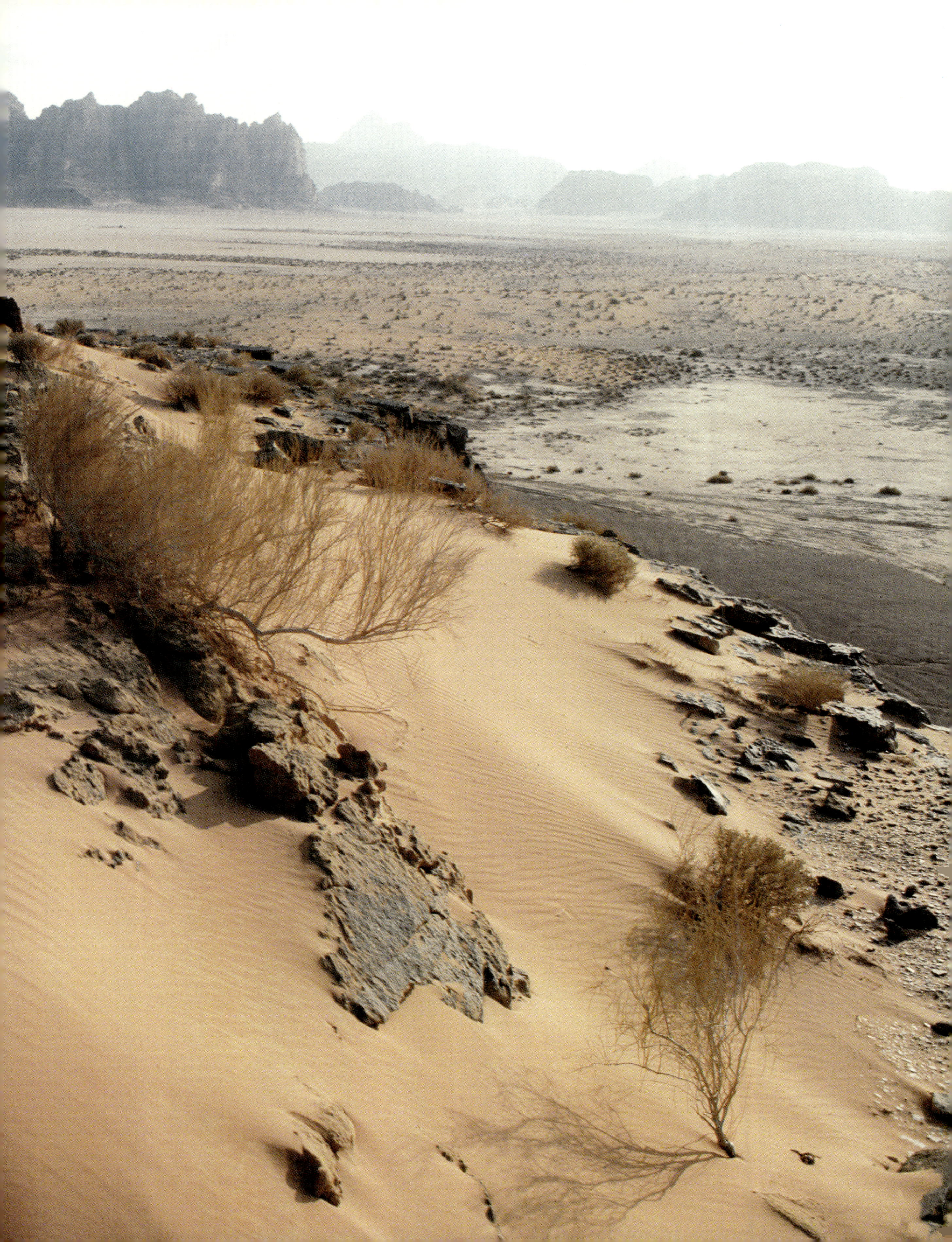

vers l'extérieur, qui la défendait. À l'intérieur, des sources abondantes autorisaient la vie d'une communauté active et l'entretien de beaux jardins. La qualité de la pierre permettait à d'habiles artisans de façonner à volonté et à peu de frais, directement en place, des demeures qui ressemblaient à des châteaux et des oratoires, grandioses comme des temples.

Au débouché du canyon, cordon ombilical de la petite ville, la symphonie des scies et des marteaux assourdissait ; des chantiers de toute part laissaient bien augurer de son proche développement. Les Nabatéens proposèrent au maître d'arrêter là : ils se chargeraient eux-mêmes de ventiler le chargement au mieux, si un accord intervenait sur le prix global. Avec diplomatie, ils avançaient leurs arguments : des courriers expérimentés les renseignaient sur les besoins des Égyptiens mais aussi sur les commandes des Syriens, a fortiori des Romains. Le maître hésitait à s'en tenir aux informations univoques des Nabatéens ; le cours qu'ils annonçaient lui paraissait médiocre, en tout cas insuffisant. Que risquait-on en poursuivant jusqu'à Gaza ? cinq jours de route, sans hasards, par une température agréable.

La venaison étant venue constamment améliorer menu et rations, la caravane avait pu ménager les vivres ; sur ce point le budget n'était donc pas déficitaire. Parmi les pertes, deux dromadaires ; rien d'excessif pour une aussi longue méharée. Jusque-là, le bilan semblait correct. À Gaza, les clients seraient plus nombreux : les Nabatéens bien sûr, mais aussi les Égyptiens, les Hébreux, les Grecs, les Romains et qui sait ? des inconnus venus de loin sur de solides navires.

Décidément, mieux valait tenter la chance.

Autant certains moments avaient paru longs à Ammis'ad, autant les cinq jours qui séparaient Pétra de Gaza, lui semblèrent courts. La longue route qu'il avait suivie comme une belle et constante aventure allait se fermer, butant sur une mer où il savait qu'il n'avait pas de place.

La foule cosmopolite des quais l'amusa, mais il restait sans véritable désir devant les boutiques où l'on vendait de tout, des choses connues, plus encore d'inconnues. Bien que personne ne remarque son pagne indigoté, il donna la plus petite des menues pièces remises par le maître pour s'offrir une tunique de coton. Il partit à la recherche d'un miroir de bronze. Il allait retourner chez lui à petites étapes par le plus court chemin. Il ferait route avec trois bons compagnons. On lui avait assuré que la récompense octroyée suffirait à l'acquisition d'un chamelon au Hadhramawt et pourtant son pas allègre, que les vieux jalousaient si fort, en silence, traînait ; il incriminait l'atmosphère marine, chaude et humide.

Mais la joie, c'est triste !... Insidieusement, le tourment qui réside en toute fin, venait se couler dans son rêve assouvi.

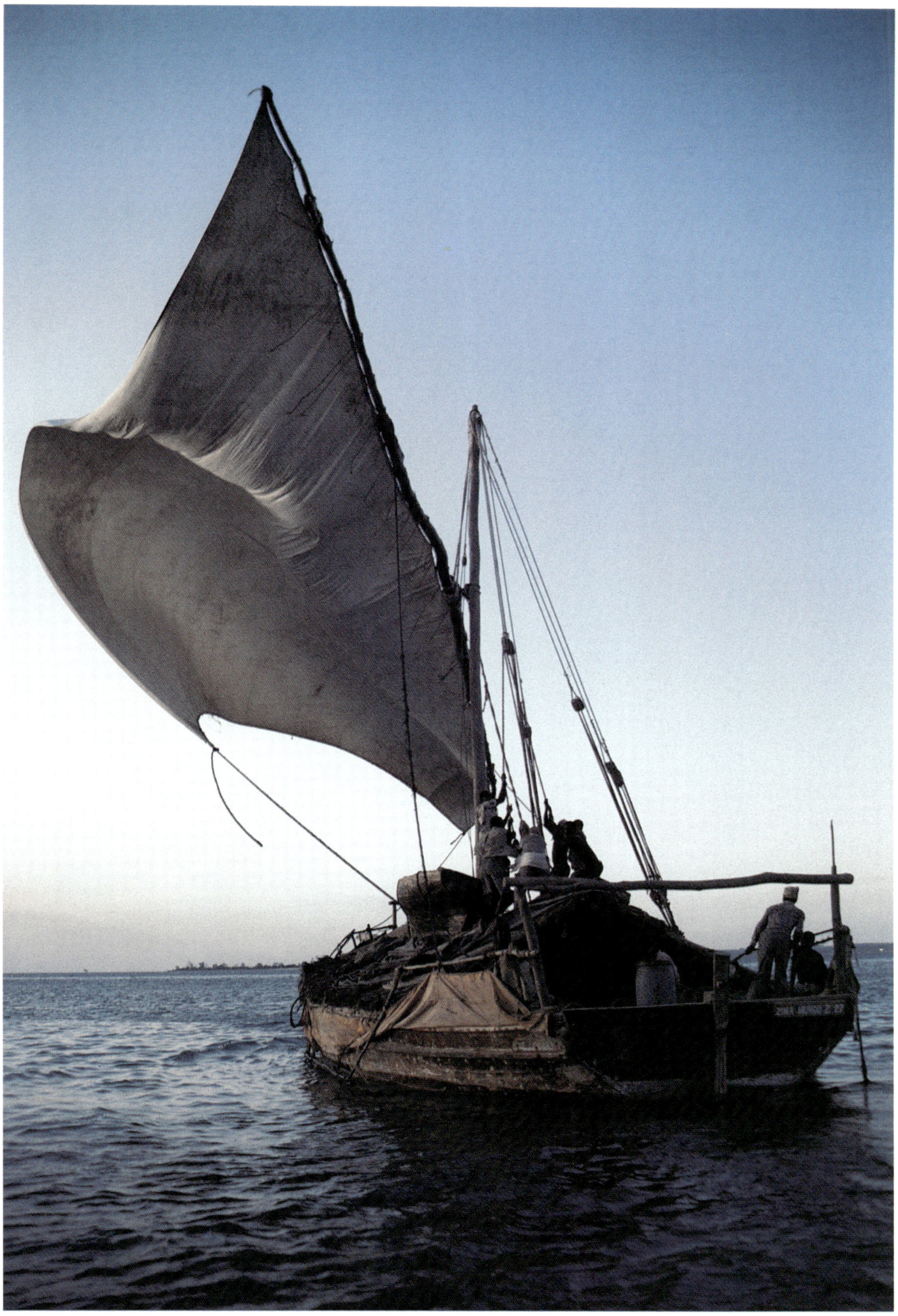

La découverte du régime des moussons allait favoriser la route maritime de l'encens, jusqu'à faire disparaître l'usage de la longue route terrestre.

L'encens, escorte de vie

« Car l'odeur était sœur de la respiration. Elle pénétrait dans les hommes en même temps que celle-ci ; ils ne pouvaient se défendre d'elle, s'ils voulaient vivre. Et l'odeur pénétrait directement en eux jusqu'à leur cœur, et elle y décidait de l'inclination et du mépris, du dégoût et du désir, de l'amour et de la haine. Qui maîtrisait les odeurs, maîtrisait le cœur des hommes... » [P. Süskind, Le Parfum *(trad. Lortholary), A. Fayard, 1986].*

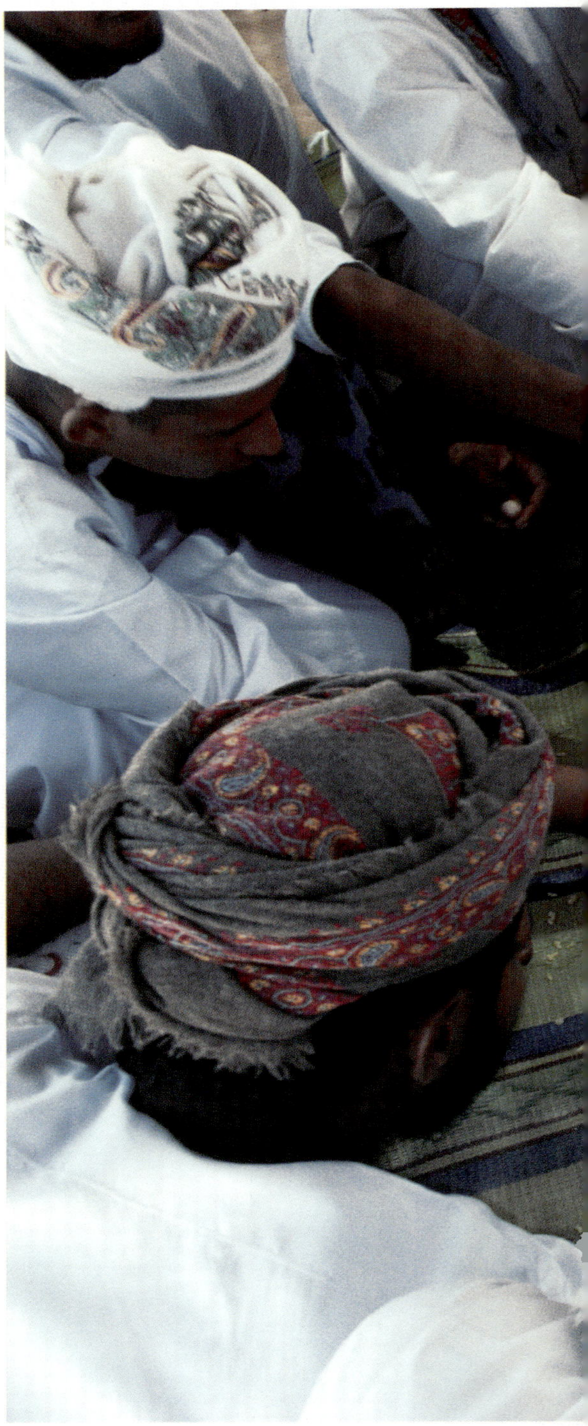

Des hommes de la tribu Rachid sanctionnent le mariage de l'un de leurs membres par un repas communiel.

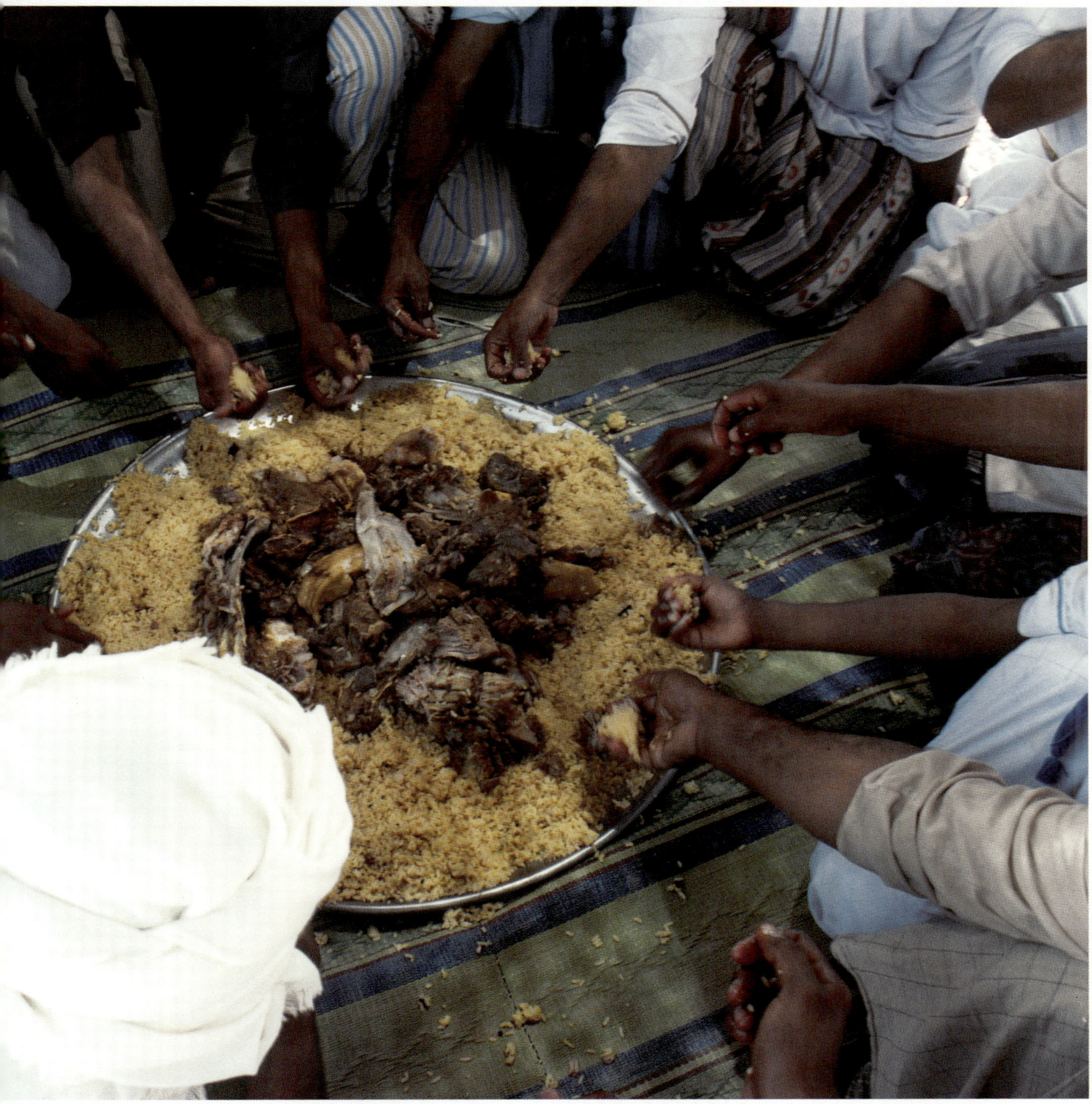

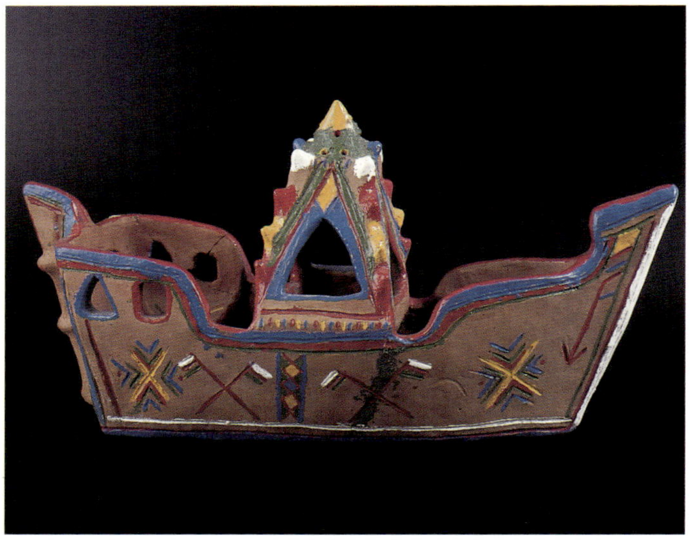

Dans la chaleur de l'après-midi, les ruelles du village, vides d'hommes, sont à peine animées par des ombres mouvantes aux pieds ailés qui se présentent au seuil d'une maison quelconque, en ordre réglé comme des abeilles à l'entrée d'une ruche. Point besoin de heurtoir : les visiteuses sont attendues et aussitôt happées dans l'entrebâillement furtif de l'huis ; les sombres entrailles de la demeure exhalent des bruits et des parfums. Bruits de voix, le plus souvent joyeuses, alternant les faussets et les basses, jeunes et vieilles concertant, chocs des verres de thé, de café ou de « gazouzes » (boissons gazeuses confectionnées au Yémen sous licence étrangère, dont le succès ne cesse de croître depuis vingt ans), glouglous des pipes à eau et timides chœurs accompagnés de percussions sur bidons et bassines, sur lesquels plane une fumée épaisse, bleue, odorante, chargée de senteurs mêlées : grains torréfiés, acidité verte des rameaux écrasés (qat, basilic ou rue) et encens : la réunion des femmes commence.

Tout événement d'importance : naissance, circoncision, mariage, retour (de voyage ou de pèlerinage), suscite ces assemblées où sont concernées, sinon invitées, toutes les femmes d'un hameau ou d'un village. S'abstenir de participer pourrait nuire à la cohésion de la communauté tout entière. Manifester une réticence, sous un prétexte plus ou moins fallacieux, serait interprété comme une attitude négative, pire peut-être, critique ou agressive,

Brûle-parfum, terre cuite, collection particulière.

Près de La Mecque, les femmes dissimulent leur visage sous des masques rigides qu'il faut manipuler pour obtenir un champ visuel normal. Mugeta.

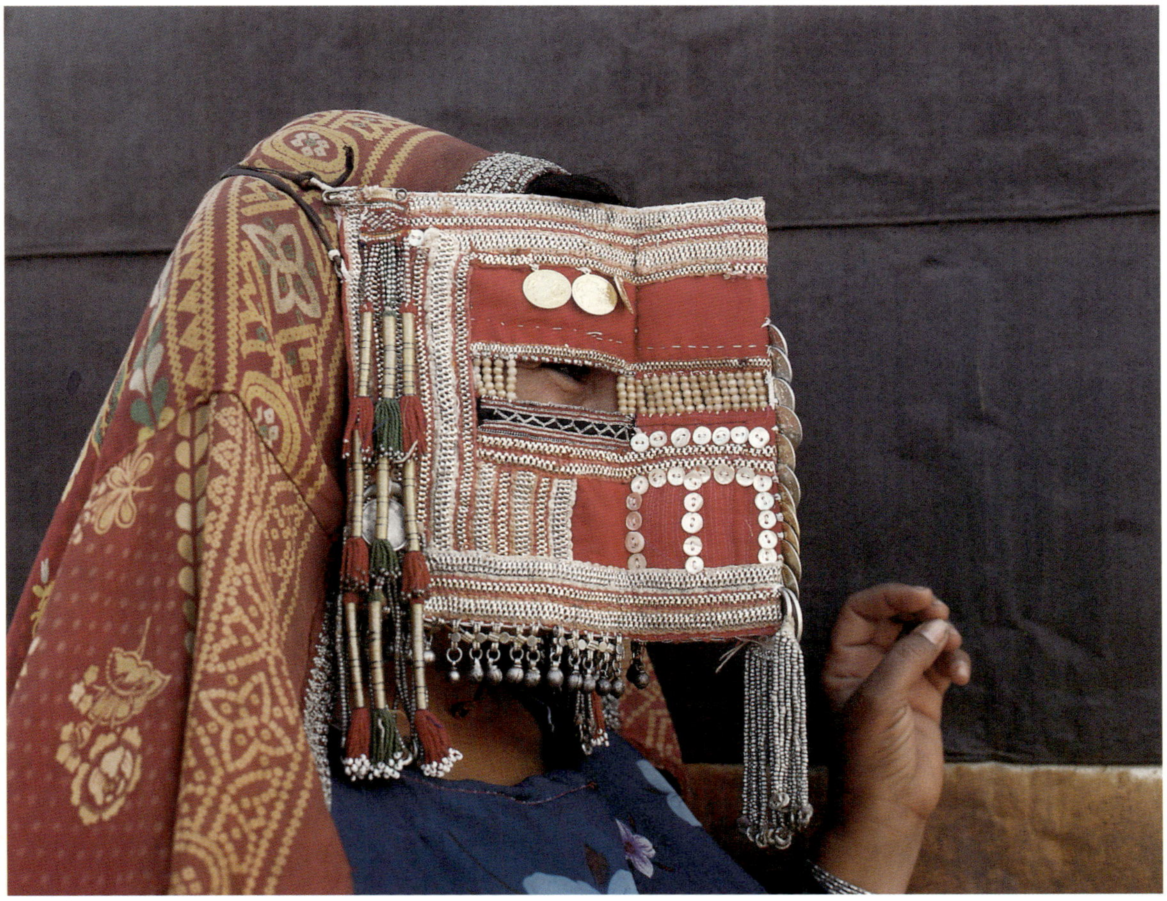

Dans un espace resserré, les maisons montent à l'assaut de la lumière et de l'espace. Shibam.

susceptible d'engendrer le mauvais sort. Mais les dérobades sont rares et les femmes, riches ou pauvres, s'empressent vers ces réunions où fraternellement elles mettent en commun leurs problèmes de tous les jours dans une ambiance de liberté strictement mesurée par le temps, dans l'espace consenti par les hommes. Quand l'assemblée s'élargit, la *muzzayna* (chanteuse, musicienne, sage-femme, guérisseuse, maîtresse de cérémonie... venant de la strate sociale considérée au Yémen comme inférieure, aujourd'hui en voie d'émancipation) entraîne les chants et les danses et bientôt l'espace, toujours trop exigu, est empli de femmes dévoilées, femmes troncs accroupies à touche-touche, tout heureuses d'échanger de banales nouvelles, de rire ou de pleurer, ensemble, dans une intimité totale du corps et de l'âme. Pas d'agapes faramineuses : des pépins, des pois grillés, des grains de maïs éclatés, et pour boisson le plus souvent quand l'assemblée est trop nombreuse pour la pourvoir en « gazouzes », en café ou en *qishr* (décoction de coques de café, aromatisée de gingembre, de cannelle, de clous de girofle...) relativement onéreux : de l'eau.

L'encens est le luxe de la fête, sa signature odorante.

Au plus près de l'entrée de la pièce de réception un brasero attend, une de ces larges coupes sur pied, en fer blanc, où peuvent prendre place plusieurs bouilloires de terre, et où couvent à longueur de jour et de nuit, des braises soigneusement entretenues, de quoi faire face à la vie de la maison : allumer les fours, mitonner un ragoût, alimenter les fourneaux des narghilés mais aussi, l'hiver, réchauffer les mains gourdes des adultes et les fesses des nourrissons. Un jour de *tafrita* (réunion de femmes) le brasero est libre, ses tisons vifs sous les cendres blanches, à la disposition des visiteuses. Chacune a pris soin d'emporter pour l'occasion une petite provision d'encens nouée dans un coin de son voile. Qualité numéro un, la plus noble et la plus chère ou qualité ordinaire, nulle ne saurait oublier ce don léger.

Les plus pauvres ont leur provision secrète, leur recette personnelle dont elles détiennent plus ou moins l'exclusivité : un mélange de graines, de brindilles, de fragments d'écorce, récoltés au hasard de leurs corvées dans la montagne ou la lande ; tout au plus seront-elles priées d'attendre pour les déposer sur les braises que les encens plus riches soient entièrement consumés, le mélange résines-graines (ou bois) n'étant pas jugé propice. Dès l'entrée, la nouvelle arrivée dépose quelques pincées d'encens sur le brasero et d'un geste large salue l'assemblée tout entière en prenant soin de propulser vers elle la fumée épaisse aussitôt dégagée.

Point besoin d'analyse subtile : toute femme reconnaît la nature exacte du parfum, à l'odeur mais aussi à l'oreille : pendant leur combustion, le grésillement des résines ne peut être confondu avec le craquètement des bois. Lorsqu'un encens particulièrement rare et fin est identifié, les plus friandes sont sur pied et viennent, une à une, quelques secondes coiffer le brasero de leurs jupes gonflées ; en effet, le sexe féminin, boîte de Pandore où sont confinés tous les maux, relève en priorité de la cure d'encens.

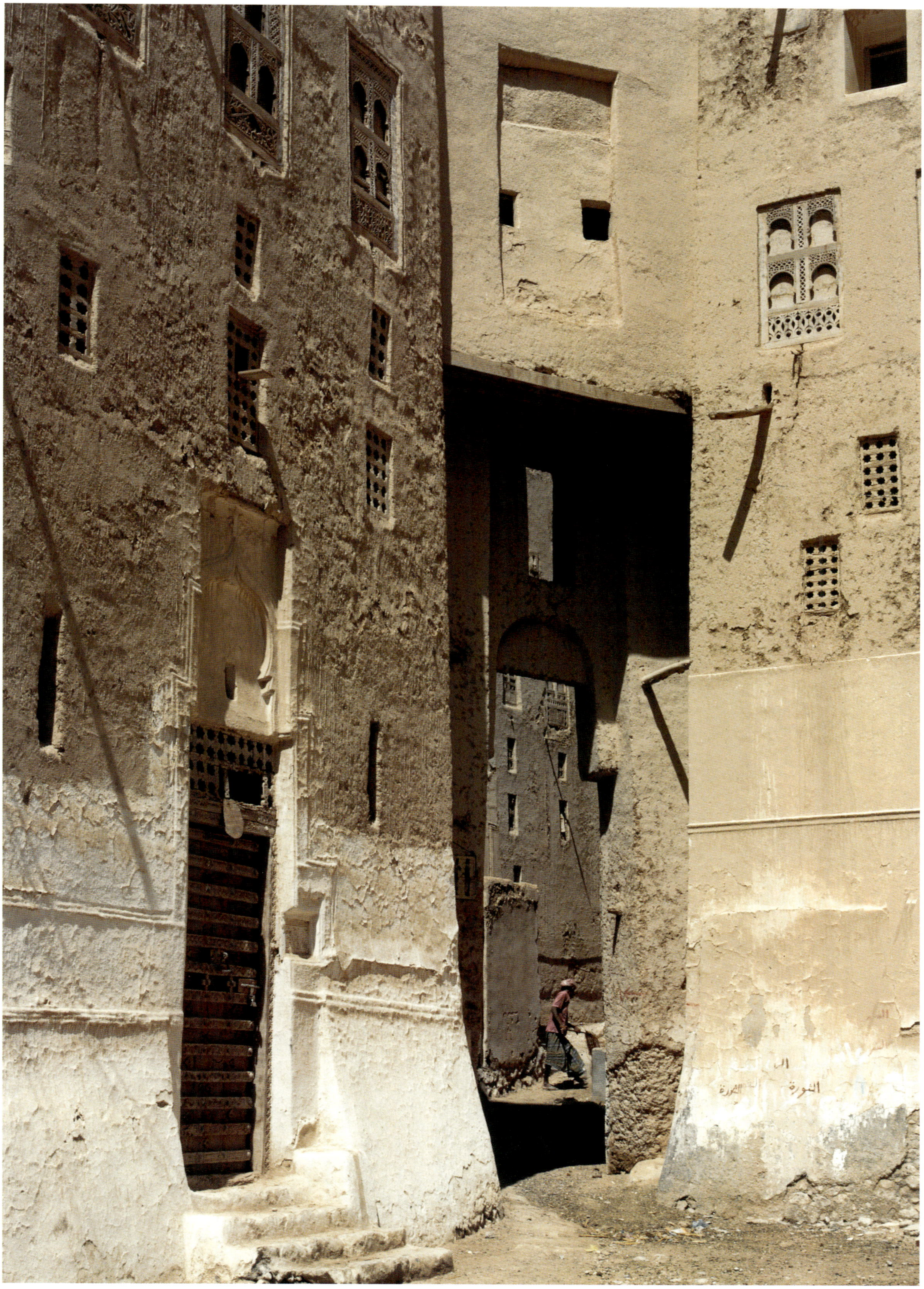
الثورة

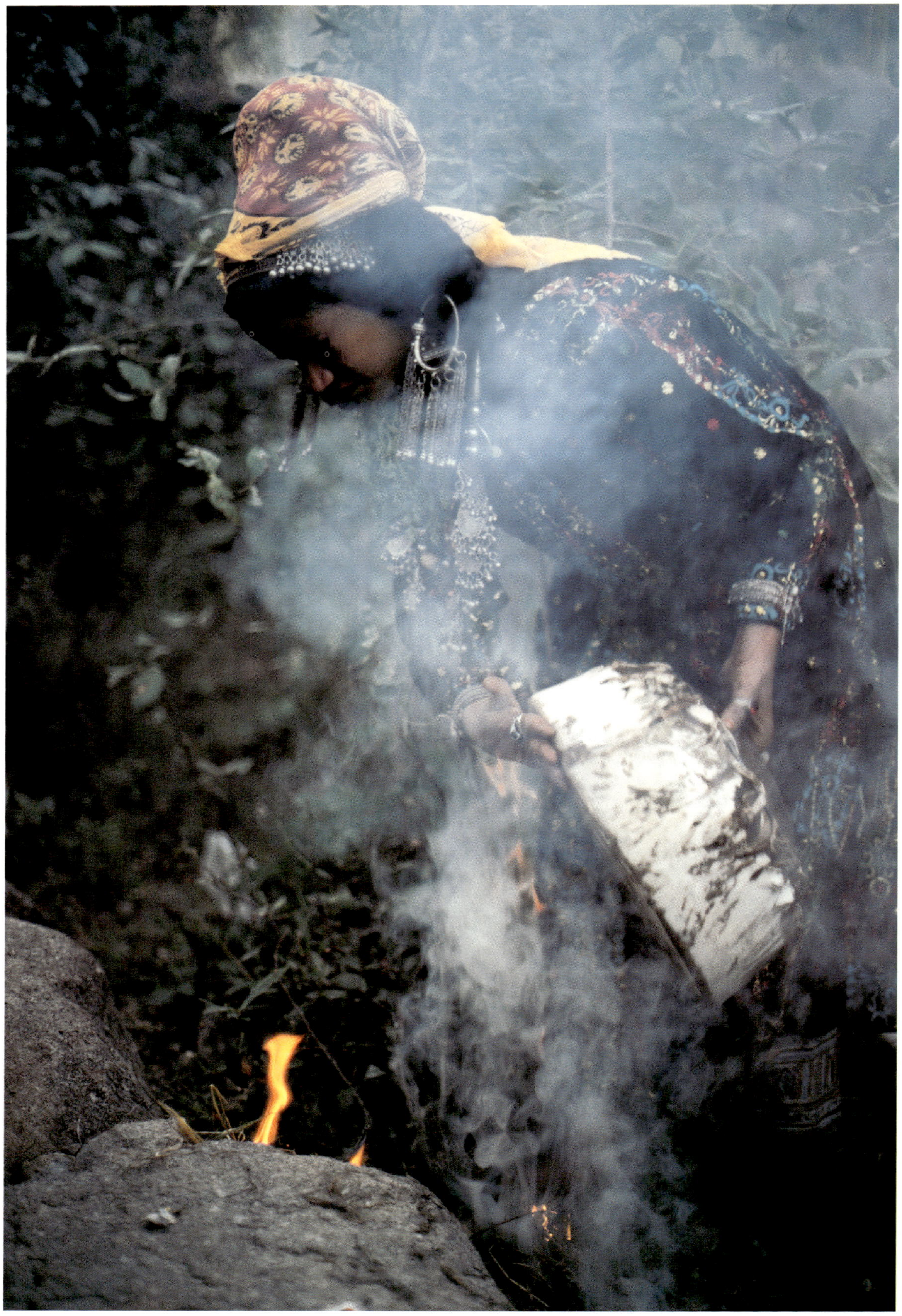

Si dans l'assemblée il se trouve de l'encens le plus pur ou de la myrrhe, il convient de manifester un intérêt pressant sur l'origine de pareil trésor. Les grains circulent de main en main, avec un soin dévotieux, et si, par hasard, la quantité est appréciable, les initiées font mine d'en croquer une infime parcelle afin d'en isoler tous les arômes et d'énoncer éventuellement l'origine du cru.

Avant toute réunion féminine, les tambours des musiciennes doivent être exposés à la fumée de l'encens. Un peu de chaleur retend la peau et libère les sons, l'encens distille ses charmes.

Quel que soit le déclin de leur production, le véritable encens et la myrrhe pure n'étaient pas rares dans les dernières décennies. Les Yéménites immigrés en Oman, ou dans les émirats du Golfe avaient à cœur d'en approvisionner leurs familles, en quantité minime mais régulière. De grande valeur sous un faible poids, sans grand risque de détérioration au cours du voyage, ces aromates, d'accès difficile sur les marchés villageois, constituent toujours un présent luxueux dont la rareté et le prix sont connus de tous.

La fumée de ces produits enviés est particulièrement recherchée pour l'obtention de l'eau d'encens dont toutes les femmes sont avides. Cette coutume, citadine à l'origine, en rapport avec un niveau de vie élevé, a gagné progressivement les campagnes et se retrouve dans la plupart des réunions féminines. Il suffit de présenter au-dessus du brasero confortablement pourvu de braises vives et d'encens – plus ou moins noble, plus ou moins composite –, la bouche d'une cruche à goulot étroit. La fumée s'y engouffre et bientôt commence à refluer. Le récipient est alors rapidement empli d'une eau, qu'après une courte infusion, l'assistance va se disputer. Toute femme a sans doute une nette conscience du pouvoir d'imprégnation de la fumée, mais elle sait aussi que, véhiculées par l'eau, toutes les vertus de l'encens pourront, mieux encore, irriguer le corps dans ses fibres les plus intimes.

La diffusion traditionnnelle des divers alcoolats ou hydrolats (de fleurs de roses, d'oranger, de jasmin, de géranium…), produits artisanalement dans des pays éloignés mais voisins (Syrie, Iran) s'est vue concurrencée dans les années récentes par les plus coûteuses réalisations de la parfumerie occidentale. Les femmes yéménites au nez particulièrement subtil savent reconnaître, sous les emballages sophistiqués et les flaconnages inventifs, l'odeur sensuelle qui leur convient. Dans la capitale au plus haut niveau de vie, ce n'est pas un hasard que parmi toutes les marques proposées, quel qu'en soit le prix élevé, elles aient su choisir, sans publicité préalable, les senteurs où entrent des notes d'encens. Jamais les aspersions généreuses d'eaux parfumées de toute origine ne dispensent en tout cas des fumées d'encens, consciencieusement entretenues tout au long d'une réunion. Quand après deux ou trois heures de chants, de danses, de papotages, la masse féminine se désagrège avant la prière du couchant, un épais nuage bleuâtre stagne, immobile, à mi-hauteur de la salle d'accueil et se diluant lentement, va imprégner la maison, plusieurs jours durant, de la bonne odeur qui chasse le mal.

Dans les hameaux perchés sur la ligne de crête des hautes montagnes la vie demeure rude. Les pistes et les routes viennent progressivement rompre leur isolement mais la culture des terrasses dispersées, plus en haut, plus en bas, contraignent toujours hommes et femmes à de longues et pénibles marches, avant d'amorcer les fastidieuses façons de la terre. Bien souvent tous les bras, masculins ou féminins, sont requis (rare moment où règne l'égalité des sexes). Les bébés qui alourdiraient sans raison leurs mères restent seuls à la maison, au mieux sous le regard d'une vieille plutôt détachée, confiante qu'elle est en la Providence. Mais l'enfant ne risque rien. Les membres allongés dans le maillot ligaturé aux bons endroits : aux épaules, aux cuisses et aux chevilles, les fesses bien au sec dans une poudre mucilagineuse, copieusement abreuvé au sein maternel il peut attendre plusieurs heures le retour des champs, d'autant que toutes les précautions ont été prises. Avant de le quitter la mère a tenu son enfant au-dessus d'un petit brasero où elle a mis à brûler quelques grains d'encens. D'un geste souple elle l'a rapidement balancé de droite à gauche dans la fumée légère avant de le reposer sur sa couche, souvent une simple couverture repliée. Puis elle est partie au travail, le cœur tranquille, assurée que ni mortel, ni mauvais esprit ne pourraient franchir l'égide invisible dont l'encens venait de revêtir son enfant. S'il s'agit d'un tout nouveau-né, elle prend une garantie supplémentaire avant de le transformer en momie aux bandelettes bien rythmées : sur le petit corps nu elle trait directement de son sein quelques gouttes de lait qu'elle fait pénétrer d'un rapide effleurement.

Le lait, pour la nourriture du corps ; l'encens pour la sauvegarde du *nefs*, l'âme subtile.

S'il advient que le bébé refuse le sein, un rapide encensement de la poitrine maternelle annihile les odeurs étrangères que l'enfant rejette.

Le mariage, clef de voûte de la société, ne saurait se concevoir sans fumées purificatrices. Tout ce qui porte la bonne odeur, médiatrice de prospérité, est convié pour l'occasion : la chambre nuptiale, la salle d'accueil des invités sont tapissées de touffes de rue et de basilic. Mais ces fragrances végétales, qui pour un nez européen ne semblent pas toujours des plus agréables (la rue notamment a des relents de punaise écrasée), ne sauraient suffire. Elles sont toujours accompagnées de fumées d'encens, encens devant être pris dans son sens le plus large de gommes et/ou de résines mises à se consumer sur des braises. Le cortège qui conduit la fiancée de la demeure paternelle à la maison du mariage se doit d'être précédé d'une porteuse d'encensoir dont les fumées purifient l'air et le chemin et neutralisent les miasmes qui pourraient pénétrer la jeune fille, pourtant empaquetée sous des voiles opaques. La maison atteinte, la cassolette sera pour un instant relayée par l'assemblage symbolique de bougies allumées, d'œufs et de rameaux de rue que l'on va déposer au chevet de la fiancée. Mais jusqu'à la consommation de l'union, l'encens va baigner l'atmosphère. Une provision notable en a été réunie par le futur époux parmi les offrandes traditionnelles et c'est, de plus, un des menus cadeaux que les invités se font un devoir d'offrir.

Sous la tente, on peut abandonner sans crainte un enfant au creux du sac de cuir qui lui sert de berceau. Trois bâtons en faisceau le mettent hors d'atteinte des dangers ordinaires, l'encens l'a revêtu d'une égide invisible, sa mère reste à son contact si elle lui abandonne un de ses linges imprégnés de son odeur.

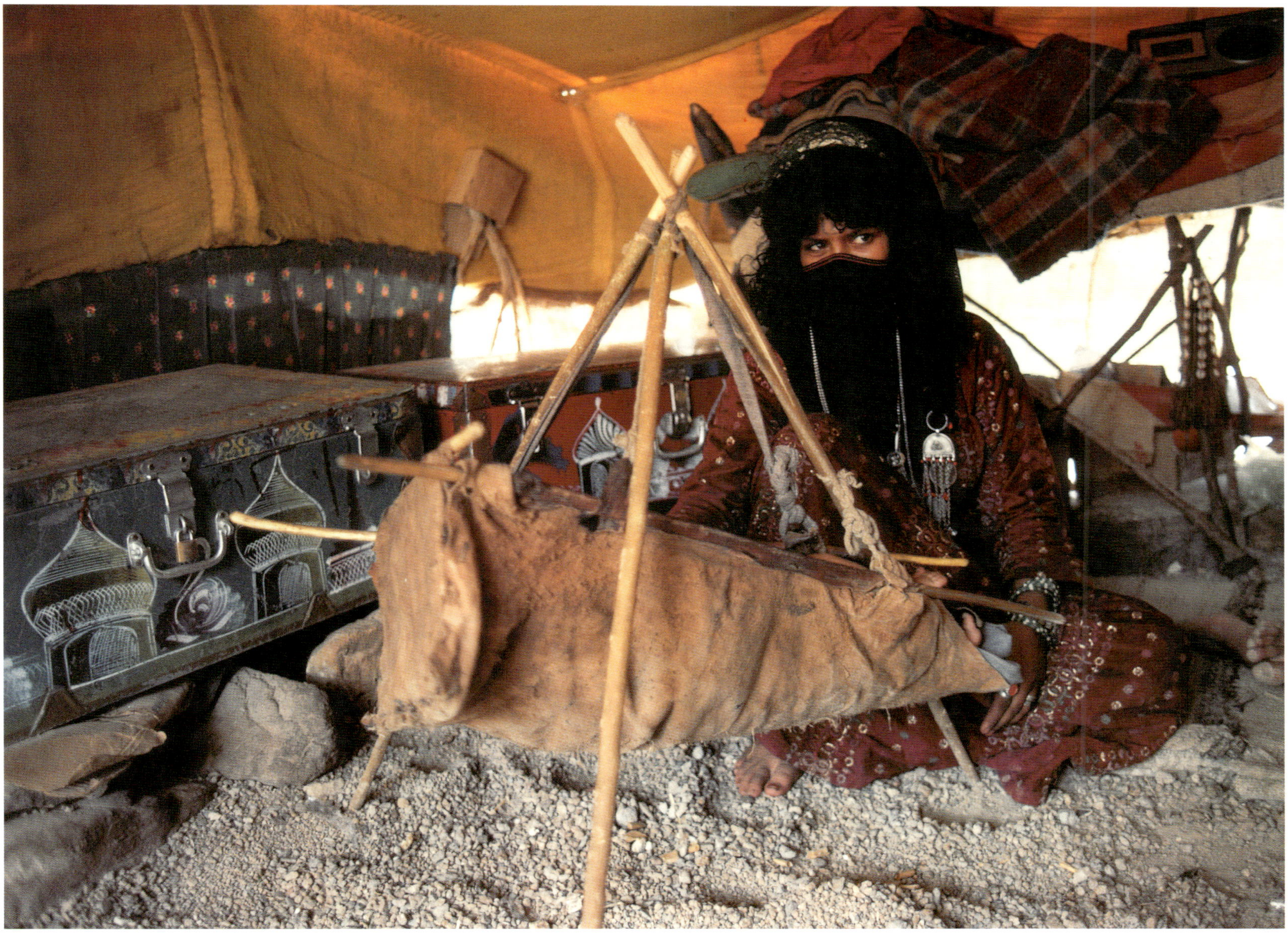

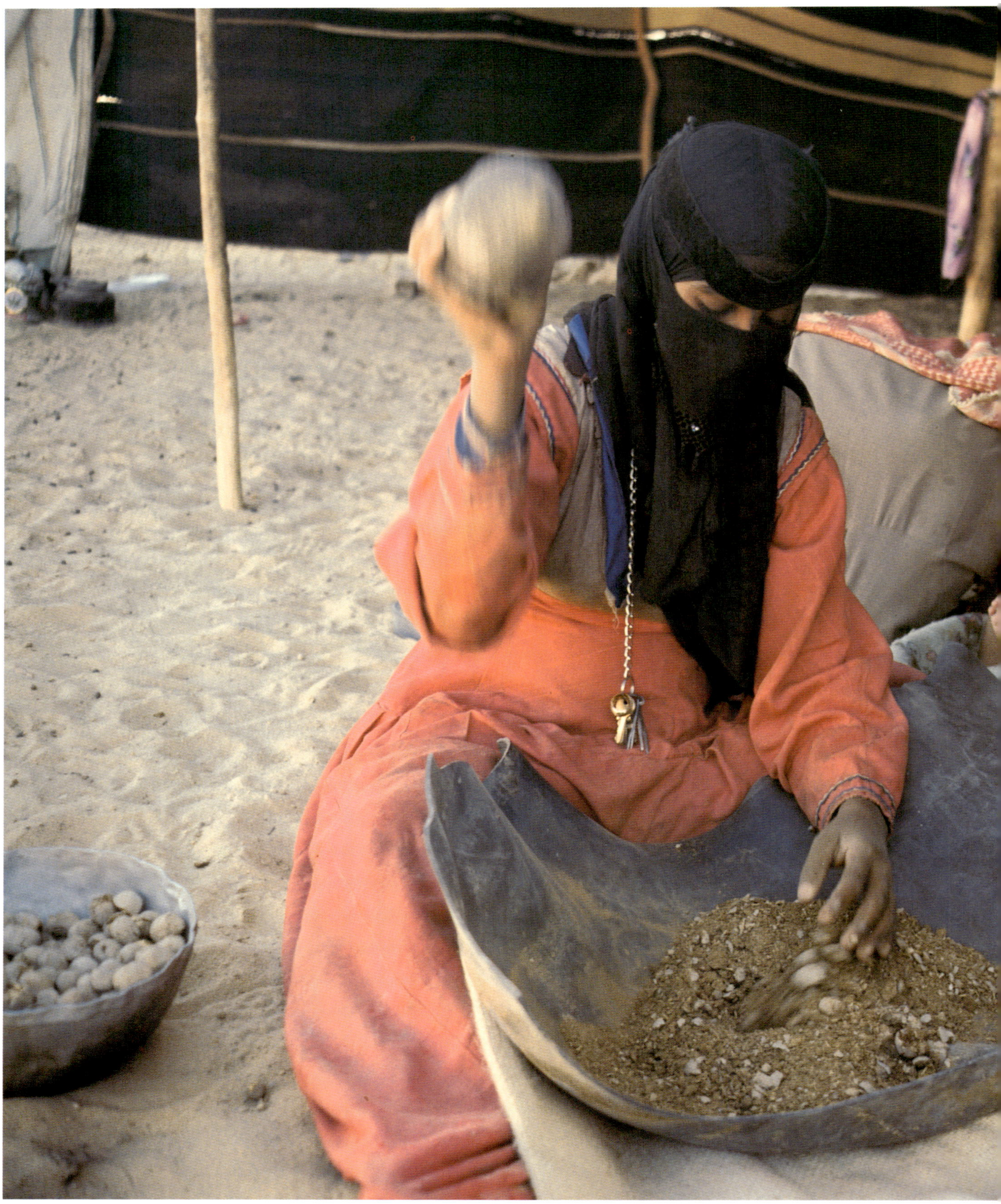

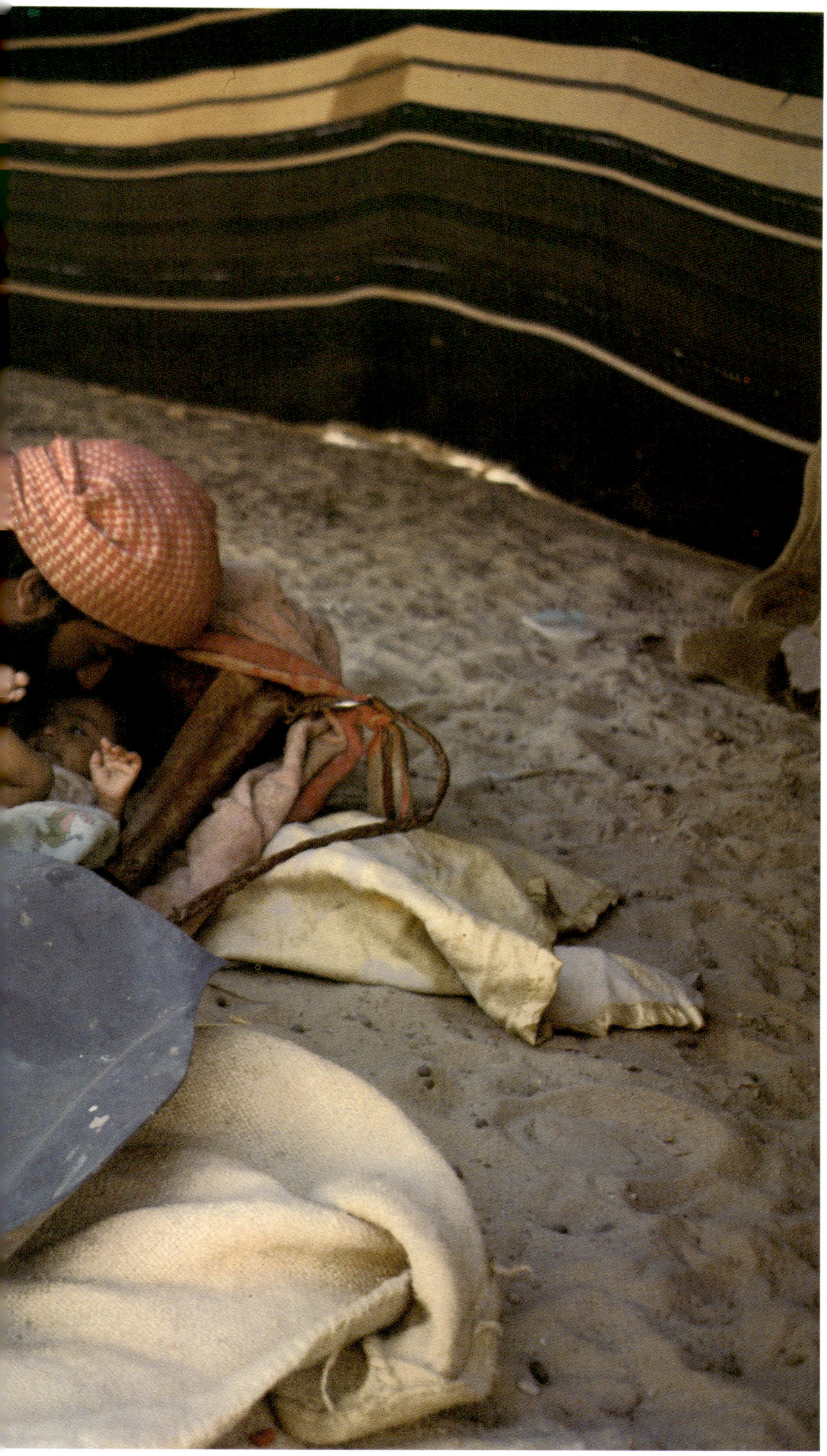

Des crottes de chameau, réduites en poudre tiennent le bébé au sec. Dans l'intimité, le père ne marchande pas sa tendresse.

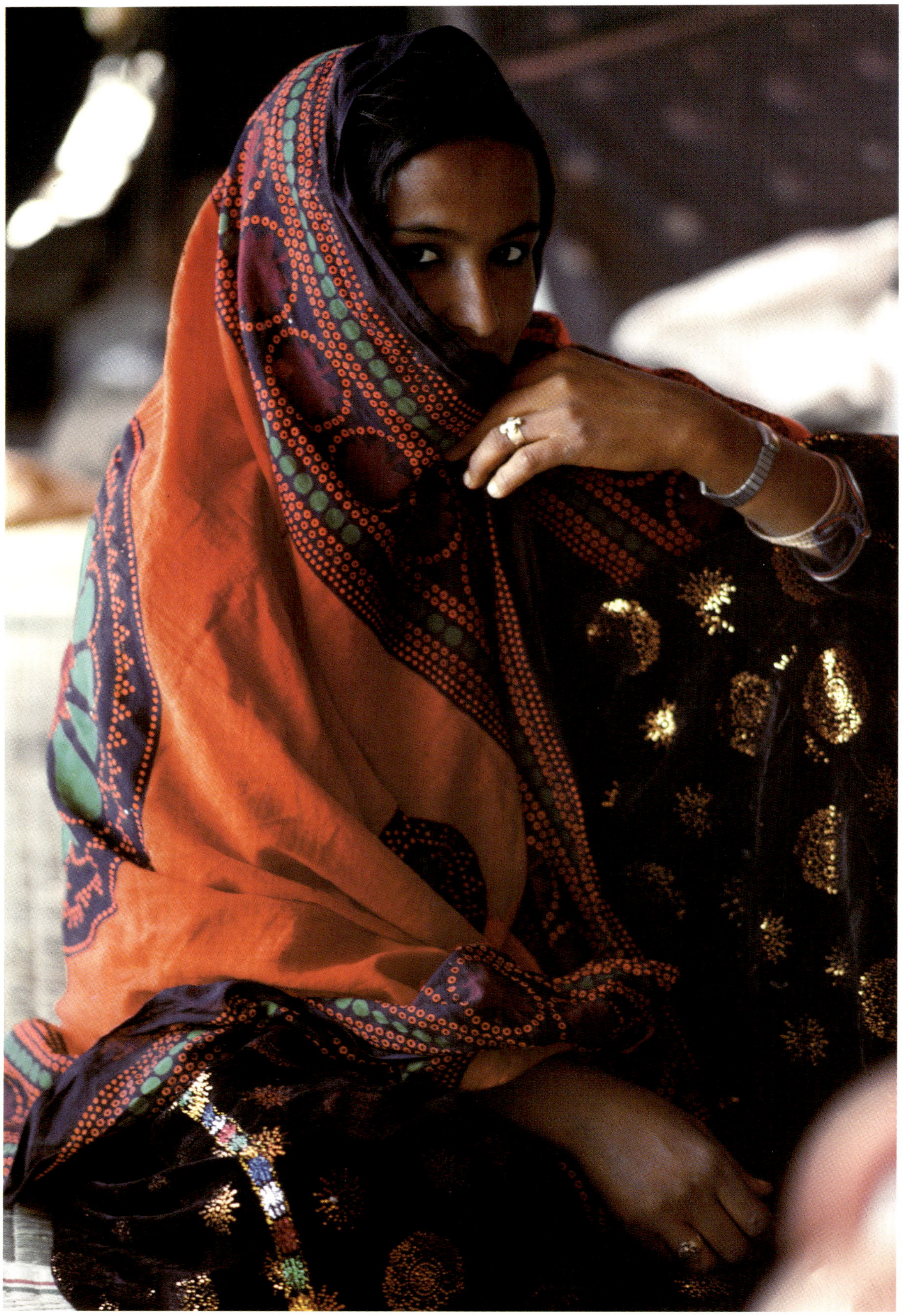

Les femmes yéménites, pratiquement seuls thuriféraires, n'analysent pas quel peut être le mode opératoire de tant de grains, bruns ou blonds, consumés pour autant de fumées. Nul besoin pour elles de réfléchir intensément sur la fonction de l'encens, aussi évidente que celle de l'eau qui lave la malpropreté superficielle et même évacue la corruption insidieuse ; elles savent pour l'avoir appris dès l'enfance dans l'expérience quotidienne que l'encens s'oppose au mal et génère le bien.

Dans la pratique sexuelle ordinaire, il est demandé à l'encens de banaliser les odeurs corporelles mais aussi de favoriser la fécondation en évinçant les puissances nocives : œil envieux, génies... Dès qu'il est brûlé en très petite quantité sur un encensoir portable, l'évanescence de sa fumée, de sa senteur, ne permettent aucun repérage des faits et gestes du couple par l'environnement familial, a fortiori par le voisinage.

Au moment périlleux de l'accouchement, alors que la femme doit expulser de son corps une vie nouvelle guettée par la convoitise du monde invisible, la puissance de l'encens est naturellement sollicitée mais comme pour la purification des corps après l'amour, il n'est pas question d'en faire un usage excessif à un moment qui requiert, sinon le secret, du moins la plus grande discrétion. Informer les étrangers, par le son ou l'odeur, les faire participer à un événement aussi privé et délicat qu'une naissance est rigoureusement impensable. En effet, jusqu'à l'imposition du nom, le plus souvent le septième jour, le nouveau-né n'est qu'un invité de passage, une petite âme errante, fragile, en attente d'ancrage qu'il importe de soustraire aux influences extérieures.

Armé de son nom, de son identité, l'enfant pourra aborder le monde, accompagné des effluves protecteurs : des résines ou des gommes lentement consumées sur des braises.

Autre moment clef de la vie pour les garçons, la circoncision va requérir le même arsenal prophylactique et l'encens agira comme un véritable antiseptique du corps et de l'esprit.

Vient le moment du départ pour le voyage nocturne, du passage à travers la mort. Les Yéménites dans leur absolue majorité ont foi dans une autre vie et traitent le cadavre comme une enveloppe de peu de prix. Loin des rites chrétiens qui encensent le corps pour rendre hommage à la fois à la création divine et à la dignité humaine, les prières musulmanes et le cérémonial populaire relèvent de la plus grande simplicité. L'encens n'intervient que pour faciliter l'existence des vivants. Après la mort, il convient de scrupuleusement débarrasser les lieux des souffles morbides dont ils sont imprégnés afin que la vie puisse reprendre son envol. La nuit suivant le décès, un petit brasero convenablement alimenté d'encens est posé à la place du disparu. Un encensoir sera également promené dans la maison, de pièce en pièce, en insistant sur les lieux où se terrent les mauvais esprits liés au feu et aux excréments. Dans les familles modestes où tout doit être utile et utilisé, les vêtements du mort seront soigneusement lavés, puis encensés avant d'être remis en service.

Riche ou pauvre, toute femme sait que le parfum est un puissant auxiliaire de la séduction. À elle, selon ses moyens, de combiner ses armes.

Pages 178-179 : *La fumée de l'encens revêt les femmes mieux qu'un voile et leur permet de vaquer sans danger à leurs tâches quotidiennes.*

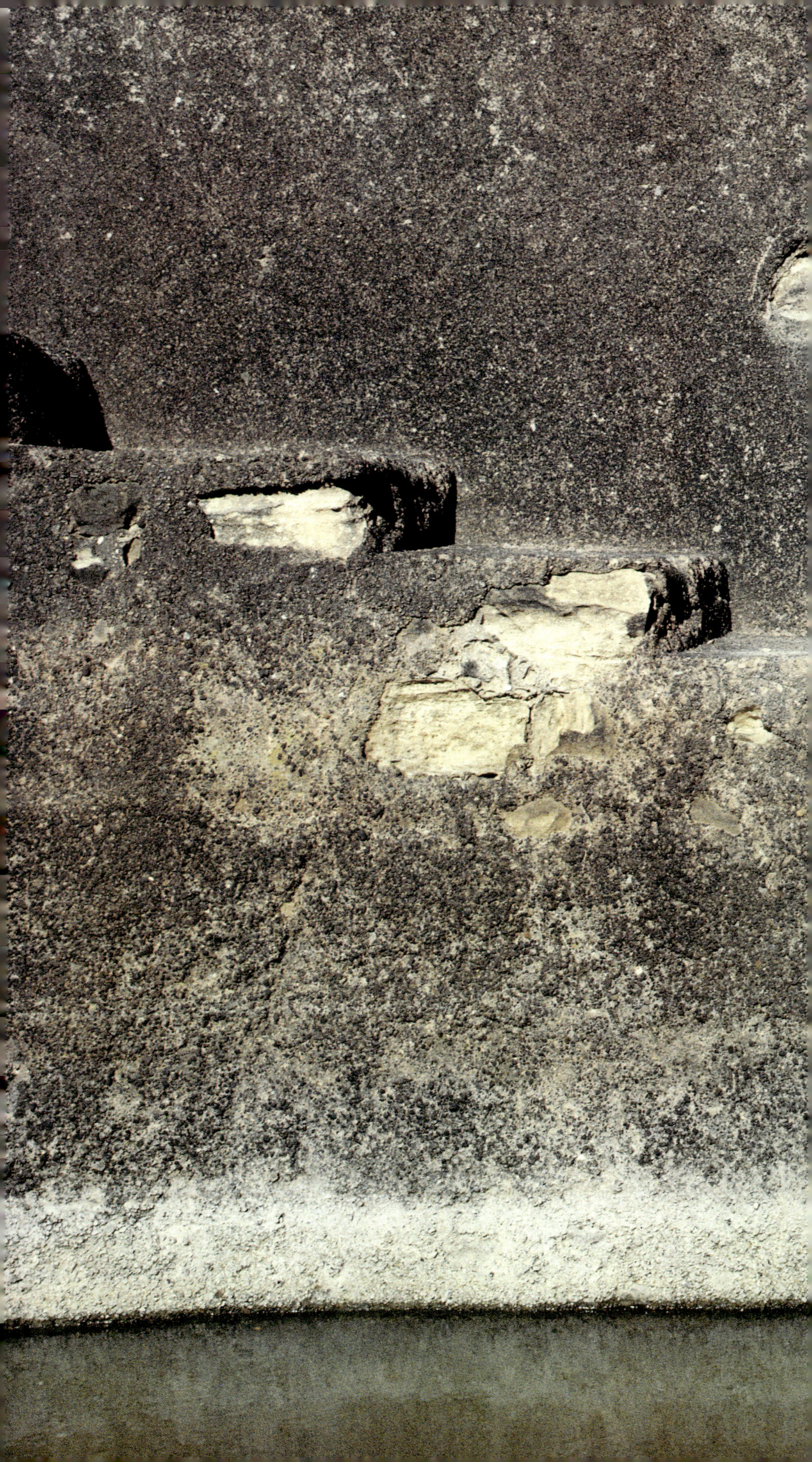

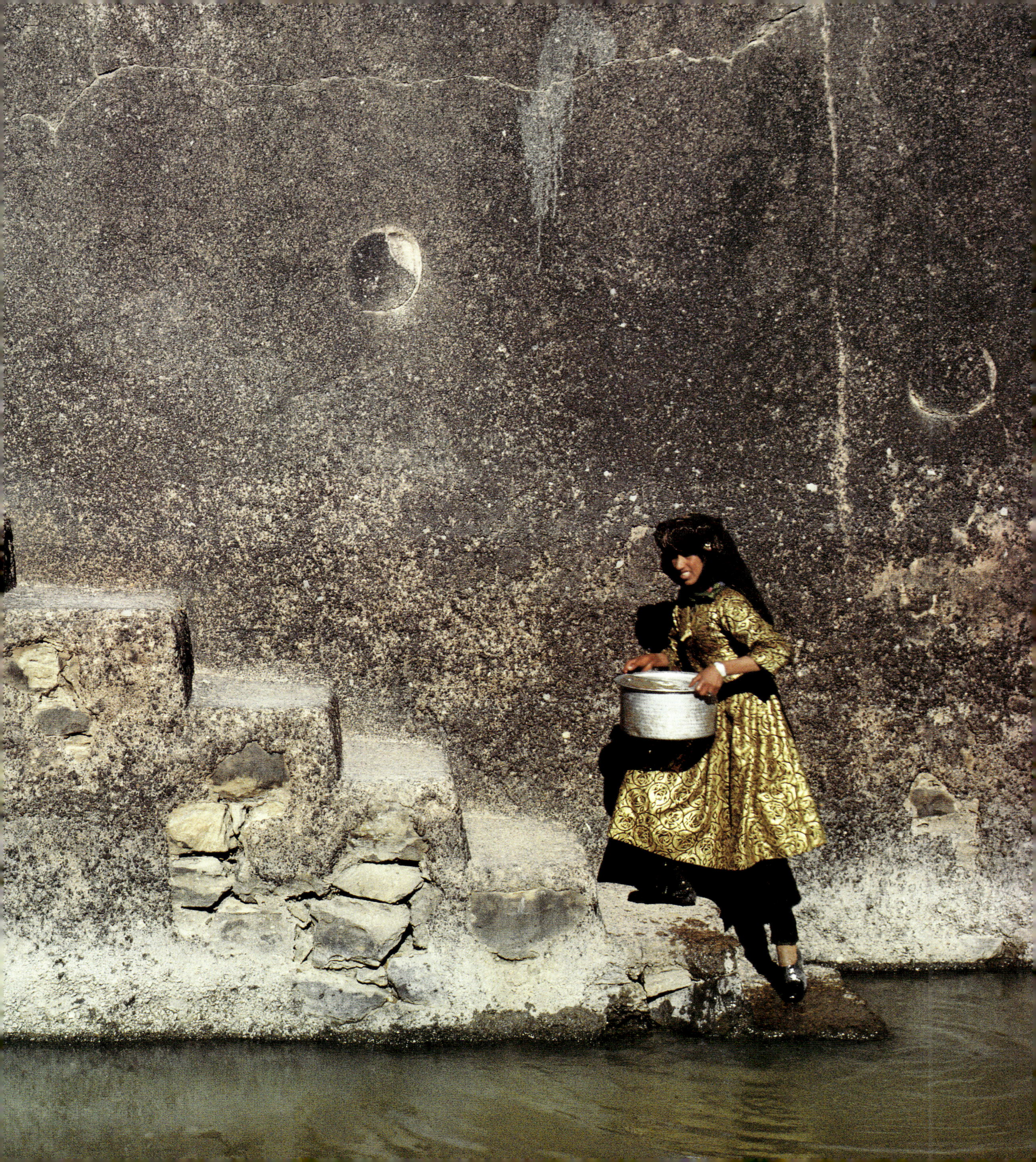

Est-il décent d'implorer, les mains vides ? Comment obtenir la pluie sans un contre-don qui garantisse la bonne foi et la générosité de ceux qui implorent ?
Hauts Plateaux.
(Rogation canonique pour la pluie).

Tout rituel d'inauguration : forage d'un puits, restauration d'une citerne, premier labour, édification d'une maison, entrée dans un nouveau logis, etc. impliquait naguère un sacrifice, pacte d'alliance avec les forces de la nature en même temps qu'assurance sur l'avenir. Les égorgements de béliers, de boucs et de taureaux se raréfient, même si chacun demeure conscient qu'un bienfait de Dieu ne peut être obtenu sans contre-don. Le sang des victimes coule moins fréquemment, mais l'encens fume toujours avec la même constance. L'air invisible, insidieux, omniprésent, suspect de porter parfois le bien, plus souvent le mal, sans qu'il soit possible de démêler l'un de l'autre, peut être canalisé, maîtrisé : il suffit de lui confier une fumée d'apparence infinie.

Le code des bons usages ne souffre pas d'accroc en matière d'hospitalité et l'encens est un des éléments du rituel respecté par les plus pauvres. Beaucoup de foyers ne possèdent pas d'aspersoirs pour les eaux parfumées ; les atomiseurs, entrés dans la mode, tout particulièrement aux temps du mariage restent hors de portée des budgets les plus faibles. Peu importe s'il y a toujours en suffisance dans une maison de quoi nourrir l'encensoir. Les esprits ne sont pas forcément regardants sur la qualité des gommes et des résines et ils acceptent, semble-t-il, d'être honorés ou neutralisés par la moindre fumée odorante. Celui qui vient du dehors, sans être fatalement un étranger, véhicule des émanations suspectes. On ne sait exactement ce qu'il a touché, ce que ses pieds ont effleuré, les brumes invisibles qu'il a traversées. L'encens et sa fumée enveloppante constituent le sas indispensable à la sécurité de la famille, groupe compact, mais fragile ô combien ! Le visiteur ainsi lavé de toute trace douteuse, toute intention mauvaise de sa part désamorcée, peut être introduit dans le véritable sanctuaire que représente la maison. Les femmes entre puberté et ménopause, toujours soupçonnées d'impureté majeure sont, plus que les hommes, justiciables d'encensement préalable.

Il n'y a guère, un peu plus d'une décennie, quand le Yémen agricole vivait essentiellement de ses blés, de ses orges et de ses sorghos, chaque village, chaque hameau entassait sagement ses récoltes avant le dépiquage, sur des aires clôturées de murets, au sol de roches naturelles polies par l'usage sur les hauts plateaux, ailleurs de terre battue. Une ou deux fois l'an, les moissons familiales achevaient là leur maturation. Un abri ménagé dans un angle de l'enclos recevait chaque nuit une gardienne dont la seule présence déroutait voleurs et prédateurs. Le rôle incombait souvent à une grand-mère ou à une femme veuve.

Dans la réalité quotidienne, aucun voleur du cru ne se risquerait sur une aire : mince profit pour un important danger psychique. Les pauvres n'ont pas à marauder, ils mendient quelques grains que l'on ne sait et ne peut leur refuser ; les prédateurs : des ânes ou des chiens errants (les chiens sont très friands de sorgho mûr). Mais dans l'imagination populaire, le danger paraît réel et d'importance. Sur l'aire, les épis gonflent et se multiplient sous

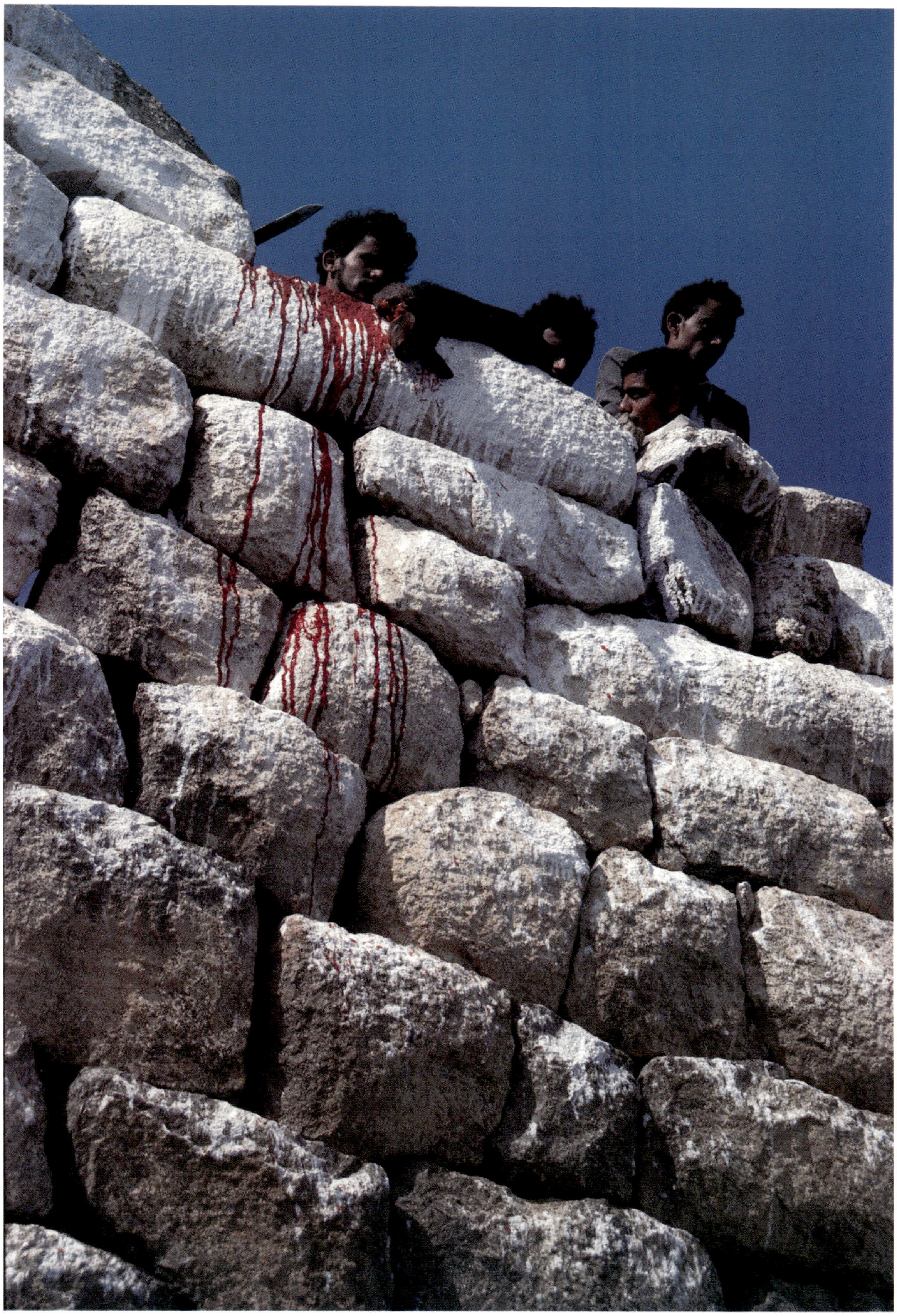

Dans le mariage, c'est le contrat écrit qui scelle l'union des époux. La lecture s'en fait en présence de témoins, au-dessus de fumigations d'encens.
Hadhramawt. Shibam.

l'effet de la *baraka*, attirant en ce champ clos des esprits errants. Pour déjouer les convoitises de ces êtres maléfiques, il convient que la gardienne soit en état de pureté, qu'elle ait revêtu sa tenue de prière, blanche et sans nœuds (qui est aussi la livrée du pèlerinage à la Mecque) et qu'elle ait à sa disposition un peu d'encens pour le brûler sur un petit brasero ou à défaut sur un tesson de poterie. Le couple : femme pieuse, en état de pureté légale/encens, était de force à neutraliser tout danger. Leur invincibilité était si fortement établie qu'aujourd'hui encore personne ne s'aventure, en leur absence, à dormir sur une aire vide. La confiance en l'encens, la multitude de ses interventions se traduisent dans le mobilier. Il n'y a pas de maison, si pauvre soit-elle, qui ne possède au moins un encensoir. La multiplicité des formes et des matériaux, la variété des tailles, en fonction du niveau économique de chaque foyer témoignent d'une recherche esthétique constante : si, en cas d'absolue nécessité et d'urgence, il est possible de mettre à grésiller quelques grains d'encens sur un quelconque tesson, on utilise le plus souvent un objet de bois, de pierre ou de poterie conservé pieusement dans la famille quand il n'est pas acheté au souk par un mari soucieux de faire, à peu de frais, montre d'attention sinon de générosité. Alors que, de plus en plus, les produits de l'artisanat véritablement traditionnel désertent les marchés, les potiers façonnent toujours de petites coupes à claire-voie, parfois surmontées d'arcs baroques, qu'ils peinturlurent de blanc, de noir et de rouge quand ils n'y ajoutent pas des paillettes et des éléments métalliques tintinnabulants.

Il est toujours possible d'acquérir des brûle-parfum de stéatite, cette roche-talc à la douceur et au grisé de tourterelle qui depuis trois millénaires fournit aux populations du Sud-arabique une partie de leur vaisselle et de leurs objets cultuels. Mieux, une impulsion nouvelle a été donnée à la technique de la pierre et l'on voit sur les souks des encensoirs à étages, « à l'imitation des Himyar », comme il s'en est transmis depuis des siècles dans les familles les plus conservatrices, et qui souvent ont été objets de ramassage sur les sites archéologiques où des fragments de belle dimension témoignent aujourd'hui encore de l'existence de brûle-parfum monumentaux.

Le commerce régulier avec l'Inde a de tout temps pourvu les villes portuaires de l'océan Indien et de la mer Rouge, de bois exotiques commercialisés vers l'intérieur de la péninsule. D'habiles ébénistes les convertissaient selon les usages du lieu en fenêtres, volets, moucharabiehs, ornements de porte... Dans la production courante figuraient toujours des encensoirs de taille relativement modeste, destinés à être déplacés. Le modèle le plus banal, en forme de pyramide tronquée, prend avec l'âge et l'emploi continuel, la densité et la patine du bronze. Nombre d'essences indigènes ont été également exploitées dans une grande variété de dimensions et de formes plus ou moins finement sculptées. Les métiers du bois, tombent, hélas, en désuétude mais l'inventivité qui s'y manifestait se retrouve dans

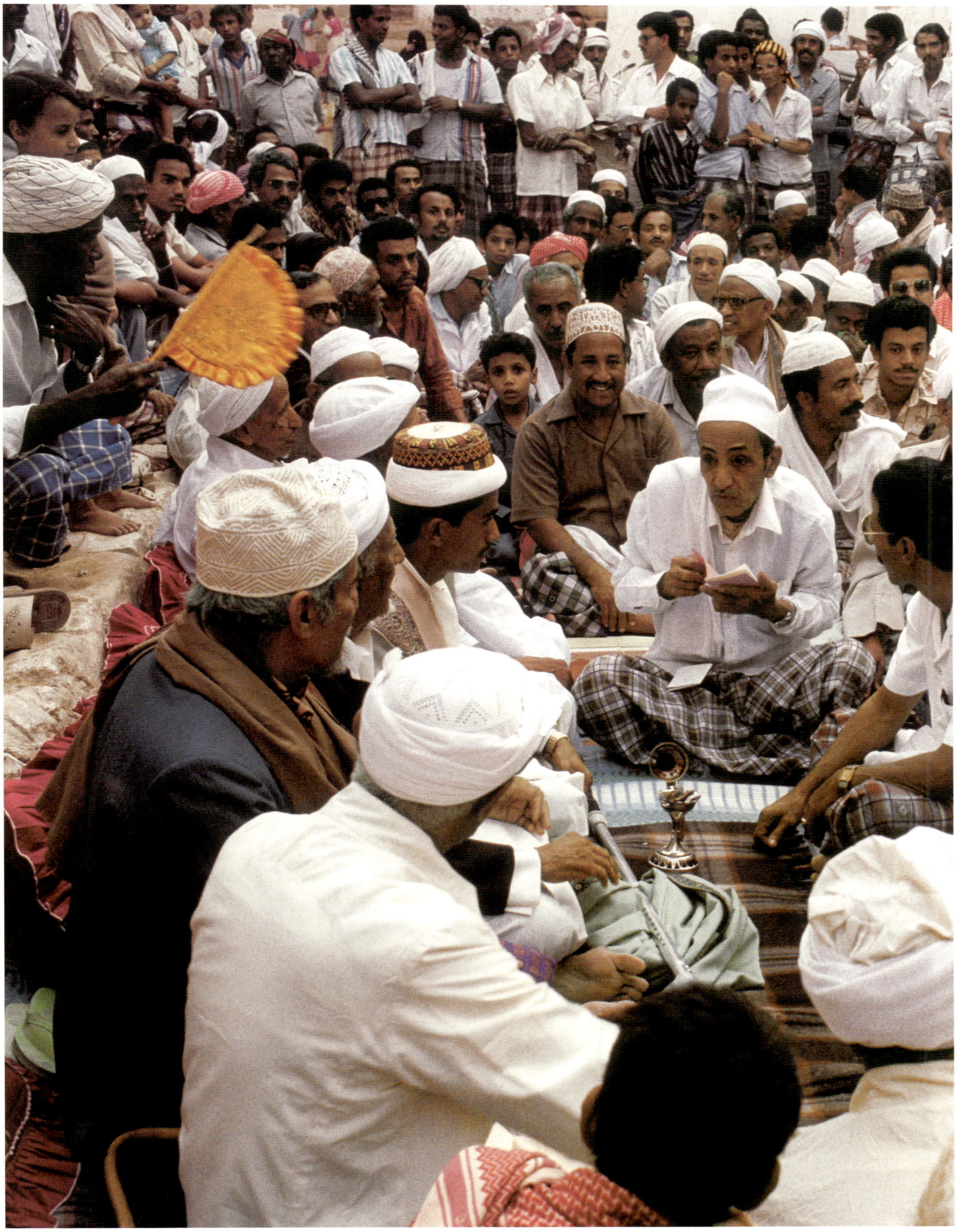

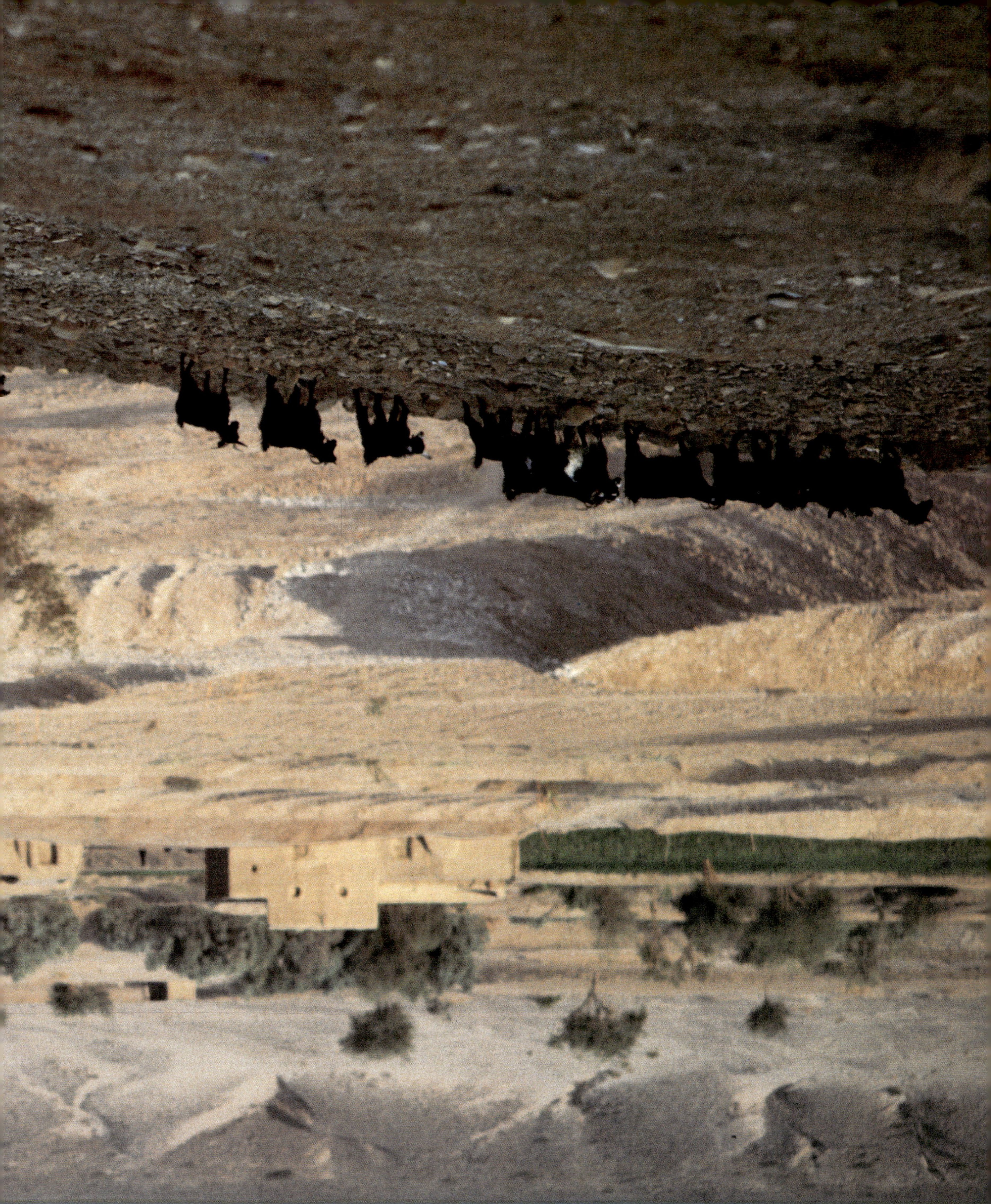

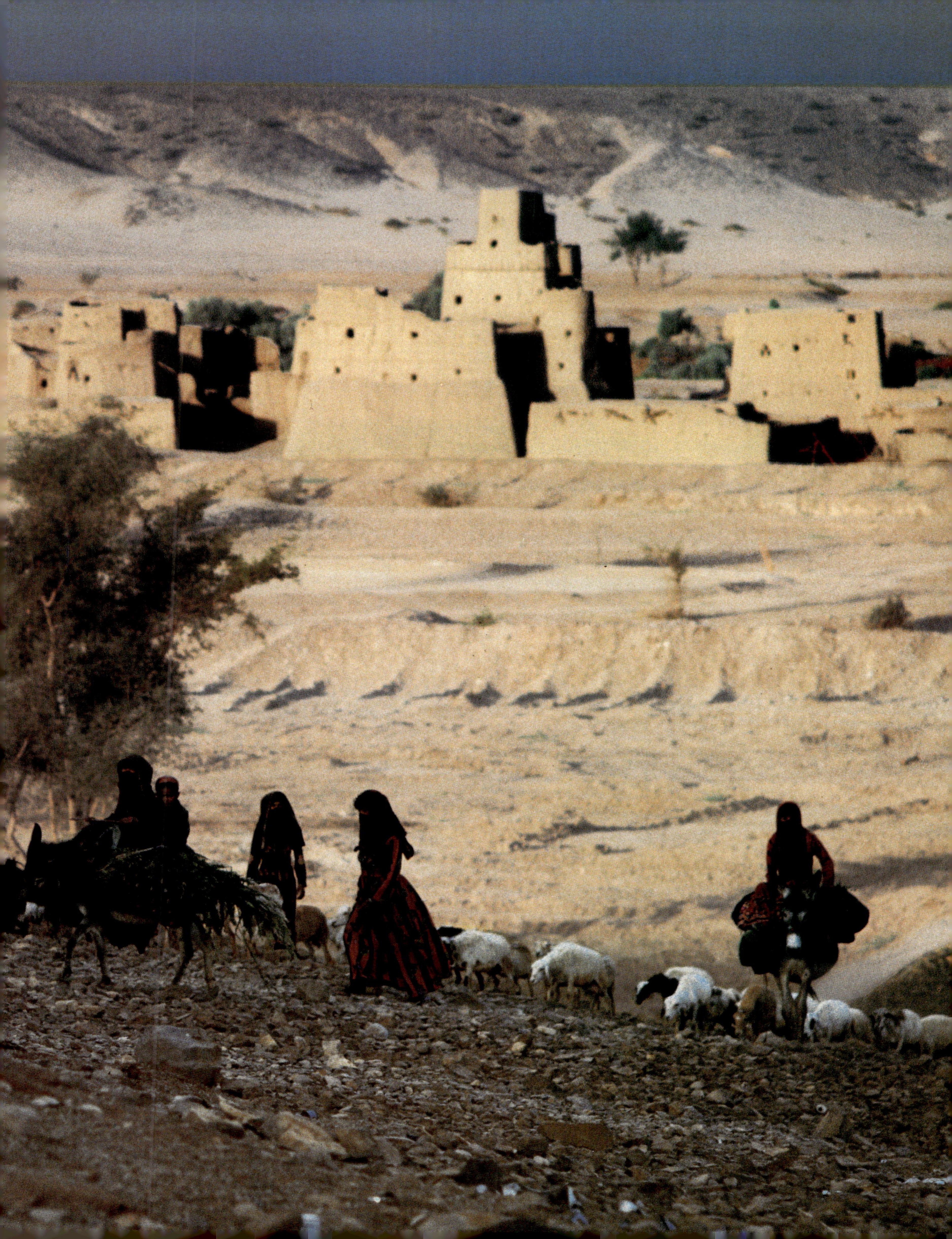

Pages 184-185 : *Après le pâturage qui les a tenues tout le jour éloignées de la maison paternelle, les jeunes filles vont retrouver les odeurs familières : celle des fours tièdes, du pain refroidi, de quelques grains d'encens grésillant sur un brasero.*
Jawf.

Faire brûler de l'encens n'est pas une prérogative féminine. Les hommes, eux aussi, savent qu'il n'est rien de meilleur pour flatter les narines, purifier l'espace, honorer l'hôte.
Dhofar.

le travail du fer blanc, de l'aluminium et du maillechort. Les tôles découpées et embouties sur une âme de bois blanc ou de plâtre, deviennent de spectaculaires encensoirs. En série, de taille croissant presque jusqu'au gigantisme, ils ornent aujourd'hui les pièces de réception, alignés avec les cafetières de parade, les crachoirs à qat, les aspersoirs pour les eaux parfumées et les batteries de mastodontes isothermes. Il en est même qui incrustés de miroirs, à défaut d'alouettes, captent tous les regards. Enfin, l'industrie de récupération qui transforme des boîtes de conserves plus ou moins cabossées et rouillées en objets utilitaires n'a pas omis de fabriquer des brûle-parfum dont le prix est accessible aux plus humbles.

Peut-être y a-t-il au Yémen, mais je n'y en ai pas rencontré, d'encensoirs en or massif, comme il en existe dans certaines familles princières du Golfe, si lourds sous un volume restreint qu'en les recevant de l'hôtesse pour le rite d'accueil, la main faiblit de surprise. Boîte de fer blanc, coupelle de céramique, précieux encensoir de bois ou de pierre, formes et matériaux n'ont guère d'importance. À peine signent-ils la pauvreté ou la richesse. L'efficacité de l'encens n'est pas en jeu. Il suffit de la morsure d'un petit morceau de braise pour attaquer les granulés de gomme ou de résine, gravillons jusque-là sans arôme prononcé, pour que s'élève aussitôt l'odorante fumée, dont la force purificatrice doit anéantir tout danger. Il ne semble pas exister de trait d'union plus fiable entre le monde visible et l'invisible.

Mais la « bonne odeur » rapproche aussi les humains, elle neutralise les exhalaisons désagréables et pénètre très avant dans leur intimité. C'est une particule subtile qui abroge les distances, réveille la mémoire et restitue l'essence même de l'autre. Pour garder présent pendant une longue absence le souvenir d'un être aimé, il suffit de presser contre la peau un des vêtements qu'il a récemment portés.

Loin de la péninsule arabe, les fumées végétales sont omniprésentes en de nombreuses régions du monde, dans des rituels qui scandent l'existence ; elles accompagnent parfois la vie quotidienne et le plus souvent fonctionnent comme agents de liaison avec les ancêtres ou avec les dieux. Les plantes productrices de résines et de gommes sont d'espèces différentes et leurs exsudations ont rarement la pureté des larmes du *Boswellia sacra*. L'apparence importe peu ; qu'il s'agisse de baguettes composites ou de grasses concrétions, il leur faut toujours disparaître dans le feu pour dégager leur parfum et leur fumée.

L'Occident rationaliste a depuis longtemps perdu le sens et l'usage médiumnique des fumées odorantes et cependant à la recherche d'une certaine ambiance de spiritualité « orientale », il fait un succès commercial aux baguettes composites et aux comprimés de toutes formes exportés de Chine, d'Inde ou de Java.

Et il y a toujours des nostalgiques de la pompe religieuse pour se rendre dans les églises où dans le cliquetis des cassolettes balancées au bout de leurs longues chaînes, ils hument et laissent pénétrer jusqu'à leur tréfonds l'âcre et troublante senteur de l'encens.

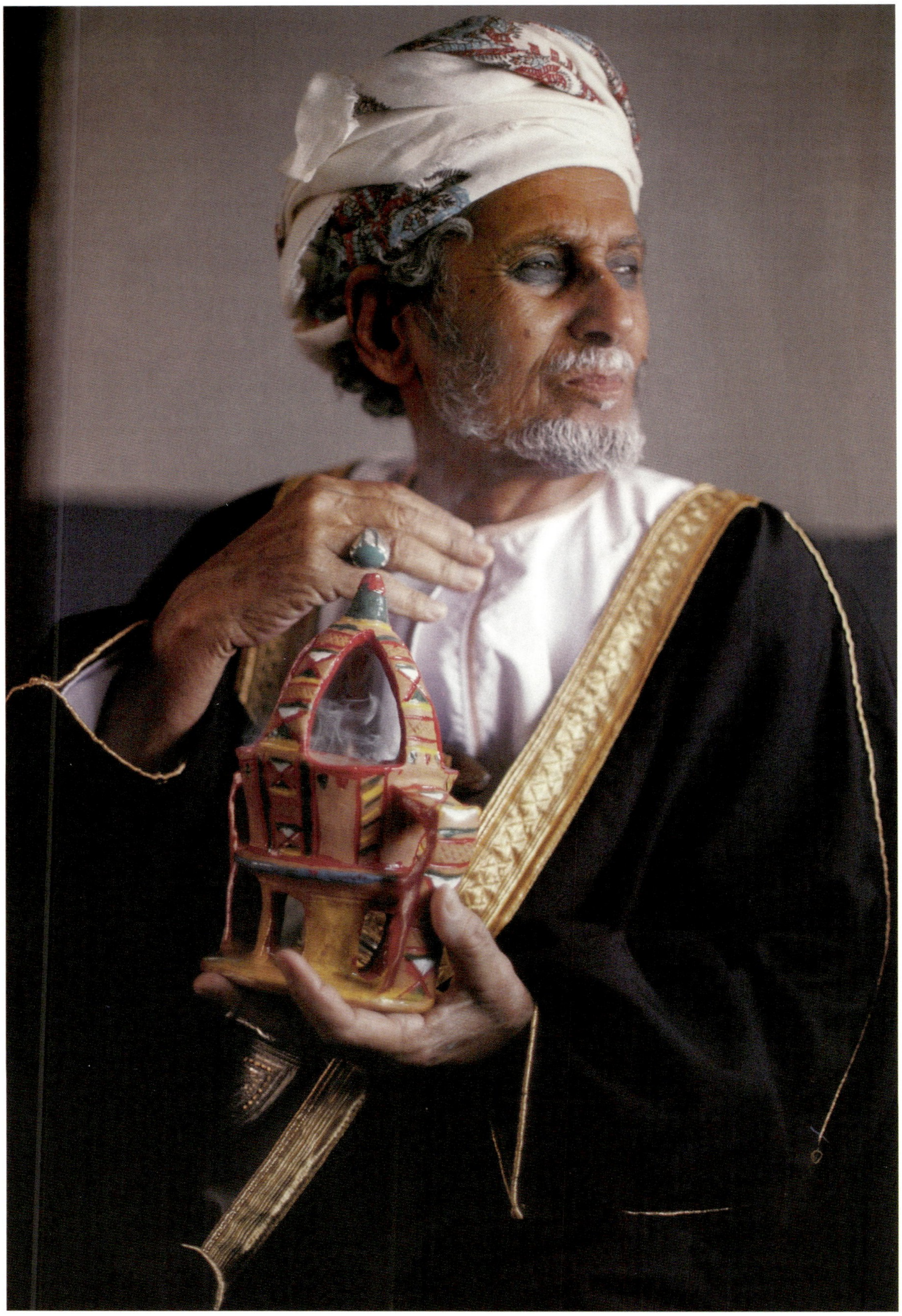

Itinéraire de la Route de l'Encens

selon divers auteurs (dont Pline et Nigel Groom...)

Nous ne prendrons pas en compte les distances évaluées, soit en milles romains (mille pas = 1 481,5 m) par les historiens classiques, soit en *miles* (le *mile* = 1609 m) par des auteurs récents, mais la durée du voyage. Il est bien entendu qu'il ne s'agit que d'une approximation large, confortée cependant par la convergence des données.

Pour un dromadaire normalement chargé, la distance parcourue en une seule journée de marche, inscrite dans le déroulement d'un voyage d'une dizaine de semaines, ne semble pas avoir excédé trente à quarante kilomètres, ce qui est aujourd'hui encore le rythme moyen d'une méharée.

Les haltes forcées, pour les inspections du chargement, la perception des taxes et des contributions diverses, la nourriture, le repos facultatif des bêtes et des gens, les incidents et accidents inhérents à l'époque et aux aléas du voyage, ne peuvent entrer dans le compte avec une précision de quelque rigueur. L'urgence des marchés, le savoir-faire des responsables de la caravane, la chance, ou la malchance, pouvaient peser lourdement sur la durée de l'entreprise.

Les notations suivantes sont donc à prendre comme une base fiable, qui pouvait connaître de notables écarts de variabilité.

De Qana à Shabwat (Shabwa [1])	7-8 jours
De Shabwat à Maryab (Marib)	9-11 jours
De Marib à Qarnaw (site de Maïn)	2-3 jours
De Marib à Yathill (Barraqish)	2-3 jours
De Qarnaw à Nagrân (Najrân)	6-7 jours
De Nagrân à Tabala	11-14 jours
De Tabala à Yathrib (Médine)	15-20 jours
De Yathrib à Hijra (Mada'in Sâlih)	9-11 jours
De Hijra à Pétra	12-15 jours
De Pétra à Gaza	5-7 jours.

Cet itinéraire, enfin, ne saurait être défini comme le seul en usage pendant presque dix siècles. Sinon le plus court, sans doute le plus sûr, il semble avoir été le plus régulièrement suivi.

---

(1) Entre parenthèses : les dénominations actuelles.

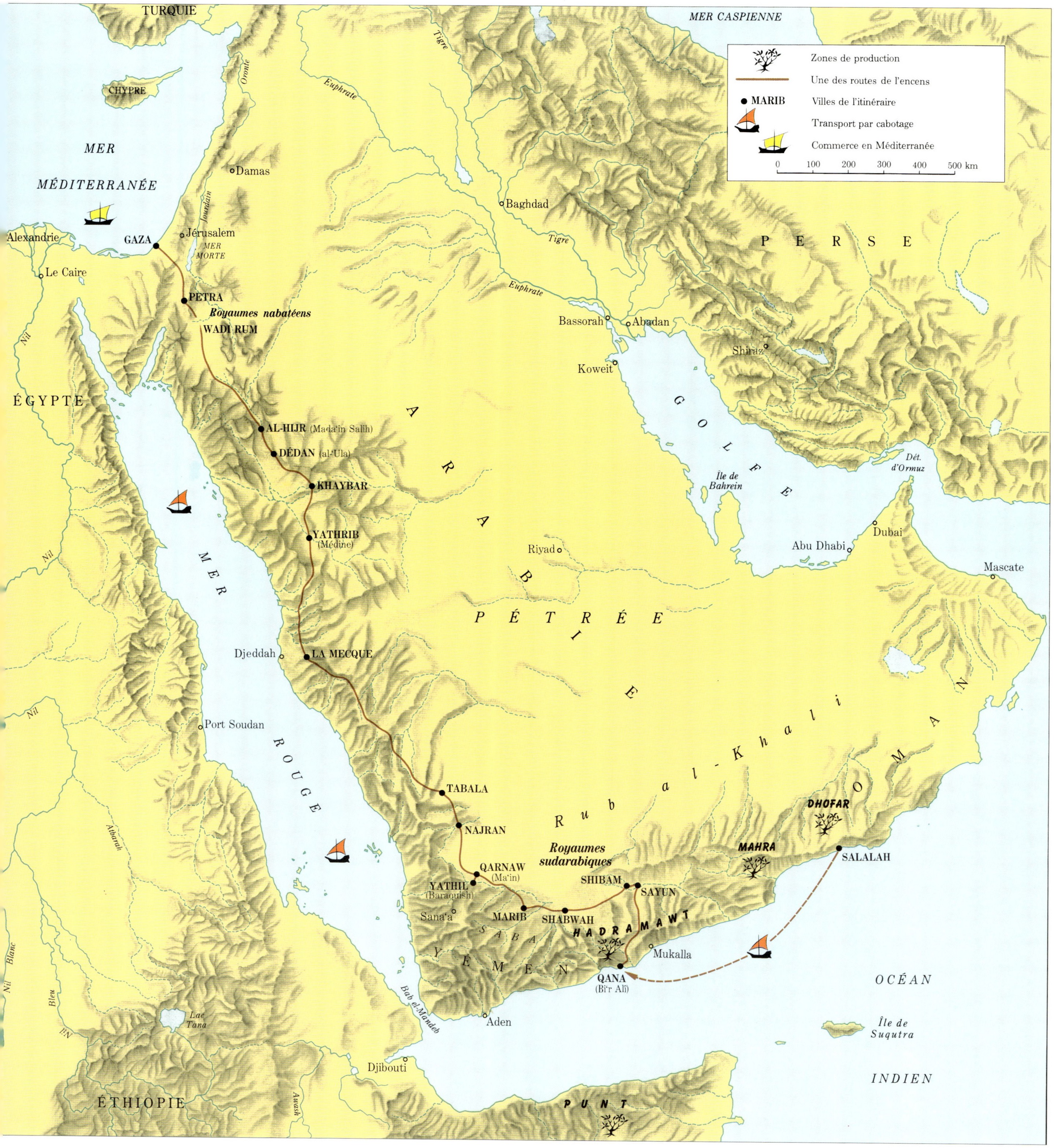
Zones de production
Une des routes de l'encens
MARIB Villes de l'itinéraire
Transport par cabotage
Commerce en Méditerranée
0 100 200 300 400 500 km
TURQUIE
MER CASPIENNE
CHYPRE
MER MÉDITERRANÉE
Damas
Baghdad
Tigre
Euphrate
Oronte
Jourdain
Alexandrie
GAZA
Jérusalem
MER MORTE
Le Caire
PETRA
Royaumes nabatéens
WADI RUM
PERSE
Bassorah
Abadan
Shiraz
Koweit
ÉGYPTE
Nil
AL-HIJR (Mada'in Salih)
DÉDAN (al-'Ula)
KHAYBAR
YATHRIB (Médine)
ARABIE
GOLFE
Île de Bahrein
Dét. d'Ormuz
Dubai
Abu Dhabi
Riyad
Mascate
MER ROUGE
PÉTRÉE
Djeddah
LA MECQUE
Port Soudan
Rub al-Khali
OMAN
TABALA
NAJRAN
DHOFAR
Royaumes sudarabiques
MAHRA
SALALAH
QARNAW (Ma'in)
YATHIL (Baraquish)
SHIBAM
SAYUN
Sana'a
MARIB
SHABWAH
HADRAMAWT
SABA
YEMEN
Mukalla
QANA (Bi'r Alî)
OCÉAN INDIEN
Atbarah
Nil Blanc
Nil Bleu
Lac Tana
Bab el-Mandeb
Aden
Île de Suqutra
Djibouti
ÉTHIOPIE
Awash
PUNT

À propos de « la Longue Route »

On peut considérer cette relation du voyage du chamelier comme une aimable fantaisie. Située dans le milieu du Ier siècle (av. J.-C.), dans les derniers temps où le commerce de l'encens se faisait par la voie terrestre, dix ou vingt ans avant l'expédition d'Aelius Gallus (25-24 av. J.-C.) l'imagination n'y prend cependant pas tous les droits.

Les données de l'archéologie, en matière de religion, d'organisation sociale, considérablement approfondies durant la dernière décennie, sont pour l'Arabie en général et l'Arabie du Sud en particulier, encore faibles et fragmentaires quand, pour la même époque, sur les régions voisines de la Méditerranée les informations précises, touchant aussi bien à la philosophie qu'aux détails de la vie matérielle, foisonnent.

L'ethnologie, à tort ou à raison, a mis ici un peu de son éclairage. Si l'on fait aujourd'hui l'inventaire des objets utilisés sous une tente de nomade du Jawf, la nomenclature en tient tout entière dans une page de carnet. La difficile survie actuelle du nomadisme explique sans doute en partie ce minimalisme : il n'en demeure pas moins qu'il y a là le strict nécessaire à la vie quotidienne : des tissages de poil ou de laine, des cordes et des courroies, de fibre ou de cuir, une meule de pierre et son broyeur, des récipients de bois, de rares poteries, peu d'outils : maillet, herminette, houe, faucille… ; quelques parures de pierre, ou de coquillage ; seules acquisitions récentes : pour la provision d'eau, à la place des outres, des chambres à air et selon la richesse relative de la famille : des armes avec leurs munitions, un récepteur radio, parfois un poste de télévision.

À ces « détails » près, chacun des éléments est parfaitement adapté, aujourd'hui comme jadis, à un genre de vie qui en nature et en qualité n'a pratiquement pas évolué. Quand le dromadaire est utilisé de nos jours, son harnachement s'en tient, quels que soient les types de monte, à l'essentiel et, pour être performant, il n'a pas eu à varier depuis des siècles.

Sur un site sabéen ou minéen, les tessons de céramique semblent venir tout droit des vases modelés par les potiers actuels, à la tournette, simplement lissés à l'estèque. Les nombreux éclats de stéatite rappellent qu'au bout de la chaîne du temps, toute bonne cuisinière yéménite manifeste toujours au plus haut point l'attachement à sa vaisselle de « pierre », bien que la fabrication actuelle soit, de beaucoup, plus grossière que celle attestée par les fragments archéologiques.

Il faut avouer enfin que les traits du jeune chamelier, à peine esquissés dans un aussi court récit, doivent tout à des modèles vivants, yéménites et même sahariens.

Si les dieux sont favorables, ils en pardonneront les possibles anachronismes.

Dominique Champault.

Notes du chapitre : Le Grand Œuvre

1. Holocauste : anéantissement par le feu. Le rite solennel, codifié semble t-il par Moïse, minutieusement décrit dans le Lévitique (Lév., 1-17), concerne un animal mâle et sans tache, dont le sang arrosait l'autel, et dont la chair et les entrailles étaient consumées par les flammes.

2. Le sel s'oppose à la corruption. Éléments de conservation et de sapidité, il est considéré dans de nombreuses cultures comme un principe de purification, générateur du bien.
« Tu mettras du sel sur toutes les offrandes, tu ne laisseras point ton offrande manquer de sel, signe de l'alliance de ton Dieu ; sur toutes tes offrandes tu mettras du sel. » (Lév., 2, 13.)

3. Le dromadaire est le camélidé à une bosse présent dans notre aire géographique. En accord avec l'étymologie grecque, latine et arabe (*kamelos, camelus, jmel*), nous le nommons très indifféremment chameau ou dromadaire.

4. Au début de notre ère, dans le monde romain, le salaire journalier d'un manœuvre est d'environ un denier.

5. Le recouvrement des impôts dans les provinces romaines par voie de fermage mis aux enchères et adjugé à des chevaliers dits publicains. Leurs subalternes portaient le même nom.

6. Stark, *Les portes du Sud :* au Ier siècle de notre ère, un Grec anonyme, capitaine au long cours, rédigea le *Périple de la mer Érythrée.* Il n'était ni savant ni homme de plume… Peu d'ouvrages sont aussi attrayants que celui du vieux capitaine, car il devait, je pense, être très vieux pour avoir accumulé une somme de connaissances des voyages si profonde…

Éléments de bibliographie

BEEK G.W (Van)	« Frankincense and Myrrh », *The Biblical Archaelogist,* vol. 23, n° 3, 1960
DETIENNE, M.	*Les Jardins d'Adonis,* Paris, Gallimard, 1972
FAURE Paul	*Parfums et aromates dans l'Antiquité,* Paris, Fayard, 1987
GROOM Nigel	*Frankincense and Myrrh. A study of the Arabian Incense Trade.*
	Longman London and New York - Librairie du Liban, 1981
HÉRODOTE	*Histoires*
	Trad. Larcher-Pessoneaux ; Charpentier, Paris, 1870
	Trad. A. de Selincourt ; HERODOTUS : *The Histories,* Penguin, London, 1954
INGRAMS Harold	« The South Arabian Incense Road », *Journal of the Royal Asiatic Society,* 1945
MONOD Théodore	« Les Arbres à encens (*Boswellia sacra* Flückiger, 1867) dans le Hadhramawt (Yémen du sud) ». *Bull. du Muséum d'Hist. Nat.,* Paris, IVe série, 1979
PLINE	*Histoire Naturelle,* Trad. Rackam H., *Pliny's Natural History,* Loeb classical library, Heineman, London, 1945
RETSÖ Jan	« The Domestication of the Camel and the Establishment of the Frankincense Road from South Arabia » dans *Orientalia Suecana,* XL, 1991
SABA	*Parfums d'Arabie,* I, Paris, 1994
ROBIN Christian	sous la direction de :
	« L'Arabie antique de Karib'îl à Mahomet ». *Revue du Monde Musulman et de la Méditerranée ;* 61, Edisud, 1992
SCHOFF W. H.	*The Periplus of the Erythraean Sea ;* Trans. and commentary, Longman, Green, New York, 1912
STARK Freya	*The Southern Gates of Arabia ;* Murray, London, 1942
STRABON	*Géographie ;* trad. Jones, Loeb classical library, Harvard university press, 1930
THÉOPHRASTE	*Recherches sur les plantes*
	À propos des plantes
	Trad. Stievenart, Paris, 1842
THESIGER Wilfred	*Arabian Sands,* Longman, London, 1959
	Trad. française : *Le Désert des déserts,* Plon, 1978

Cet ouvrage composé en Palatino light corps 11
a été tiré sur papier Job mat 170 g

Photogravure Imprimerie nationale

Achevé d'imprimer
sur les presses de l'Imprimerie nationale
en novembre 1996
Jean-Luc Vialla étant président

Imprimé en France
Dépôt légal septembre 1996 – 6 952056 KINQ1